Les œuvres du Cosmopolite

La nouvelle lumière chimique

Pour servir d'éclaircissement
aux trois Principes de la nature
exactement décrits
dans les trois Traités suivants :

LE TRAITÉ DU MERCURE,
LE TRAITÉ DU SOUFRE,
LE TRAITÉ DU VRAI SEL DES PHILOSOPHES

suivi des
LETTRES PHILOSOPHIQUES
du même auteur

1691

© 2024, Le Cosmopolite (domaine public)
Édition : BoD · Books on Demand GmbH, In de Tarpen 42,
22848 Norderstedt (Allemagne)
Impression : Libri Plureos GmbH, Friedensallee 273,
22763 Hamburg (Allemagne)
ISBN : 978-2-3225-1597-4
Dépôt légal : Novembre 2024

PRÉFACE

À tous les Inquisiteurs de l'Art Chimique, vrais Enfants d'Hermès

salut

Considérant en moi-même (AMI LECTEUR) combien de fausses recettes d'alchimistes, qu'ils appellent ; et combien de Livres contrefaits et pernicieux, dans lesquels on ne saurait remarquer la moindre trace de la Vérité, ont été composés par la fraude et l'avarice des Imposteurs, dont la lecture a trompé et trompe encore tous les jours les véritables Inquisiteurs des Arts et des secrets les plus cachés de la Nature. J'ai cru que je pouvais rien faire de plus utile et de plus profitable, que de communiquer aux vrais Fils et Héritiers de la Science, le talent qu'il a plu au Père des Lumières de me confier : afin de donner à connaître à la Postérité, que Dieu a octroyé cette bénédiction singulière et ce trésor Philosophique à quelques signalés personnages, non seulement dans les siècles passés, mais encore à quelques-uns de notre temps. Plusieurs raisons m'ont obligé à ne pas publier mon nom, parce que je ne cherche point d'être loué et estimé, et que je n'ai autre dessein que de rendre office aux Amateurs de la Philosophie. Je laisse librement ce vain désir de gloire à ceux qui aiment mieux paraître savants que de l'être en effet. Ce que j'écris en peu de paroles a été confirmé par l'expérience manuelle que j'en ai faite, avec la grâce du Très-Haut, afin d'exhorter ceux qui ont déjà posé les premiers et réels fondements de cette louable Science, à ne pas abandonner l'exercice et la pratique des belles

PRÉFACE

choses, et les garantir par ce moyen de la méchante et frauduleuse troupe de Charlatans et vendeurs de fumée auxquels rien n'est si doux que de tromper. Ce ne sont point des songes (comme parle le vulgaire ignorant;) ce ne sont point de vaines fictions de quelques Hommes oisifs, comme veulent les fous et insensés qui se moquent de cet Art : C'est la pure Vérité Philosophique, dont je suis passionné Sectateur, que je veux vous découvrir, et que je n'ai pu ni dû vous cacher, ni passer sous silence, parce que ce serait refuser l'appui et le secours qui est dû à la vraie Science Chimique indignement décriée ; et qui pour cette raison appréhende extrêmement de paraître en public dans ce siècle malheureux et pervers, où le vice marche de pair avec la vertu, à cause de l'ingratitude et de la perfidie des Hommes, et des malédictions qu'on vomit sans cesse contre les Philosophes. Je pourrais rapporter plusieurs Auteurs renommés pour témoins incontestables de la certitude de cette Science. Mais les choses que nous voyons sensiblement, et dont nous sommes convaincus par notre propre expérience, n'ont pas besoin d'autres preuves. Il n'y a pas longtemps, et j'en parle comme savant, que plusieurs personnes de grande et petite condition, ont vu cette Diane toute nue. Et quoiqu'il se trouve quelques personnes qui, par envie, ou par malice, ou par la crainte, qu'ils ont que leurs impostures ne soient découvertes, crient incessamment que par un certain artifice, qu'ils couvrent sous une vaine ostentation de paroles fastueuses et ampoulées, l'on peu extraire l'âme de l'Or, et la rendre à un autre corps : ce qu'ils entreprennent témérairement, et non sans grande perte de temps, de labeur et d'argent. Que les Enfants d'Hermès sachent, et tiennent pour certain, que cette extraction d'âme (pour parler en leurs termes) soit de l'Or, soit de la Lune, par quelque *voie Sophistique vulgaire qu'elle se fasse, n'est autre chose qu'une pure fantaisie et une vaine persuasion. Ce que plusieurs ne veulent pas croire, mais qu'ils seront enfin contraints d'avouer à leur dommage, lorsqu'ils en feront l'expérience, seule et unique Maîtresse de la Vérité. Au contraire, je puis assurer avec raison, que celui qui pourra par voie Philosophique, sans fraude et sans déguisement, teindre réellement le moindre métal du monde, soit avec profit, ou sans profit, en couleur de Sol ou de Lune, demeurant et résistant à toute sorte d'examens requis et nécessaires, aura toutes les portes de la Nature ouvertes, pour rechercher d'autres plus hauts et plus excellents secrets, et même les acquérir avec la grâce et la bénédiction de Dieu. Au reste, j'offre aux Enfants de la Science ces présents Traités, que je n'ai écrits que sur ma propre expérience, afin qu'en étudiant et mettant leur application et toute la force de leur esprit, à la recherche des Opérations cachées de la Nature, ils puissent par là découvrir et connaître la vérité des choses, et la Nature même, en laquelle seule connaissance consiste toute la perfection de ce saint Art Philosophique, pourvu qu'on y procède par le chemin Royal que la Nature nous a prescrit en toutes ses actions et opérations. C'est pourquoi je veux ici avertir le Lecteur, qu'il ne juge point mes écrits selon l'écorce et le sens extérieur des paroles, mais plutôt par la force de la Nature, de peur qu'en après il ne déplore son temps, son travail et son bien vainement dépensés. Qu'il considère que c'est la Science des Sages, et non pas la Science des fous et des ignorants ; et que l'intention des Philosophes est toute autre que ne le peuvent comprendre tous ces glorieux Thrasons, tous ces lettrés moqueurs, tous ces Hommes vicieux et pervers, qui ne se pouvant mettre en réputation par leurs propres vertus, tâchent de se rendre illustres par leurs crimes et par leurs calomnies et impostures contre les gens d'honneur. Fuyez tous ces vagabonds et ignorants souffleurs, qui ont déjà presque trompé tout le monde, avec leurs blanchissements et rubifications, non sans grande diffamation et ignominie de cette noble Science. Les personnes de cette farine ne seront jamais admises dans les plus secrets mystères de ce saint Art : parce que c'est un don de Dieu, auquel on ne peut parvenir que par la seule grâce du Très-Haut, qui ne manque pas ou d'illuminer l'esprit de celui qui la lui demande avec une humilité constante et religieuse, ou de la lui communiquer par une démonstration oculaire d'un Maître fidèle et expert. C'est pourquoi Dieu refuse à bon droit la révélation de ces secrets à ceux qu'il en trouve indignes, et qui sont éloignés de sa grâce.*

Au surplus, je prie instamment les Enfants de l'Art, qu'ils prennent en bonne part l'envie que j'ai de leur rendre service ; et lorsqu'ils auront fait que ce qui est occulte devienne manifeste, et que, suivant la volonté de Dieu, par leur travail constant et assidu, ils auront atteint le port désiré des Philosophes, ils excluent de la connaissance de cet Art (à l'exemple des Sages) tous ceux qui en sont indignes. Qu'ils se souviennent de la charité qu'ils doivent à leur prochain pauvre et incommodé, et qui vivra en la crainte de Dieu ; qu'ils le fassent sans aucune vaine ostentation ; et qu'en reconnaissance de ce don spécial dont ils n'abuseront pas ils chantent sans cesse, et en leur particulier, et dans l'intérieur de leur cœur, des louanges à Dieu Tout-Puissant, très bon et très grand.

La simplicité est le vrai sceau de la Vérité.

TRAITÉ DE LA NATURE EN GÉNÉRAL

CHAPITRE I :
Ce que c'est que la Nature,
et quels doivent être ceux qui la cherchent

Plusieurs Hommes sages et très doctes ont, avant plusieurs Siècles et même avant le Déluge (selon le témoignage d'Hermès), écrit beaucoup de préceptes touchant la manière de trouver la Pierre des Philosophes, et nous en ont laissé tant d'Écrits, que si la Nature n'opérait tous les jours devant nos yeux des effets si surprenants, que nous ne pouvons absolument les nier, je crois qu'il ne se trouverait personne qui estimât qu'il y eût véritablement une Nature, vu qu'aux temps passés il ne fut jamais tant d'Inventeurs de choses, ni tant d'inventions qu'il s'en voit aujourd'hui. Aussi nos Prédécesseurs, sans s'amuser à ces vaines recherches, ne considéraient autre chose que la Nature et sa possibilité ; c'est-à-dire ce qu'il était possible de faire. Et bien qu'ils aient demeuré seulement en cette voie simple de la Nature, ils ont néanmoins trouvé tant de choses qu'à peine pourrions-nous les imaginer avec toutes nos subtilités et toute cette multitude d'inventions. Ce qui se fait à cause que la Nature et la génération ordinaire des choses qui croissent sur la Terre, nous semble trop simple et de trop peu d'effet pour y appliquer notre esprit, qui ne s'exerce cependant qu'à imaginer des choses subtiles, qui loin d'être connues, à peine se peuvent faire, ou du moins très difficilement. C'est pourquoi il ne faut pas s'étonner s'il arrive que nous inventions plus aisément quelques vaines subtilités, et telles qu'à la vérité les vrais Philosophes n'eussent pu presque imaginer, plutôt que de parvenir à leur intention et au vrai cours de la Nature. Mais quoi ! Telle est l'humeur naturelle des Hommes de ce siècle, telle est leur inclination de négliger ce qu'ils savent, et de rechercher toujours quelque chose de nouveau, et surtout les esprits des Hommes auxquels la Nature est sujette.

Vous verrez, par exemple, qu'un Artisan qui aura atteint la perfection de son Art, cherchera d'autres choses, ou qu'il en abusera, ou même qu'il le laissera là tout à fait. Ainsi la généreuse Nature agit toujours sans relâche jusqu'à son Iliade, c'est-à-dire jusqu'à son dernier terme, et puis elle cesse : car dès le commencement, il lui a été accordé qu'elle pourrait s'améliorer dans son cours, et qu'elle parviendrait enfin à un repos solide et entier, auquel, pour cet effet, elle tend de tout son pouvoir, se réjouissant de sa fin comme les fourmis se réjouissent de leur vieillesse, qui leur donne des ailes à la fin de leurs jours. De même nos esprits ont poussé si avant, principalement dans l'Art philosophique et dans la pratique de la Pierre, que nous sommes presque parvenus jusqu'à l'Iliade ; c'est-à-dire jusqu'au dernier but. Car les Philosophes de ce temps ont trouvé tant de subtilités, qu'il est presque impossible d'en trouver de plus grandes ; et ils diffèrent autant de l'Art des anciens Philosophes, que l'Horlogerie est différente de la simple Serrurerie. En effet, quoique le Serrurier et l'Horloger manient tous deux le Fer, et qu'ils soient maîtres tous deux dans leur Art, l'un néanmoins ignore l'artifice de l'autre.

Pour moi, je m'assure que si Hermès, Geber et Lulle, tous subtils et tous profonds Philosophes qu'ils pouvaient être, revenaient maintenant au monde, ils ne seraient pas tenus par ceux d'aujourd'hui à grand-peine pour des Philosophes, mais plutôt pour des Disciples, tant notre présomption est grande. Sans doute qu'aussi ces bons et doctes personnages ignoraient tant d'inutiles distillations qui sont usitées aujourd'hui, tant de circulations, tant de calcinations et tant de vaines Opérations que nos Modernes ont inventées, lesquels n'ayant pas bien entendu le sens des Écrits de ces Anciens, resteront encore longtemps à rechercher une chose seulement ; c'est de savoir la Pierre des Philosophes, ou la teinture Physique que les Anciens ont su faire. Enfin, il nous arrive, au contraire, qu'en la cherchant où elle n'est pas, nous rencontrons autre chose ; mais n'était que tel est l'instinct naturel de l'homme, et que la Nature n'usât en ceci de son droit, à peine nous fourvoierions-nous maintenant.

Pour retourner donc à notre propos, j'ai promis en ce premier Traité d'expliquer la Nature, afin que nos vaines imaginations ne nous détournent point de la vraie et simple voie. Je dis donc que la Nature est *une, vraie, simple, entière en son être*, et que Dieu l'a faite devant tous les Siècles, et lui a enclos un certain esprit universel. Il faut savoir néanmoins que le terme de la Nature est Dieu, comme il en est le principe ; car toute chose finit toujours en ce en quoi elle a pris son être et son commencement. J'ai dit qu'elle est *unique*, et que c'est par elle que Dieu a fait tout ce qu'il a fait ; non que je dise qu'il ne peut rien faire sans elle (car c'est lui qui l'a faite, et il est Tout-Puissant) mais il lui a plu ainsi, et il l'a fait. Toutes choses proviennent de cette seule et unique Nature, et il n'y a rien en tout le monde hors la Nature. Que si quelquefois nous voyons arriver des avortons, c'est la faute ou du lieu, ou de l'artisan, et non pas de la Nature. Or cette Nature est principalement divisée en quatre régions ou lieux, où elle fait tout ce qui se voit, et tout ce qui est cache ; car sans doute toutes choses sont plutôt à l'ombre et cachées, que véritablement elles n'apparaissent. Elle se change au mâle et à la femelle ; elle est comparée au Mercure, parce qu'elle se joint à divers lieux ; et selon les lieux de la Terre, bons ou mauvais, elle produit chaque chose : bien qu'à la vérité il n'y ait point de mauvais lieux en Terre, comme il nous semble. Il y a quatre qualités élémentaires en toutes choses, lesquelles ne sont jamais d'accord, car l'une excède toujours l'autre.

Il est donc à remarquer que la Nature n'est point visible bien qu'elle agisse sans cesse ; car ce n'est qu'un esprit volatil, qui fait son office dans les corps et qui a son siège et son lieu en la Volonté divine. En cet endroit elle ne nous sert d'autre chose, sinon que nous sachions connaître les lieux d'icelle, et principalement ceux qui lui sont plus proches et plus convenables ; c'est-à-dire afin que nous sachions conjoindre les choses ensemble selon la Nature, de peur de conjoindre le bois à l'homme, ou le bœuf ou quelque autre bête avec le métal : mais au contraire qu'un semblable agisse sur son semblable, car alors la Nature ne manquera pas de faire son office. Or le lieu de la Nature n'est ailleurs qu'en la volonté de Dieu, comme nous avons déjà dit ci-devant.

Les scrutateurs de la Nature doivent être tels qu'est la Nature même; c'est-à-dire vrais, simples, patients, constants, etc., mais, ce qui est le principal point, pieux, craignant Dieu, et ne nuisant aucunement à leur prochain. Puis après, qu'ils considèrent exactement si ce qu'ils se proposent est selon la Nature, s'il est possible et faisable; et cela, qu'ils l'apprennent par des exemples apparents et sensibles; à savoir, avec quoi toute chose se fait, comment, et avec quel vaisseau. Car si tu veux simplement faire quelque chose comme fait la Nature, suis-la; mais si tu veux faire quelque chose de plus excellent que la Nature ne fait, regarde en quoi, et par quoi elle s'améliore, et tu trouveras que c'est toujours avec son semblable. Si tu veux, par exemple, étendre la vertu intrinsèque de quelque métal plus outre que la Nature, (ce qui est notre intention) il te faut prendre la Nature métallique, et ce encore au mâle et en la femelle, autrement tu ne feras rien. Car si tu penses faire un métal d'une herbe, tu travailleras en vain : de même que d'un chien ou de quelque autre bête tu ne saurais produire un arbre.

CHAPITRE II :
De l'opération de la Nature en notre proposition et semence

J'ai dit ci-dessus que la Nature est unique, vraie et partout apparente, continue ; qu'elle est connue par les choses qu'elle produit, comme bois, herbes, etc., Je vous ai dit aussi que le scrutateur d'icelle doit être de même ; c'est-à-dire véritable, simple, patient, constant, et qu'il n'applique son esprit qu'à une chose seulement. Il faut maintenant parler de l'action de la Nature.

Vous remarquerez que tout ainsi que la Nature est en la volonté de Dieu, et que Dieu l'a créée et l'a mise en toute imagination ; de même la Nature s'est fait une semence dans les éléments procédant de sa volonté. Il est vrai qu'elle est unique, et toutefois elle produit choses diverses ; mais néanmoins elle ne produit rien sans sperme. Car la Nature fait tout ce que veut le sperme, et elle n'est que comme l'instrument de quelque artisan. Le sperme donc de chaque chose est meilleur et plus utile à l'artiste que la Nature même : car par la Nature seule vous ne ferez non plus sans sperme, qu'un Orfèvre pourrait faire sans feu, sans or ou sans argent, ou le Laboureur sans grain. Ayez donc cette semence ou sperme, et la Nature sera prête de faire son devoir, soit à mal, soit à bien. Elle agit sur le sperme comme Dieu sur le franc arbitre de l'homme. Et c'est une grande merveille de voir que la Nature obéisse à la semence, toutefois sans y être forcée mais de sa propre volonté. De même, Dieu accorde à l'homme tout ce qu'il veut, non qu'il y soit forcé, mais de son bon et libre vouloir. C'est pourquoi il a donné à l'homme le libéral arbitre, soit au bien, soit au mal. Le sperme donc c'est l'Élixir ou la quintessence de chaque chose, ou bien encore la plus parfaite et la plus accomplie décoction et digestion de chaque chose, ou le baume de Soufre, qui est la même chose que l'humide radical dans les métaux. Nous pourrions à la vérité faire ici un grand et ample discours de ce sperme ; mais nous ne voulons tendre à autre chose qu'à ce que nous nous sommes proposés en cet Art. Les quatre Éléments engendrent le sperme par la volonté de Dieu, et par l'imagination de la Nature : car tout ainsi que le sperme de l'homme a son centre ou réceptacle convenable dans les reins ; de même les quatre Éléments, par un mouvement infatigable et perpétuel, (chacun selon sa qualité) jettent leur sperme au centre de la Terre, où il est digéré, et par le mouvement poussé dehors. Quant au centre de la Terre, c'est un certain lieu vide où rien ne peut reposer. Les quatre Éléments jettent leurs qualités en l'excentre (s'il faut ainsi parler), ou à la marge et circonférence du centre ; comme l'homme jette sa semence dans la matrice de la femme, dans laquelle il ne demeure rien de la semence : mais après que la matrice en a pris une due portion, elle jette le reste dehors. De même arrive-t-il au centre de la Terre, que la force Magnétique ou Aimantine de la partie de quelque lieu, attire à soi ce qui lui est propre pour engendrer quelque chose, et le reste elle le pousse dehors pour en faire des pierres et autres excréments. Car toutes choses prennent leur origine de cette fontaine, et rien ne naît en tout le monde que par l'arrosement de ses ruisseaux. Par exemple ; que l'on mette sur une table bien unie un vaisseau plein d'eau, qui soit placé au milieu de cette table, et qu'on pose alentour plusieurs choses et diverses couleurs, et entre autres qu'il y ait du sel, et que chaque chose soit mise séparément : puis après, que l'on verse l'eau au milieu, vous la verrez couler deçà et delà ; vous verrez, dis-je, que ce ruisseau-ci venant à rencontrer la couleur rouge, deviendra rouge pareillement ; et que celui-là passant par le sel deviendra salé, et ainsi des autres : car il est certain que l'eau ne change point les lieux, mais la diversité des lieux change l'eau. De même la semence ou sperme jeté par les quatre Éléments au centre de la Terre, passe par divers lieux ; en sorte que chaque chose naît selon la diversité des lieux : s'il parvient à un lieu où il rencontre la terre et l'eau pure, il se fait une chose pure. La semence et le sperme de toutes choses est unique, et néanmoins il engendre diverses choses, comme il appert par l'exemple suivant. La semence de l'homme est une semence noble, créée seulement pour la génération de l'homme ; cependant, si l'homme en abuse, (ce qui est en son libéral arbitre) il en naît un avorton ou un monstre. Car si contre les défenses que Dieu a faites à l'homme, il s'accouplait avec une vache, ou quelque autre bête, cet animal concevrait facilement la semence de l'homme, parce que la Nature n'est qu'une ; et alors il ne naîtrait pas un homme, mais une bête et un monstre, à cause que la semence ne trouve pas le lieu qui lui est convenable. Ainsi, par cette inhumaine et détestable commixion, ou *mélange* des hommes avec les bêtes, il naîtrait diverses sortes d'animaux semblables aux hommes : Car il arrive infailliblement que si le sperme entre au centre, il naît ce qu'il en doit naître ; mais sitôt qu'il est venu en un lieu certain et qui le conçoit, alors il ne change plus de forme. Toutefois, tant que le sperme est dans le centre, il se peut aussitôt créer de lui un arbre qu'un métal, une herbe qu'une pierre, et une chose enfin plus pure que l'autre selon la pureté des lieux. Mais il nous faut dire maintenant en quelle façon les Éléments engendrent cette semence.

Il faut bien remarquer qu'il y a quatre Éléments, deux desquels sont graves ou pesants, et deux autres légers ; deux secs et deux humides, toutefois l'un extrêmement sec et l'autre extrêmement humide, et en outre sont masculins et féminins. Or chacun d'eux est très prompt à produire choses semblables à soi en sa sphère : car ainsi l'a voulu le Très-Haut. Ces quatre ne reposent jamais ; ils agissent continuellement l'un en l'autre, et chacun pousse de soi et par soi ce qu'il a de plus subtil : tous ont leur rendez-vous général au centre, et dans le centre est l'Archée serviteur de la Nature, qui, venant à mêler ces spermes-là, les jette dehors. Mais vous pourrez voir plus au long dans la conclusion de ces douze Traités ou Chapitres, comment cela se fait.

CHAPITRE III :
De la vraie et première matière des Métaux

La première matière des Métaux est double ; mais néanmoins l'une sans l'autre ne crée point un métal. La première et la principale est une humidité de l'air mêlée avec chaleur, et cette humidité a été nommée par les Philosophes *Mercure*, lequel est gouverné par les rayons du Soleil et de la Lune, en notre Mer Philosophique. La seconde est la chaleur de la Terre ; c'est-à-dire une chaleur sèche, qu'ils appellent *Soufre*. Mais parce que tous les vrais Philosophes l'ont cachée le plus qu'ils ont pu, nous au contraire l'expliquerons le plus clairement qu'il nous sera possible, et principalement le poids, lequel étant ignoré, toutes choses se détruisent. De là vient que plusieurs d'une bonne chose ne produisent que des avortons : Car il y en a quelques-uns qui prennent tout le corps pour leur matière ; c'est-à-dire pour leur semence ou sperme : les autres n'en prennent qu'un morceau, et tous se détournent du droit chemin. Si quelqu'un, par exemple, était assez idiot pour prendre le pied d'un homme et la main d'une femme, et que de cette commixion il présumât pouvoir faire un homme, il n'y a personne pour ignorant qu'il fût, qui ne jugeât très bien que cela est impossible, puisqu'en chaque corps il y a un centre et un lieu certain où le sperme se repose, et est toujours comme un point ; c'est-à-dire qui est comme environ la huit mille deux centième partie du corps, pour petit qu'il soit, voire même en un grain de froment : ce qui ne peut être autrement. Aussi est-ce folie de croire que tout le grain ou tout le corps se convertissent en semence, il n'y en a qu'une petite étincelle ou partie nécessaire, laquelle est préservée par son corps de toute excessive chaleur et froideur, etc. Si tu as des oreilles et de l'entendement, prends garde à ce que je te dis, et tu seras assuré contre ceux non seulement qui ignorent le vrai lieu de la semence, et veulent prendre tout le corps au lieu d'icelle, et qui essaient inutilement de réduire tout le grain en semence ; mais encore contre ceux qui s'amusent à une vaine dissolution des Métaux, s'efforçant de les dissoudre entièrement, afin de créer un nouveau métal de leur mutuelle commixion. Mais si ces gens considéraient le procédé de la Nature, ils verraient clairement que la chose va bien autrement : car il n'y a point de métal, si pur qu'il soit, qui n'ait ses impuretés, l'un toutefois plus ou moins que l'autre.

Toi donc, AMI LECTEUR, prends garde surtout au point de la Nature, et tu as assez ; mais tiens toujours cette maxime pour assurée, qu'il ne faut pas chercher ce point aux Métaux du vulgaire, car il n'est point en eux ; parce que ces Métaux, principalement l'Or du vulgaire, sont morts ; au lieu que les nôtres au contraire sont vifs et ayant esprit ; et ce sont ceux-là qu'il faut prendre. Car tu dois savoir que la vie des Métaux n'est autre chose que le feu, lorsqu'ils sont encore dans leur mine ; et que la mort des Métaux est aussi le feu ; c'est-à-dire le feu de fusion. Or la première matière des Métaux est une certaine humidité mêlée avec un air chaud, en forme d'une eau grasse, adhérente à chaque chose pour pure ou impure qu'elle soit, en un lieu pourtant plus abondamment qu'en l'autre : ce qui se fait parce que la Terre est en un endroit plus ouverte et poreuse, et ayant une plus grande force attractive qu'en un autre. Elle provient quelquefois, et paraît au jour de soi-même, mais vêtue de quelque robe, et principalement aux endroits où elle ne trouve pas à quoi s'attacher. Elle se connaît ainsi, parce que toute chose est composée de trois principes ; mais en la matière des Métaux, elle est unique et sans conjonction, excepté sa robe ou son

ombre, c'est-à-dire son Soufre.

CHAPITRE IV :
De quelle manière les Métaux sont engendrés aux entrailles de la Terre

Les métaux sont produits en cette façon. Après que les quatre Éléments ont poussé leur force et *leurs vertus* dans le centre de la Terre, l'Archée de la Nature en distillant, les sublime à la superficie par la chaleur d'un mouvement perpétuel ; car la Terre est poreuse, et le vent en distillant par les pores de la Terre, se résout en eau, de laquelle naissent toutes choses. Que les enfants de la Science sachent donc que le sperme des Métaux n'est point différent du sperme de toutes les choses qui sont au monde, lequel n'est qu'une vapeur humide. C'est pourquoi les Alchimistes recherchent en vain la réduction des Métaux en leur première matière, qui n'est autre chose qu'une vapeur. Aussi les Philosophes n'ont point entendu cette première matière, mais seulement la seconde, comme dispute très bien Bernard Trévisan, quoiqu'à la vérité ce soit un peu obscurément, parce qu'il parle des quatre Éléments : néanmoins, il a voulu dire cela, mais il prétendait parler seulement aux enfants de doctrine. Quant à moi, afin de découvrir plus ouvertement la théorie, j'ai bien voulu ici avertir tout le monde de laisser là tant de solutions, tant de circulations, tant de calcinations et réitérations, puisque c'est en vain que l'on cherche cela en une chose dure, qui de soi est molle *partout*. C'est pourquoi ne cherchez plus cette première matière, mais la seconde seulement, laquelle est telle qu'aussitôt qu'elle est conçue elle ne peut changer de forme. Que si quelqu'un demande comment est-ce que le métal se peut réduire en cette seconde matière, je réponds que je suis en cela l'intention des Philosophes ; mais j'y insiste plus que les autres, afin que les enfants de la Science prennent le sens des Auteurs, et non pas les syllabes, et que là où la Nature finit, principalement dans les métalliques qui semblent des corps parfaits devant nos yeux, là il faut que l'art commence.

Mais pour retourner à notre propos (car nous n'entendons pas parler ici seulement de la Pierre), traitons de la matière des Métaux. J'ai dit un peu auparavant que toutes choses sont produites d'un air liquide ; c'est-à-dire d'une vapeur que les Éléments distillent dans les entrailles de la Terre par un continuel mouvement ; et si tôt que l'Archée l'a reçu, il le sublime par les pores et le distribue par sa sagesse à chaque lieu (comme nous avons déjà dit ci-dessus). Et ainsi, par la variété des lieux, les choses proviennent et naissent diverses. Il y en a qui estiment que le Saturne a une semence particulière, que l'Or en a une autre, et ainsi chaque métal ; mais cette opinion est vaine, car il n'y a qu'une unique semence, tant au Saturne, qu'en l'Or, en l'Argent, et au Fer. Mais le lieu de leur naissance a été cause de leur différence (si tu m'entends comme il faut), encore que la Nature a bien plutôt achevé son œuvre en la procréation de l'Argent, qu'en celle de l'Or, et ainsi des autres. Car quand cette vapeur que nous avons dit est sublimée au centre de la Terre, il est nécessaire qu'elle passe par des lieux ou froids, ou chauds; que si elle passe par des lieux chauds et purs, et où une certaine graisse de soufre adhère aux parois, alors cette vapeur que les Philosophes ont appelée leur Mercure, s'accommode et se joint à cette graisse, laquelle elle sublime après avec soi; et de ce mélange se fait une certaine onctuosité, qui laissant le nom de vapeur, prend le nom de graisse; et venant puis après à se sublimer en d'autres lieux qui ont été nettoyés par la vapeur précédente, et où la Terre est subtile, pure et humide, elle remplit les pores de cette Terre et se joint à elle; et ainsi il se fait de l'Or. Que si cette onctuosité ou graisse parvient à des lieux impurs et froids, c'est là que s'engendre le Saturne; et si cette Terre est pure, mais mêlée de soufre, alors s'engendre le Vénus. Car plus le lieu est pur et net, plus les Métaux qu'il procrée sont purs.

Il faut aussi remarquer que cette vapeur sort continuellement du centre à la superficie, et qu'en allant elle purge les lieux. C'est pourquoi il arrive qu'aujourd'hui il se trouve des mines là où il y a mille ans il n'y en avait point: car cette vapeur par son continuel progrès subtilise toujours le cru et l'impur, tirant aussi successivement le pur avec soi. Et voilà comme se fait la réitération ou circulation de la Nature, laquelle se sublime tant de fois, produisant choses nouvelles, jusqu'à ce que le lieu soit entièrement dépuré, lequel plus il est nettoyé, plus il produit des choses riches et très belles. Mais en Hiver quand la froideur de l'air vient à resserrer la Terre, cette vapeur onctueuse vient aussi à se congeler, qui après au retour du Printemps se mêle avec la Terre et l'Eau; et de là se fait la Magnésie, tirant à soi un semblable Mercure de l'air, qui donne vie à toutes choses par les rayons du Soleil, de la Lune et des Étoiles : Et ainsi sont produites les herbes, les fleurs, et autres choses semblables ; car la Nature ne demeure jamais un moment de temps oisive.

Quant aux Métaux, ils s'engendrent en cette façon. La Terre est purgée par une longue distillation : puis à l'arrivée de cette vapeur onctueuse ou graisse, ils sont procréés et ne s'engendrent point d'autre manière, comme quelques-uns estiment vainement, interprétant mal à cet égard les écrits des Philosophes.

CHAPITRE V :
De la génération de toutes sortes de Pierres

La matière des Pierres est la même que celle des autres choses, et selon la pureté des lieux elles naissent de cette façon. Quand les quatre Éléments distillent leur vapeur au centre de la Terre, l'Archée de la Nature la repousse et la sublime : de sorte que passant par les lieux et par les pores de la Terre, elle attire avec soi toute l'impureté de la Terre, jusqu'à la superficie ; là où étant, elle est puis après congelée par l'air, parce que tout ce que l'air pur engendre est aussi congelé par l'air cru ; car l'air a ingré dans l'air, et se joignent l'un l'autre, parce que la Nature s'éjouit avec Nature : et ainsi se font les Pierres et les Rochers pierreux, selon la grandeur ou la petitesse des pores de la Terre, lesquels, plus ils sont grands, font que le lieu en est mieux purgé ; car une plus grande chaleur et une plus grande quantité d'eau passant par ce soupirail, la dépuration de la Terre en est plus tôt faite, et par ce moyen les Métaux naissent plus commodément en ces lieux, comme le témoigne l'expérience, qui nous apprend qu'il ne faut point chercher l'Or ailleurs qu'aux Montagnes, parce que rarement se trouve-t-il dans les Campagnes, qui sont des lieux ordinairement humides et marécageux, non pas à cause de cette vapeur que j'ai dit, mais à cause de l'Eau élémentaire, laquelle attire à soi ladite vapeur de telle façon qu'ils ne se peuvent séparer : si bien que le Soleil venant à la digérer, en fait de l'argile, de laquelle usent les Potiers. Mais aux lieux où il y a une grosse arène, auxquels cette vapeur n'est pas conjointe avec la graisse ou le soufre, comme dans les prés, elle crée des herbes et du foin.

Il y a encore d'autres Pierres précieuses, comme le Diamant, le Rubis, l'Émeraude, le Crisoperas, l'Onyx et l'Escarboucle, lesquelles sont toutes engendrées en cette façon. Quand cette vapeur de Nature se sublime de soi-même sans ce soufre, ou cette onctuosité que nous avons dit, et qu'elle rencontre un lieu d'eau pure de sel, alors se font les Diamants ; et cela dans les lieux les plus froids, auxquels cette graisse ne peut parvenir, parce que, si elle y arrivait, elle empêcherait cet effet. Car on sait bien que l'esprit de l'eau se sublime facilement, et avec un peu de chaleur ; mais non pas l'huile ou la graisse, qui ne peut s'élever qu'à force de chaleur, et ce en lieux chauds : car encore bien qu'elle procède du centre, il ne lui faut pourtant guère de froid pour la congeler et la faire arrêter ; mais la vapeur monte aux lieux propres, et se congèle en pierres par petits grains dans l'eau pure.

Mais pour expliquer comment les couleurs se font dans les Pierres précieuses, il faut savoir que cela se fait par le moyen du soufre, en cette manière. Si la graisse du soufre est congelée par ce mouvement perpétuel, l'esprit de l'eau puis après le digère en passant, et le purifie par la vertu du sel, jusqu'à ce qu'il soit coloré d'une couleur digeste, rouge ou blanche ; laquelle couleur, tendant à sa perfection, s'élève avec cet esprit, parce qu'il est subtilisé par tant de distillations réitérées : l'esprit puis après a puissance de pénétrer dans les choses imparfaites ; et ainsi il introduit la couleur, qui se joint puis après à cette eau en partie congelée, et remplit ainsi ses pores et se fixe avec elle d'une fixation inséparable. Car toute eau se congèle par la chaleur si elle est sans esprit; et si elle est jointe à l'esprit, elle se congèle au froid. Mais quiconque sait congeler l'eau par le chaud et joindre l'esprit avec elle, certainement il a trouvé une chose mille fois plus précieuse que l'Or, et que toute chose qui soit au monde. Faites donc en sorte que l'esprit se sépare de l'eau, afin qu'il se pourrisse et que le grain apparaisse : puis après en avoir rejeté les fèces, réduisez l'esprit en eau, et les faites joindre ensemble ; car cette conjonction engendrera un rameau dissemblable en forme et excellence à ses parents.

CHAPITRE VI :
De la seconde matière
et de la perfection de toutes choses

Nous avons traité ci-dessus de la première matière de toutes choses, et comme elles naissent par la Nature sans semence ; c'est-à-dire comme la Nature reçoit la matière des Éléments, de laquelle elle engendre la semence : maintenant, nous parlerons de la semence et des choses qui s'engendrent avec semence. Toute chose donc qui a semence est multipliée par icelle, mais il est sans doute que cela ne se fait pas sans l'aide de la Nature : car la semence en un corps n'est autre chose qu'un air congelé ou une vapeur humide, laquelle, si elle n'est résoute par une vapeur chaude, est *tout-à-fait* inutile.

Que ceux qui cherchent l'art, sachent donc ce que c'est que semence, afin qu'ils ne cherchent point une chose qui n'est pas : Qu'ils sachent, dis-je, que la semence est triple, et qu'elle est engendrée des quatre Éléments. La première espèce de semence est la minérale, dont il s'agit ici : la seconde est la végétable : et la troisième l'animale. La semence minérale est seulement connue des vrais Philosophes ; la semence végétable est commune et vulgaire, de même que nous voyons dans les fruits ; et l'animale se connaît par l'imagination. La végétable nous montre à l'œil comment la Nature l'a créé des quatre Éléments : car il faut savoir que l'hiver est cause de putréfaction, parce qu'il congèle les esprits vitaux dans les Arbres ; et lorsqu'ils sont résous par la chaleur du Soleil, (auquel il y a une force magnétique ou aimantine qui attire à soi toute humidité), alors la chaleur de la Nature, excitée par le mouvement, pousse à la circonférence une vapeur d'eau subtile, qui ouvre les pores de l'Arbre et en fait distiller des gouttes, séparant toujours le pur de l'impur. Néanmoins l'impur précède quelquefois le pur; le pur se congèle en fleurs, l'impur en feuilles, le gros et épais en écorce, laquelle demeure fixe: mais les feuilles tombent ou par le froid, ou par le chaud, quand les pores de l'Arbre sont bouchés; les fleurs se congèlent en une couleur proportionnée à la chaleur et apportent fruit ou semence. De même que la pomme, en laquelle est le sperme, d'où l'Arbre ne naît pas; mais dans ce sperme est la semence ou le grain intérieurement, duquel l'Arbre naît même sans sperme: car la multiplication ne se fait pas au sperme, mais en la semence; comme nous voyons clairement que la Nature crée la semence des quatre Éléments, de peur que nous ne fussions occupés à cela inutilement; car ce qui est crée n'a pas besoin de Créateur. Il suffira en cet endroit d'avoir averti le Lecteur par cet exemple. Retournons maintenant à notre propos minéral.

Il faut donc savoir que la Nature crée la semence minérale ou métallique dans les entrailles de la Terre; c'est pourquoi on ne croit pas qu'il y ait une telle semence dans la Nature, à cause qu'elle est invisible. Mais ce n'est pas merveille si les ignorants en doutent; car puisqu'ils ne peuvent même comprendre ce qui est devant leurs yeux, à grand-peine concevraient-ils ce qui est caché et invisible. Et pourtant c'est une chose très vraie, que ce qui est en haut est comme ce qui est en bas : et au contraire, ce qui naît en haut naît d'une même source que ce qui est dessous dans les entrailles de la Terre. Et je vous prie, quelle prérogative auraient les végétables par-dessus les métaux, pour que Dieu eût donné de la semence à ceux-là, et en eût exclu ceux-ci ? Les métaux ne sont-ils pas en aussi grande autorité et considération envers Dieu que les Arbres ? Tenons donc pour assuré que rien ne croît sans semence ; car là où il n'y a point de semence, la chose est morte. Il est donc nécessaire que les quatre Éléments créent la semence des métaux, ou qu'ils les produisent sans semence : S'ils sont produits sans semence, ils ne peuvent être parfaits, car toute chose sans semence est imparfaite, eu égard au composé. Qui n'ajoute point foi à cette vérité indubitable, n'est pas digne de rechercher les secrets de la Nature, car rien ne naît au monde sans semence. Les métaux ont en eux vraiment et réellement leur semence ; mais leur génération se fait ainsi.

Les quatre Éléments, en la première opération de la Nature, distillent par l'artifice de l'Archée dans le centre de la Terre, une vapeur d'eau pondéreuse, qui est la semence des métaux, et s'appelle *Mercure*, non pas à cause de son essence, mais à cause de sa fluidité et facile adhérence à chaque chose. Il est comparé au Soufre, à cause de sa chaleur interne ; et après la congélation, c'est l'humide radical. Et quoique le corps des métaux soit procréé du Mercure (ce qui se doit entendre du Mercure des Philosophes), néanmoins il ne faut point écouter ceux qui estiment que le Mercure vulgaire soit la semence des métaux, et ainsi prennent le corps au lieu de la semence, ne considérant pas que le Mercure vulgaire a aussi bien en soi sa semence que les autres. L'erreur de tous ces gens-là sera manifeste par l'exemple suivant.

Il est certain que les hommes ont leur semence, en laquelle ils sont multipliés. Le corps de l'homme c'est le Mercure, la semence est cachée dans ce corps; et eu égard au corps, la quantité de son poids est très petite. Qui veut donc engendrer cet homme métallique, il ne faut pas qu'il prenne le Mercure qui est un corps, mais la semence qui est cette vapeur d'eau congelée. Ainsi les Opérateurs vulgaires procèdent mal en la régénération des métaux; ils dissolvent les corps métalliques, soit Mercure, soit Or, soit Argent, soit Plomb, et les corrodent avec les Eaux-fortes, et autres choses hétérogènes et étrangères, non requises à la vraie science : puis après, ils conjoignent ces dissolutions, ignorant ou ne prenant pas garde que des pièces et des morceaux d'un corps un homme ne peut pas être engendré ; car, par ce moyen, la corruption du corps et la destruction de la semence ont précédé. Chaque chose se multiplie au mâle et à la femelle, comme j'ai fait mention au Chapitre de la double Matière : La disjonction du sexe n'engendre rien, c'est la due conjonction, laquelle produit une nouvelle forme. Qui veut donc faire quelque chose de bon, doit prendre les spermes ou semences, non pas les corps entiers.

Prends donc le mâle vif, et la femelle vive, et les conjoints ensemble, afin qu'ils s'imaginent un sperme pour procréer un fruit de leur Nature : car il ne faut point que personne se mette en tête de pouvoir faire la première matière. La première matière de l'homme, c'est la Terre, de laquelle il n'y a homme si hardi qui voulût entreprendre d'en créer un homme ; c'est Dieu seul qui sait cet artifice : mais la seconde matière, qui est déjà crée, si l'homme la sait mettre dans un lieu convenable, avec l'aide de la Nature, il s'en engendrera facilement la forme de laquelle elle est semence. L'artiste ne fait rien en ceci, sinon de séparer ce qui est subtil de ce qui est épais, et le mettre dans un vaisseau convenable : car il faut bien considérer que comme une chose se commence, ainsi elle finit ; d'un se font deux, et de deux un, et rien plus. Il y a un Dieu, de cet un est engendré le Fils, tellement qu'un en a donné deux, et deux ont donné un saint Esprit, procédant de l'un et de l'autre. Ainsi a été créé le monde, et ainsi sera sa fin. Considérez exactement ces quatre points, et vous y trouverez premièrement le Père, puis le Père et le Fils, enfin le saint Esprit : Vous y trouverez les quatre Éléments, et quatre Luminaires, deux célestes, deux centriques : Bref, il n y a rien au monde qui soit autrement qu'il paraît en cette figure, jamais n'a été et jamais ne sera ; et si je voulais remarquer tous les mystères qui se pourraient tirer de là, il en naîtrait un grand volume.

Je retourne donc à mon propos, et te dis en vérité, mon fils, que d'un tu ne saurais faire un, c'est à Dieu seul à qui cela est réservé en propre. Qu'il te suffise que tu puisses de deux en créer un qui te soit utile ; et à cet effet, sache que le sperme multiplicatif est la seconde, et non la première matière de tous métaux et de toutes choses : car la première matière des choses est invisible, elle est cachée dans la Nature ou dans les Éléments ; mais la seconde apparaît quelquefois aux Enfants de la Science.

CHAPITRE VII : De la vertu de la seconde matière

Mais afin que tu puisses plus facilement comprendre quelle est cette seconde Matière, je te décrirai les vertus qu'elle a, et par lesquelles tu la pourras connaître. Sache donc en premier lieu, que la Nature est divisée en trois règnes, desquels il y en a deux dont un chacun peut être lui seul, encore que les deux autres ne fussent pas. Il y a le règne Minéral, Végétable et Animal. Pour le règne Minéral, il est manifeste qu'il peut subsister de soi-même, encore qu'il n'y eût au monde ni hommes ni arbres. Le Végétable de même n'a que faire pour son établissement qu'il y ait au monde ni animaux ni métaux : ces deux sont créés d'un par un. Le troisième au contraire prends vie des deux précédents, sans lesquels il ne pourrait être ; et il est plus noble et plus précieux que les deux susdits : De même à cause qu'il est le dernier entre eux, il domine sur eux, parce que la vertu se finit toujours au troisième et se multiplie au second. Vois-tu bien au règne Végétable, la première matière est l'herbe ou l'arbre que tu ne saurais créer ; la Nature seule fait cet ouvrage : Dans ce règne la seconde matière est la semence que tu vois, et c'est en icelle que se multiplie l'herbe ou l'arbre. Au règne Animal, la première matière, c'est la bête ou l'homme que tu ne saurais créer ; mais la seconde matière que tu connais est son sperme, auquel il se multiplie. Au règne Minéral, tu ne peux créer un métal ; et si tu t'en vantes, tu es vain et menteur, parce que la Nature a fait cela : Et bien que tu eusses la première matière, selon les Philosophes, c'est-à-dire, ce sel centrique, toutefois tu ne le saurais multiplier sans l'Or: mais la semence végétable des métaux est connue seulement des Fils de la Science. Dans les Végétaux, les semences apparaissent extérieurement, et les reins de leur digestion, c'est l'air chaud. Dans les animaux, la semence apparaît dedans et dehors; les reins ou le lieu de sa digestion sont les reins de l'homme. L'eau qui se trouve dans le centre du cœur des Minéraux est leur semence ou leur vie; les reins ou le lieu de la digestion d'icelle, c'est le feu. Le réceptacle de la semence des végétaux, c'est la terre. Le réceptacle de la semence animale, c'est la matrice de la femelle; et le réceptacle enfin de la semence de l'Eau minérale, c'est l'air: Et il est à remarquer que le réceptacle de la semence est tel qu'est la congélation des corps: telle la digestion, qu'est la solution: et telle la putréfaction, qu'est la destruction. Or la vertu de chaque semence est de se pouvoir conjoindre à chaque chose de son règne, d'autant qu'elle est subtile et n'est autre chose qu'un air congelé dans l'eau par le moyen de la graisse: Et c'est ainsi qu'elle se connaît, parce qu'elle ne se mêle point naturellement à autre chose quelconque hors de son règne; elle ne se dissout point, mais se congèle; car elle n'a pas besoin de solution, mais de congélation. Il est donc nécessaire que les pores du corps s'ouvrent, afin que le sperme (au centre duquel est la semence, qui n'est autre chose que de l'air) soit poussé dehors; lequel quand il rencontre une matrice convenable, se congèle et congèle quant et soi ce qu'il trouve de pur, ou impur mêlé avec le pur. Tant qu'il y a de semence au corps, le corps est en vie ; mais quand elle est toute consumée, le corps meurt : car tous corps après l'émission de la semence, sont débilités. Et l'expérience nous montre que les hommes les plus adonnés à Vénus sont volontiers les plus débiles, comme les arbres, après avoir porté trop de fruits, deviennent après stériles. La semence est donc chose invisible, comme nous avons dit tant de fois ; mais le sperme est visible, et est presque comme une âme vivante qui ne se trouve point dans les choses mortes. Elle se tire en deux façons ; la première se fait doucement, l'autre avec violence. Mais parce qu'en cet endroit nous parlons seulement de la vertu de la semence, je dis que rien ne naît au monde sans semence, et que par la vertu d'icelle, toutes choses se font et sont engendrés. Que tous les Fils de la Science sachent donc que c'est en vain qu'on cherche de la semence en un Arbre coupé, il faut la chercher seulement en ceux qui sont verts et entiers.

CHAPITRE VIII :
De l'Art, et comme la Nature opère par l'Art en la semence

Toute semence quelle qu'elle soit est de nulle valeur, si elle n'est mise ou par l'Art, ou par la Nature, en une matrice convenable : Et encore que la semence de soi soit plus noble que toute créature, toutefois la matrice est sa vie, laquelle fait pourrir le grain ou le sperme et cause la congélation du point pur. En outre, par la chaleur de son corps, elle le nourrit et le fait croître ; et cela se fait en tous les trois règnes susdits de la Nature, et le fait naturellement par mois, par année et par succession de temps. Mais subtil est l'artiste qui peut, dans les règnes Minéral et Végétable trouver quelque accourcissement ou abréviation, non pas au règne Animal. Au Minéral, l'artifice achève seulement ce que la Nature ne peut parachever, à cause de la crudité de l'air, qui par sa violence, a rempli les pores de chaque corps, non dans les entrailles de la Terre, mais en la superficie d'icelle, comme j'ai dit ci-devant dans les chapitres précédents.

Mais afin qu'on entende plus facilement ces choses, j'ai bien voulu encore ajouter que les Éléments jettent par un combat réciproque leur semence au centre de la Terre, comme dans leurs reins ; et le centre par le mouvement continuel la pousse dans les matrices, lesquelles sont sans nombre ; car autant de lieux, autant de matrices, l'une toutefois plus pure que l'autre, et ainsi presque à l'infini.

Notez donc qu'une pure matrice engendrera un fruit pur et net en son semblable. Comme, par exemple, dans les Animaux, vous avez les matrices des Femmes, des Vaches, des Juments, des Chiennes, etc. Ainsi au règne Minéral et Végétable sont les métaux, les pierres, les sels : car, en ces deux règnes, les sels principalement sont à considérer, et leurs lieux, selon le plus ou le moins.

CHAPITRE IX :
De la commixtion des Métaux
ou de la façon de tirer la semence métallique

Nous avons parlé ci-dessus de la Nature, de l'art, du corps, du sperme et de la semence : venons maintenant à la pratique, à savoir comment les métaux se doivent mêler, et quelle est la correspondance qu'ils ont entre eux. Sachez donc que la femme est une même chose que l'homme ; car ils naissent tous deux d'une même semence, et dans une même matrice, il n'y a que faute de digestion en la femme ; et que comme la matrice qui produit le mâle a le sang et le sel le plus pur, ainsi la Lune est de même semence que le Soleil, et d'une même matrice : mais, en la procréation de la Lune, la matrice a eu plus d'eau que de sang digeste, selon le temps de la Lune céleste. Mais afin que tu te puisses plus facilement imaginer comment les métaux s'assemblent et se joignent ensemble pour jeter et recevoir la semence, regarde le Ciel et les Sphères des Planètes : Tu vois que Saturne est le plus haut de tous, auquel succède Jupiter, et puis Mars, le Soleil, Vénus, Mercure, et enfin la Lune. Considère maintenant que les vertus des Planètes ne montent pas, mais qu'elles descendent : même l'expérience nous apprend que le Mars se convertit facilement en Vénus et non le Vénus en Mars, comme plus basse d'une Sphère. Ainsi le Jupiter se transmute facilement en Mercure, pour ce que Jupiter est plus haut que Mercure ; celui-là est le second après le Firmament, celui-ci le second au-dessus de la Terre ; et Saturne le plus haut, la Lune la plus basse ; le Soleil se mêle avec tous, mais il n'est jamais amélioré par les inférieurs. Or tu remarqueras qu'il y a une grande correspondance entre Saturne et la Lune, au milieu desquels est le Soleil ; comme aussi entre Mercure et Jupiter, Mars et Vénus, lesquels ont tous le Soleil au milieu. La plupart des Opérateurs savent bien comme on transmue le Fer en Cuivre sans le Soleil, et comme il faut convertir le Jupiter en Mercure ; même il y en a quelques-uns qui du Saturne en font de la Lune : Mais s'ils savaient à ces changements administrer la Nature du Soleil, certes ils trouveraient une chose plus précieuse que tous les trésors du monde. C'est pourquoi je dis qu'il faut savoir quels métaux on doit conjoindre ensemble, et desquels la Nature corresponde l'un à l'autre. Il y a un certain métal qui a la puissance de consumer tous les autres ; car il est presque comme leur eau, et presque leur mère : et il n'y a qu'une seule chose qui lui résiste et qui l'améliore, c'est à savoir l'humide radical du Soleil et de la Lune. Mais enfin que je te le découvre, c'est l'Acier, il s'appelle ainsi : que s'il se joint une fois avec l'Or, il jette sa semence et est débilité jusqu'à la mort. Alors l'Acier conçoit et engendre un fils plus clair que le père : puis après lorsque la semence de ce fils déjà né est mise en sa matrice, elle purge, et la rend mille fois plus propre à enfanter de très bons fruits. Il y a encore un autre Acier qui est comparé à celui-ci, lequel est de soi créé de la Nature, et sait par une admirable force et puissance, tirer et extraire des rayons du Soleil ce que tant d'hommes ont cherché, et qui est le commencement de notre œuvre.

CHAPITRE X :
De la génération surnaturelle du fils du Soleil

Nous avons traité des choses que la Nature produit, et que Dieu a créées, afin que ceux qui recherchent cette Science, entendissent plus facilement la possibilité de la Nature, et jusqu'où elle peut étendre ses forces. Mais pour ne différer plus longuement, je commencerai à déclarer la manière et l'art de faire la Pierre des Philosophes. Sachez donc que la Pierre, ou la teinture des Philosophes, n'est autre chose que l'Or extrêmement digeste ; c'est-à-dire réduit et amené à une suprême digestion. Car l'Or vulgaire est comme l'herbe sans semence, laquelle, quand elle vient à mûrir, produit de la semence : de même l'Or, quand il mûrit, pousse dehors sa semence ou sa teinture. Mais quelqu'un demandera pourquoi l'Or, ou quelque autre métal, ne produit point de semence ? La raison est, d'autant qu'il ne peut se mûrir à cause de la crudité de l'air qui empêche qu'il n'ait une chaleur suffisante ; et en quelques lieux il se trouve de l'Or impur, que la Nature eût bien voulu parfaire ; mais elle en a été empêchée par la crudité de l'air. Par exemple, nous voyons qu'en Pologne les Orangers croissent aussi bien que les autres Arbres. En Italie et ailleurs où est leur terre naturelle, non seulement ils y croissent, mais encore ils y portent fruits, parce qu'ils ont de la chaleur à suffisance : mais en ces lieux froids, nullement ; car, lorsqu'ils devraient mûrir, ils cessent à cause du froid ; et ainsi, au lieu de pousser, ils en sont empêchés par la crudité de l'air. C'est pourquoi naturellement ils n'y portent jamais de bons fruits : mais si quelquefois la Nature est aidée doucement et avec industrie, comme de les arroser d'eau tiède, et les tenir en des caves, alors l'art parfait ce que la Nature n'aurait pu faire. Le même entièrement arrive aux Métaux. L'or peut apporter fruit et semence, dans laquelle il se peut multiplier par l'industrie d'un habile artiste, qui sait aider et pousser la Nature ; autrement, s'il voulait l'entreprendre sans la Nature, il errerait. Car non seulement en cette Science, mais aussi en toutes les autres, nous ne pouvons rien faire qu'aider la Nature, et encore ne la pouvons-nous aider par autre moyen que par le feu et par la chaleur. Mais parce que cela ne se peut faire, à cause que dans un corps métallique congelé les esprits n'apparaissent point, il faut premièrement que le corps soit dissous et que les pores en soient ouverts, afin que la Nature puisse opérer. Or pour savoir quelle doit être cette solution, je veux ici avertir le Lecteur, qu'encore qu'il y ait plusieurs sortes de dissolutions, lesquelles sont toutes inutiles, néanmoins il y en a véritablement de deux sortes, dont l'une seulement est vraie et naturelle, l'autre est violente, sous laquelle toutes les autres sont comprises. La naturelle est telle qu'il faut que les pores du corps s'ouvrent en notre eau, afin que la semence soit poussée dehors cuite et digeste, et puis mise dans sa matrice. Mais notre eau est une eau céleste, qui ne mouille point les mains, non vulgaire, et est presque comme eau de pluie : le corps, c'est l'Or, qui donne la semence ; c'est notre Lune (non pas l'argent vulgaire), laquelle reçoit la semence. Le tout est puis après régi et gouverné par notre feu continuel, durant l'espace de sept mois, et quelque fois de dix, jusqu'à ce que notre eau en consume trois, et en laisse un, et ce au double : puis après elle se nourrit du lait de la Terre, ou de la graisse qui naît ès mamelles de la Terre, et est régie et conservée de putréfaction. Et ainsi est engendré cet enfant de la seconde génération.

Venons maintenant de la Théorie à la Pratique.

CHAPITRE XI :
De la pratique et composition de la Pierre ou Teinture physique, selon l'art

Nous avons étendu notre discours par tant de Chapitres précédents, en donnant les choses à entendre par des exemples, afin que l'on pût plus facilement comprendre la pratique, laquelle en imitant la Nature, se doit faire en cette façon. Prends de notre terre par onze degrés, onze grains, et de notre or (non de l'or vulgaire) un grain ; de notre argent, et non de l'argent vulgaire, deux grains : mais je t'avertis surtout de ne prendre l'or ni l'argent vulgaires, car ils sont morts et n'ont aucune vie : prends les nôtres qui sont vifs, puis les mets dans notre feu, et il se fera de là une liqueur sèche : premièrement, la terre se résoudra en une eau, qui s'appelle *le Mercure des Philosophes ;* et cette eau résout les corps du Soleil et de la Lune, et les consume, de façon qu'il n'en demeure que la dixième partie, avec une part ; et voilà ce qu'on appelle *humide radical métallique.* Puis après, prends de l'eau de Sel nitre, tirée de notre terre, en laquelle est le ruisseau et l'onde vive : si tu sais caver et fouir dans la fosse naïve et naturelle, prends donc en icelle de l'eau qui soit bien claire, et dans cette eau tu mettras cet humide radical : mets le tout au feu de putréfaction et génération, non toutefois comme tu as fait en la première opération : gouverne le tout avec grand artifice et discrétion, jusqu'à ce que les couleurs apparaissent comme une queue de

Paon : gouverne bien en digérant toujours, jusqu'à ce que les couleurs cessent, et qu'en toute ta matière il n'y ait qu'une seule couleur verte qui apparaisse, et qu'il ne t'ennuie point ; et ainsi des autres : Et quand tu verras au fond du vaisseau des cendres de couleur brune et l'eau comme rouge, ouvre ton vaisseau ; alors mouille une plume, et en oins un morceau de fer : s'il teint, aie soudain de l'eau, de laquelle nous parlerons tantôt, et y mets autant de cette eau qu'il y a entre d'air cru : cuis le tout derechef avec le même feu que dessus, jusqu'à ce qu'il teigne.

L'expérience que j'en ai faite est venue jusqu'à ce point, je ne puis que cela, je n'ai rien trouvé davantage. Mais cette eau que je dis, doit être le menstrue du monde tiré de la Sphère de la Lune, tant de fois rectifié qu'il puisse calciner le Soleil. Je t'ai voulu découvrir ici tout ; et si quelquefois tu entends mon intention, non mes paroles, ou les syllabes, je t'ai révélé tout, principalement au premier et second œuvre.

Mais il nous reste encore quelque chose à dire touchant le feu. Le premier feu, ou le feu de la première opération, est le feu d'un degré continuel, qui environne la matière. Le second est un feu naturel, qui digère la matière et la fige. Je te dis la vérité, que je t'ai découvert le régime du feu, si tu entends la Nature.

Il nous faut aussi parler du vaisseau. Le vaisseau doit être celui de la Nature, et deux suffisent. Le vaisseau du premier œuvre doit être rond, et au second œuvre un peu moins ; il doit être de verre en forme de fiole ou d'œuf. Mais en tout et par tout sache que le feu de la Nature est unique, et que s'il y a de la diversité, la distance des lieux en est cause.

Le vaisseau de la Nature pareillement est unique ; mais nous nous servons de deux pour abréger. La matière est aussi une, mais de deux substances. Si donc tu appliques ton esprit pour produire quelques choses, regarde premièrement celles qui sont déjà créées : car si tu ne peux venir à bout de celles-ci qui sont ordinairement devant tes yeux, à grand-peine viendras-tu à bout de celles qui sont encore à naître et que tu désires produire : je dis produire, car il faut que tu saches que tu ne saurais rien créer, et que c'est le propre de Dieu seul : Mais de faire que les choses qui sont occultes et cachées à l'ombre deviennent apparentes, de les rendre évidentes, de leur ôter leur ombre, cela est quelquefois permis aux Philosophes qui ont de l'intelligence, et Dieu le leur accorde par le ministère de la Nature.

Considère un peu, je te prie, en toi-même la simple eau de la nuée. Qui est-ce qui croirait qu'elle contient en soi toutes les choses qui sont au monde, les pierres dures, les sels, l'air, la terre, le feu, vu qu'en évidence elle n'apparaît autre chose qu'une simple eau ? Que dirai-je de la Terre, qui contient en soi l'eau, le feu, l'air, les sels, et n'apparaît néanmoins que terre ? Ô admirable Nature ! qui sait par le moyen de l'eau produire les fruits admirables en la Terre, et leur donner et entretenir la vie par le moyen de l'air. Toutes ces choses se font, et néanmoins les yeux des hommes vulgaires ne le voient pas, mais ce sont seulement les yeux de l'entendement et de l'imagination qui le voient, et d'une vue très admirable. Car les yeux des Sages voient la Nature d'autre façon que les yeux communs : Comme, par exemple, les yeux du vulgaire voient que le Soleil est chaud ; les yeux des Philosophes au contraire voient plutôt que le Soleil est froid, mais que ses mouvements sont chauds : car ses actions et ses effets se connaissent par la distance des lieux.

Le feu de la Nature n'est point différent de celui du Soleil, ce n'est qu'une même chose. Car tout ainsi que le Soleil tient le centre et le milieu entre les Sphères des Planètes, et que de ce centre du Ciel il épand en bas sa chaleur par son mouvement ; il y a aussi au centre de la Terre un Soleil terrestre, qui par son mouvement perpétuel, pousse la chaleur ou ses rayons en haut, à la surface de la Terre : et sans doute cette chaleur intrinsèque est beaucoup plus forte et plus efficace que ce feu élémentaire ; mais elle est tempérée par une eau terrestre, qui de jour en jour pénètre les pores de la Terre et la rafraîchit. De même, l'air qui de jour en jour vole autour du globe de la Terre, tempère le Soleil céleste et la chaleur ; et si cela n'était, toutes choses se consumeraient par cette chaleur et rien ne pourrait naître. Car comme ce feu invisible, ou cette chaleur centrale consumerait tout, si l'eau n'intervenait et ne la tempérait ; ainsi la chaleur du Soleil détruirait tout, n'était l'air qui intervient au milieu.

Mais je dirai maintenant en peu de mots, comment ces Éléments agissent entre eux. Il y a un Soleil centrique dans le centre de la Terre, lequel par son mouvement ou par le mouvement de son firmament, pousse une grande chaleur qui s'étend jusqu'à la superficie de la Terre. Cette chaleur cause l'air en cette façon. La matrice de l'air, c'est l'eau, laquelle engendre des fils de sa Nature, mais dissemblables et beaucoup plus subtils : car là où le passage est dénié à l'eau, l'air y entre. Lors donc que cette chaleur centrale (laquelle est perpétuelle) agit, elle échauffe et fait distiller cette eau ; et ainsi cette eau, par la force de la chaleur se change en air, et par ce moyen passe jusqu'à la superficie de la Terre, parce qu'il ne peut souffrir d'être enfermé : et après qu'il est refroidi, il se résout en eau dans les lieux opposites.

Cependant, il arrive quelquefois que non seulement l'air, mais encore l'eau, sortent jusqu'à la superficie de la Terre, comme nous voyons lorsque de noires nuées sont par violence élevées jusqu'en l'air : de quoi je vous donnerai un exemple fort familier. Faites chauffer de l'eau dans un pot, vous verrez par un feu lent s'élever des vapeurs douces et des vents légers : Et par un feu plus fort vous verrez paraître des nuages plus épais. La chaleur centrale opère en cette même façon, elle convertit en air l'eau la plus subtile ; et ce qui sort du sel ou de la graisse, qui est plus épais, elle le distribue à la Terre, d'où naissent choses diverses ; le reste se change en rochers et en pierres.

Quelqu'un pourrait objecter, si la chose était ainsi, cela se devrait faire continuellement ; et néanmoins bien souvent on ne sent aucun vent. Je réponds qu'il n'y a point de vent à la vérité, quand l'eau n'est point jetée violemment dans le vaisseau distillatoire, car peu d'eau excite peu de vent. Vous voyez qu'il n'y a pas toujours du tonnerre, encore qu'il vente, mais seulement lorsque par la force de l'air une eau trouble est portée avec violence jusqu'à la sphère du feu : car le feu n'endure point l'eau. Nous en avons un exemple devant nos yeux. Lorsque vous jetez de l'eau froide dans une fournaise ardente, vous entendez quels tonnerres elle excite. Mais si vous demandez pourquoi l'eau n'entre pas uniformément en ces lieux et en ces cavités ? La raison est pour ce qu'il y a plusieurs de ces sortes de lieux et de vastes : quelquefois une concavité, par le moyen des vents, pousse l'eau hors de soi pendant quelques jours ou quelques mois, jusqu'à ce qu'il se fasse derechef une répercussion d'eau : Comme nous voyons dans la Mer, dont les flots quelquefois sont agités dans l'étendue de plusieurs lieues, avant qu'ils puissent rencontrer quelque chose qui les repousse, et par la répercussion, les fasse retourner d'où ils partent.

Mais reprenons notre propos. Je dis que le feu ou la chaleur est cause du mouvement de l'air, et qu'il est la vie de toutes choses, et que la terre en est la nourrice et le réceptacle : mais s'il n'y avait point d'eau qui rafraîchit notre terre et notre air, alors la terre serait desséchée pour ces deux raisons, savoir, à cause de la chaleur, tant du mouvement centrique que du Soleil céleste. Néanmoins, cela arrive en quelques lieux, lorsque les pores de la terre sont bouchés, en telle sorte que l'humidité n'y peut pénétrer : et alors, par la correspondance des deux Soleils, Céleste et Centrique (parce qu'ils ont entre eux une vertu aimantine), le Soleil enflamme la terre.

Et ainsi quelque jour le monde périra

Fais donc en sorte que l'opération en notre terre soit telle que la chaleur centrale puisse changer l'eau en air, afin qu'elle sorte jusque sur la superficie de la terre, et qu'elle répande le reste (comme j'ai dit) par les pores de la terre; et alors, au contraire, l'air se changera en une eau beaucoup plus subtile que n'a été la première : Et cela se fera ainsi, si tu donnes à dévorer à notre Vieillard l'or et l'argent afin qu'il les consume, et que lui enfin prêt aussi de mourir soit brûlé, que ses cendres soient éparses dans l'eau ; cuis le tout jusqu'à ce que soit assez, et tu as une Médecine qui guérit la lèpre. Avise au moins que tu ne prennes pas le froid pour le chaud, ou le chaud pour le froid ; mêle les Natures aux Natures, s'il y a quelque chose de contraire à la Nature, car une seule chose t'est nécessaire ; sépare-la, afin que la Nature soit semblable à la Nature ; fais cela avec le feu, non avec la main, et sache que si tu ne suis la Nature tout ton labeur est vain : Et je te jure par le Dieu qui est Saint, que je t'ai dit ici tout ce que le père peut dire à son fils. Qui a des oreilles qu'il entende, et qui a du sens qu'il comprenne.

CHAPITRE XII : De la Pierre, et de sa vertu

Nous avons assez amplement discouru aux Chapitres précédents de la production des choses naturelles, des Éléments, et des matières première et seconde, des corps, des semences, et enfin, de leur usage et de leur vertu. J'ai encore écrit la façon de la Pierre Philosophale ; mais je révélerai maintenant tout autant que la Nature m'en a accordé, et ce que l'expérience m'en a découvert touchant la vertu d'icelle. Mais, afin que, derechef sommairement et en peu de paroles, je récapitule le sujet de ces douze Chapitres, et que le Lecteur craignant Dieu puisse concevoir mon intention et mon sens, la chose est telle. Si quelqu'un doute de la vérité de l'art, qu'il lise les Écrits des Anciens vérifiés par raison et par expérience, au dire desquels (comme dignes de créance) on ne doit faire difficulté d'ajouter foi. Que si quelqu'un trop opiniâtre ne veut croire leurs Écrits, alors il se faut tenir à la maxime qui dit que, contre celui qui nie les principes, il ne faut jamais disputer : car les sourds et les muets ne peuvent parler. Et je vous prie, quelle prérogative auraient toutes les autres choses qui sont au monde par-dessus les Métaux ? Pourquoi, en leur déniant à eux seuls une semence, les exclurons-nous à tort de l'universelle bénédiction que le Créateur a donnée à toutes choses, incontinent après la création du monde, comme les saintes Lettres nous le témoignent ? Que si nous sommes contraints d'avouer que les Métaux ont de la semence, qui est celui qui serait assez sot pour ne pas croire qu'ils peuvent être multipliés en leur semence ? L'Art de Chimie en sa nature est véritable, la Nature l'est aussi ; mais rarement se trouve-t-il un véritable Artiste : la Nature est unique, il n'y a qu'un seul Art, mais il y a plusieurs Ouvriers. Quant à ce que la Nature tire les choses des Éléments, elle les engendre, par le vouloir de Dieu de la première matière, que Dieu seul sait et connaît : La Nature produit les choses et les multiplie par le moyen de la seconde matière, que les Philosophes connaissent. Rien ne se fait au monde que par le vouloir de Dieu et de la Nature : car chaque Élément est en sa sphère, mais l'un ne peut pas être sans l'autre ; et toutefois conjoints ensemble, ils ne s'accordent point : mais l'eau est le plus digne de tous les Éléments, parce que c'est la mère de toutes choses, et l'esprit du feu nage sur l'eau. Par le moyen du feu, l'eau devient la première matière, ce qui se fait par le combat du feu avec l'eau ; et ainsi s'engendrent des vents ou des vapeurs, propres et faciles à être congelés avec la terre par l'air cru, qui dès le commencement a été séparé d'icelle : ce qui se fait sans cesse, et par un mouvement perpétuel ; car le feu ou la chaleur n'est point excité autrement que par le mouvement. Ce qui se peut voir manifestement chez tous les Artisans qui liment le Fer, lequel par le violent mouvement de la Lime, devient aussi chaud que s'il avait été rouge au feu. Le mouvement donc cause la chaleur, la chaleur émeut l'eau : le mouvement de l'eau produit l'air, lequel est la vie de toutes choses vivantes.

Toutes les choses sont donc produites par l'eau en la manière que j'ai dite ci-dessus : car de la plus subtile vapeur de l'eau procèdent les choses subtiles et légères; de l'huile de cette même eau en viennent choses plus pesantes : et de son sel, en proviennent choses beaucoup plus belles et plus excellentes que les premières. Mais, parce que la Nature est quelquefois empêchée de produire les choses pures, à cause que la vapeur, la graisse et le sel se gâtent, et se mêlent aux lieux impurs de la terre, c'est pourquoi l'expérience nous a donné à connaître de séparer le pur d'avec l'impur. Si donc par votre opération vous voulez amender actuellement la Nature, et lui donner un être plus parfait et accompli; faites dissoudre le corps dont vous voulez vous servir, séparez ce qui lui est arrivé d'hétérogène et d'étranger à la Nature, purgez-le; joignez les choses pures avec les pures, les cuites avec les cuites, et les crues avec les crues, selon le poids de la Nature, et non pas de la matière : Car vous devez savoir que le Sel nitre central ne prend point plus de terre, soit qu'elle soit pure ou impure, qu'il lui en est besoin. Mais la graisse ou l'onctuosité de l'eau se gouverne et se manie d'autre façon, parce que jamais on n'en peut avoir de pure; c'est l'art qui la nettoie par une double chaleur, et qui derechef la réunit et conjoint.

Épilogue, sommaire et conclusion des douze traités ou chapitres ci-dessus

AMI LECTEUR, j'ai composé ces douze Traités en faveur des Enfants de l'Art, afin qu'avant qu'ils commencent à travailler, ils connaissent les opérations que la Nature nous enseigne, et de quelle manière elle produit toutes les choses qui sont au monde, afin qu'ils ne perdent point de temps et ne veuillent s'efforcer d'entrer dans la porte sans avoir les clefs ; parce que celui-là travaille en vain, qui met la main à l'ouvrage sans avoir premièrement la connaissance de la Nature.

Celui qui, en cette sainte et vénérable Science, n'aura pas le Soleil pour flambeau qui lui éclaire, et auquel la Lune ne découvrira pas sa lumière argentine parmi l'obscurité de la nuit, marchera en perpétuelles ténèbres. La Nature a une lumière propre qui n'apparaît pas à notre vue, le corps est à nos yeux l'ombre de la Nature : c'est pourquoi au moment que quelqu'un est éclairé de cette belle lumière naturelle, tous nuages se dissipent, et disparaissent devant ses yeux ; il met toutes difficultés sous le pied ; toutes choses lui sont claires, présentes et manifestes ; et sans empêchement aucun, il peut voir le point de notre magnésie, qui correspond à l'un et l'autre centre du Soleil et de la Terre ; car la lumière de la Nature darde ses rayons jusque-là, et nous découvre ce qu'il y a de plus caché dans son sein. Prenez ceci pour exemple : Que l'on habille des vêtements pareils un petit garçon et une petite fille de même âge, et qu'on les mette l'un près de l'autre, personne ne pourra reconnaître qui des deux est le mâle ou la femelle, parce que notre vue ne peut pénétrer jusqu'à l'intérieur ; c'est pourquoi nos yeux nous trompent, et font que nous prenons le faux pour le vrai : Mais quand ils sont déshabillés et mis à nu, en sorte qu'on les puisse voir comme la Nature les a formés, l'on reconnaît facilement l'un et l'autre en son sexe. De même aussi notre entendement fait une ombre à l'ombre de la Nature : Tout ainsi donc que le corps humain est couvert de vêtements, ainsi la Nature humaine est couverte du corps de l'homme, laquelle Dieu s'est réservé à couvrir et découvrir selon qu'il lui plaît.

Je pourrais en cet endroit amplement et philosophiquement discourir de la dignité de l'Homme, de sa création et génération ; mais je passerai toutes ces choses sous silence, vu que ce n'est pas ici le lieu d'en traiter : nous parlerons un peu seulement de sa vie. L'Homme donc créé de la terre, vit de l'air ; car dans l'air est cachée la viande de la vie, que de nuit nous appelons rosée, et de jour eau raréfiée, de laquelle l'esprit invisible congelé est meilleur et plus précieux que toute la terre universelle. Ô sainte et admirable Nature ! qui ne permet point aux Enfants de la Science de faillir, comme tu le montres de jour en jour en toute action, et dans le cours de la vie humaine.

Au reste, dans ces douze Chapitres j'ai allégué toutes ces raisons naturelles, afin que le Lecteur craignant Dieu, et désireux de savoir, puisse plus facilement comprendre tout ce que j'ai vu de mes yeux, et que j'ai fait de mes mains propres, sans aucune fraude ni sophistication : car sans lumière et sans connaissance de la Nature, il est impossible d'atteindre à la perfection de cet Art, si ce n'est par une singulière révélation, ou par une secrète démonstration faite par un ami. C'est une chose vile et très précieuse, laquelle je répéterai de nouveau, encore bien que je l'aie décrite autrefois. Prends de notre air dix parties, de l'Or vif, ou de la Lune vive, une partie ; mets le tout dans ton vaisseau ; cuis cet air, afin que premièrement il soit eau, puis après qu'il n'est plus eau : si tu ignores cela, et que tu ne saches cuire l'air, sans doute tu failliras, parce que c'est là la vraie matière des Philosophes. Car tu dois prendre ce qui est, mais qui ne se voit pas, jusqu'à ce qu'il plaise à l'Opérateur ; c'est l'eau de notre rosée, de laquelle se tire me Salpêtre des Philosophes, par le moyen duquel toutes choses croissent et se nourrissent. Sa matrice est le centre du Soleil et de la Lune, tant céleste que terrestre ; et afin que je le dise plus ouvertement, c'est notre Aimant, que j'ai nommé ci-devant *Acier*. L'air engendre cet Aimant, et cet Aimant engendre ou fait apparaître notre air. Je t'ai ici saintement dit la vérité, prie Dieu qu'il favorise ton entreprise : et ainsi tu auras en ce lieu la vraie interprétation des paroles d'Hermès, qui assure que son père est le Soleil et la Lune sa mère ; que le vent l'a porté dans son ventre, à savoir le Sel Alcali, que les Philosophes ont nommé Sel Armoniac et Végétable, caché dans le ventre de la magnésie. Son opération est telle : il faut que tu dissolves l'air congelé, dans lequel tu dissoudras la dixième partie l'or ; scelle cela, et travaille avec notre feu jusqu'à ce que l'air se change en poudre : et alors, *ayant le sel du monde*, diverses couleurs apparaîtront.

J'eusse décrit l'entier procédé en ces Traités ; mais parce qu'il est suffisamment expliqué avec la façon de multiplier, dans les livres de Raymond Lulle et des autres anciens Philosophes, je me suis contenté de traiter seulement de la première et seconde matière : ce que j'ai fait franchement et à cœur ouvert. Et ne croyez pas qu'il y ait homme au monde qui l'ait fait mieux et plus amplement que moi : car je n'ai pas appris ce que je dis de la lecture des Livres, mais pour l'avoir expérimenté et fait de mes propres mains. Si donc tu ne m'entends pas ou que tu ne veuilles croire la vérité, n'accuse point mon Livre, mais toi-même, et crois que Dieu ne te veut point révéler le secret : prie-le donc assidûment et relis plusieurs fois mon Livre, principalement l'Épilogue de ces douze Traités, en considérant toujours la possibilité de la Nature, et les actions des Éléments, et ce qu'il y a de plus particulier en eux, et principalement en la raréfaction de l'eau ou de l'air ; car les Cieux et tout le monde même ont été ainsi créés. Je t'ai bien voulu déclarer tout ceci, de même qu'un père aurait fait à son fils. Ne t'émerveille point au reste de ce que j'ai fait tant de Chapitres ; ce n'a pas été pour moi que je l'ai fait, puisque je n'ai pas besoin de Livres, mais pour avertir plusieurs qui travaillent sur de vaines matières, et dépensent inutilement leurs biens. À la vérité, j'eusse bien pu comprendre le tout en peu de lignes, et même en peu de mots ; mais je t'ai voulu conduire par raisons et par exemples à la connaissance de la Nature, afin qu'avant toute chose tu susses ce que tu devais chercher, ou la première ou la seconde matière, et que la Nature, sa lumière et son ombre te fussent connues. Ne te fâche point si tu trouves quelquefois des contradictions en mes traités, c'est la coutume générale de tous les Philosophes, tu en as besoin si tu les entends, la rose ne se trouve point sans épines.

Pèse et considère diligemment ce que j'ai dit ci-dessus, savoir en quelle matière les Éléments distillent au centre de la Terre l'humide radical, et comment le Soleil terrestre et centrique le repousse et le sublime par son mouvement continuel jusqu'à la superficie de la Terre. J'ai encore dit que le Soleil céleste a correspondance avec le Soleil centrique ; car le Soleil céleste et la Lune ont une force particulière et une vertu merveilleuse de distiller sur la Terre par leurs rayons : car la chaleur se joint facilement à la chaleur ; et le sel au sel : Et comme le Soleil centrique a sa Mer et une eau crue perceptible ; ainsi le Soleil céleste a aussi sa Mer et une eau subtile et imperceptible. En la superficie de la Terre, les rayons se joignent aux rayons et produisent les fleurs et toutes choses. C'est pourquoi quand il pleut, la pluie prend de l'air une certaine force de vie et la conjoint avec le Sel nitre de la Terre (parce que le Sel nitre de la Terre, par sa siccité, attire l'air à soi, lequel air il résout en eau, ainsi que fait le Tartre calciné : et ce Sel nitre de la Terre a cette force d'attirer l'air, parce qu'il a été air lui-même et qu'il est joint avec la graisse de la Terre) : Et plus les rayons du Soleil frappent abondamment, il se fait une plus grande quantité de Sel nitre, et par conséquent, une plus grande abondance de Froment vient à croître sur la Terre. Ce que l'expérience nous enseigne de jour en jour.

J'ai voulu déclarer (aux ignorants seulement) la correspondance que toutes choses ont entre elle, et la vertu efficace du Soleil, de la Lune, et des Étoiles ; car les Savants n'ont pas besoin de cette instruction. Notre matière paraît aux yeux de tout le monde, et elle n'est pas connue. Ô notre Ciel ! ô notre Eau ! ô notre Mercure ! ô notre Sel nitre, qui êtes dans la Mer du monde ! ô notre Végétable ! ô notre Soufre fixe et volatil ! ô tête morte ou fèces de notre Mer ! Eau qui ne mouille point, sans laquelle personne au monde ne peut vivre, et sans laquelle il ne naît et ne s'engendre rien en toute la Terre ! Voilà les Épithètes de l'Oiseau d'Hermès, qui ne repose jamais : Elle est de vil prix, personne ne s'en peut passer. Et ainsi tu as à découvert la chose la plus précieuse qui soit en tout le monde, laquelle je te dis entièrement n'être autre chose que notre Eau pontique, qui se congèle dans le Soleil et la Lune, et se tire néanmoins du Soleil et de la Lune, par le moyen de notre Acier, avec un artifice Philosophique et d'une manière surprenante, si elle est conduite par un sage Fils de la Science.

Je n'avais aucun dessein de publier ce livre pour les raisons que j'ai rapportées dans la Préface : mais le désir que j'ai de satisfaire et profiter aux esprits ingénus et vrais Philosophes, m'a vaincu et gagné ; de sorte que j'ai voulu montrer ma bonne volonté à ceux qui me connaissent, et manifester, à ceux qui savent l'Art que je suis leur compagnon et leur pareil, et que je désire avoir leur connaissance. Je ne doute point qu'il n'y ait plusieurs gens ne bien et de bonne conscience qui possèdent secrètement ce grand don de Dieu : mais je les prie et conjure qu'ils aient en singulière recommandation le silence d'Harpocrate et qu'ils se fassent sages et avisés à mon exemple et à mes périls : car toutefois et lorsque je me suis voulu déclarer aux Grands, cela m'a toujours été, ou dangereux ou dommageable : De manière que par cet Écrit je me manifeste aux fils d'Hermès ; et par même moyen, j'instruis les ignorants et remets les égarés dans le vrai chemin. Que les héritiers de la Science croient qu'ils ne tiendront jamais de voie plus sûre et meilleure que celle que je leur ai ici montrée : Qu'ils s'y arrêtent donc ; car j'ai dit ouvertement toutes choses, principalement pour ce qui regarde l'extraction de notre Sel Armoniac ou Mercure Philosophique, tiré de notre Eau pontique. Et si je n'ai pas bien clairement révélé l'usage de cette Eau, c'est que le Maître de la Nature ne m'a pas permis d'en dire davantage : car Dieu seul doit révéler ce secret, lui qui connaît les cœurs et les esprits des Hommes, et qui pourra ouvrir l'entendement à celui qui le priera soigneusement et lira plusieurs fois ce petit Traité.

Le vaisseau (comme j'ai dit) est unique depuis le commencement jusqu'à la fin, ou tout au plus deux suffisent : Que le feu soit aussi continuel en l'un et l'autre Ouvrage ; à raison de quoi ceux qui errent, qu'ils lisent les dixième et onzième chapitres. Car si tu travailles en une tierce matière, tu ne feras rien. Et si tu veux savoir ceux qui travaillent en cette tierce matière, ce sont ceux qui laissant notre sel unique, qui est le vrai Mercure, s'amusent à travailler sur les herbes, animaux, pierres et minières. Car, excepté notre Soleil et notre Lune, qui est couverte de la sphère de Saturne, il n'y a rien de véritable.

Quiconque désire parvenir à la fin désirée, qu'il sache la conversion des Éléments; qu'il sache faire pondéreux ce qui de soi est léger; et qu'il sache faire en sorte que ce qui de soi est esprit, ne le soit plus: alors il ne travaillera point sur un sujet étrange. Le feu est le régime de tout; et tout ce qui se fait en cet Art, se fait par le feu, et non autrement, comme nous avons suffisamment démontré ci-dessus.

Adieu, AMI LECTEUR, jouis longuement de mes Ouvrages, que je t'assure être confirmés par les diverses expériences que j'en ai faites: jouis en, dis-je, à la gloire de Dieu, au salut de ton âme et au profit de ton prochain.

ÉNIGME PHILOSOPHIQUE

Du même Auteur aux Fils de Vérité

Je vous ai déjà découvert et manifesté, ô enfants de la Science ! tout ce qui dépendait de la source de la fontaine universelle, si bien qu'il ne reste plus rien à dire : car, en mes précédents traités, j'ai expliqué suffisamment par des exemples, ce qui est de la Nature : j'ai déclaré la Théorie et la Pratique tout autant qu'il m'a été permis. Mais afin que personne ne se puisse plaindre que j'aie écrit trop laconiquement et que j'aie omis quelque chose par ma brièveté, je vous décrirai encore tout au long l'œuvre entier, toutefois énigmatiquement, afin que vous jugiez jusqu'où je suis parvenu par la permission de Dieu. Il y a une infinité de Livres qui traitent de cet Art, mais à grand-peine trouverez-vous dans aucun la vérité si clairement expliquée : ce que j'ai bien voulu faire, à cause que j'ai plusieurs fois conféré avec beaucoup de personnes qui pensaient bien entendre les Écrits des Philosophes ; mais j'ai bien connu par leurs discours, qu'ils les interprétaient beaucoup plus subtilement que la Nature, qui est simple, ne requerrait : même toutes mes paroles, quoique très véritables, leur semblaient toutefois trop viles et trop basses pour leur esprit, qui ne concevait que des choses hautes et incroyables. Il m'est arrivé quelquefois que j'ai déclaré la Science de mot à mot à quelques-uns qui n'y ont jamais fait de réflexion, parce qu'ils ne croyaient pas qu'il y eût de l'eau dans notre Mer : ils voulaient néanmoins passer pour Philosophes. Puis donc que ces gens-là n'ont pu entendre mes paroles profondes sans énigme et sans obscurité, je ne crains point (comme ont fait les autres Philosophes) que personne les puisse si facilement entendre : aussi est-ce un don qui ne nous est donné que de Dieu seul.

Il est bien vrai que si en cette Science il était requis une subtilité d'esprit, et que la chose fût telle qu'elle pût être aperçue par les yeux du vulgaire, j'ai rencontré de beaux Esprits, et des Âmes tout à fait propres pour rechercher de semblables choses : mais je vous dis encore qu'il faut que vous soyez simples et non point trop prudents, jusqu'à ce que vous ayez trouvé le secret : car lorsque vous l'aurez, nécessairement la prudence vous accompagnera ; et vous pourrez aussi composer aisément une infinité de Livres : ce qui, sans doute, est bien plus facile à celui qui est au centre et voit la chose qu'à celui qui marche sur la circonférence et n'a rien d'autre que l'ouïe. Vous avez la matière de toute chose clairement décrite : mais je vous avertis que si vous voulez parvenir à ce secret, qu'il faut surtout prier Dieu, puis aimer votre prochain ; et enfin n'allez point vous imaginer des choses si subtiles, desquelles la Nature ne sait rien : mais demeurez, demeurez, dis-je, en la simple voie de la Nature, parce que, dans cette simplicité, vous pourrez mieux toucher la chose au doigt, que vous ne la pourrez voir parmi tant de subtilités.

En lisant mes Écrits, ne vous amusez point aux syllabes seulement, mais considérez toujours la Nature et ce qu'elle peut : et devant que de commencer l'œuvre, imaginez-vous bien ce que vous cherchez, quel est le but de votre intention ; car il vaut mieux l'apprendre par l'imagination et par l'entendement que par des ouvrages manuels et à ses dépens. Je vous dis encore qu'il vous faut trouver une chose qui est cachée, de laquelle par un merveilleux artifice se tire cette humidité, qui sans violence et sans bruit dissout l'or, voire même aussi doucement et aussi naturellement que l'eau chaude dissout et liquéfie la glace. Si vous avez trouvé cela, vous avez la chose de laquelle l'or a été produit par la Nature. Et bien que les métaux et toutes les choses du monde prennent leur origine d'icelle, il n'y a rien toutefois qui lui soit si ami que l'or ; car dans toutes les autres choses il y a quelque impureté, dans l'or, au contraire, il n'y en a aucune ; c'est pourquoi elle est comme la mère de l'or.

Et ainsi je conclus, que si vous ne voulez vous rendre sages par mes avertissements, vous m'ayez pour excusé, puisque je ne désire que vous rendre office : je l'ai fait avec autant de fidélité qu'il m'a été permis et en homme de bonne conscience. Si vous demandez qui je suis, je suis Cosmopolite, c'est-à-dire Citoyen du monde : si vous me connaissez et que vous désirez être honnêtes gens, vous vous tairez si vous ne me connaissez point, ne vous en informez pas davantage, car jamais à homme vivant je n'en déclarerai plus que j'ai fait par cet Écrit public. Croyez-moi, si je n'étais de la condition que je suis, je n'aurais rien de plus agréable que la vie solitaire ou de demeurer dans un tonneau comme un autre Diogène : car je vois que tout ce qu'il y a au monde n'est que vanité, que la fraude et l'avarice sont en règne, où toutes choses se vendent ; et qu'enfin la malice a surmonté la vertu : je vois devant mes yeux la félicité de la vie future, c'est ce qui me donne de la joie. Je ne m'étonne plus maintenant, comme j'ai fait auparavant, de ce que le Philosophes, après avoir acquis cette excellente Médecine, ne se souciaient point d'abréger leurs jours : parce qu'un véritable Philosophe voit devant ses yeux la vie future, de même que tu vois ton visage dans un miroir. Que si Dieu te donne la fin désirée, tu me croiras et ne te révéleras point au monde.

S'ensuit la Parabole ou Énigme Philosophique, ajoutée pour mettre fin à l'œuvre

Il arriva une fois que, naviguant du Pôle Arctique au Pôle Antarctique, je fus jeté, par le vouloir de Dieu, au bord d'une grande Mer : Et bien que j'eusse une entière connaissance des avenues et propriétés de cette Mer, toutefois j'ignorais si en ces quartiers-là l'on pouvait trouver ce petit Poisson nommé *Échénéneis*, que tant de personnes de grande, et de petite condition ont recherché jusqu'à présent avec tant de soin et de peine. Mais pendant que je regarde sur le bord les Mélosines nageant çà et là avec les Nymphes, étant fatigué de mes labeurs précédents et abattu par la variété de mes pensées, je me laisse emporter au sommeil par le doux murmure de l'eau. Et tandis que je dormais ainsi doucement, il m'arrive en songe une vision merveilleuse : Je vois sortir de notre Mer le Vieillard Neptune d'une apparence vénérable, et armé de son Trident, lequel après un amiable salut, me mène dans une Île très agréable. Cette Île était située du côté du Midi, et très abondante en toutes choses nécessaires pour la vie et pour les délices de l'homme : Les Champs Élyséens, tant vantés par Virgile, ne seraient rien en comparaison d'elle. Tout le rivage de l'île était environné de Myrtes, de Cyprès, et de Romarin. Les prés verdoyants, tapissés de diverses couleurs, réjouissaient la vue par leur variété, et remplissaient le nez d'une odeur très suave. Les Collines étaient pleines de Vignes, d'Oliviers et de Cèdres. Les Forêts n'étaient remplies que d'Orangers et de Citronniers. Les chemins publics étant plantés et parsemés de côté et d'autre d'une infinité de Lauriers et de Grenadiers, entretissus et enlacés ensemble avec beaucoup d'artifice, fournissaient un ombrage agréable aux passants : Enfin tout ce qui se peut dire et désirer au monde, se trouvait là. En nous promenant, Neptune me montrait dans cette Île deux mines d'Or et d'Acier, cachées sous une Roche : et guère loin de là, il me mène dans un Pré, au milieu duquel était un jardin plein de mille beaux Arbres divers, et dignes d'être regardés : Entre plusieurs de ces Arbres, il m'en montra sept qui avaient chacun leur nom ; et entre ces sept j'en remarquai deux principaux et plus éminents que les autres, desquels l'un portait un fruit aussi clair et aussi reluisant que le Soleil, et les feuilles étaient comme d'Or ; l'autre portait son fruit plus blanc que Lys, et ses feuilles étaient comme de fin Argent. Neptune les nommait, l'un Arbre Solaire et l'autre Arbre Lunaire. Mais encore que toutes ces choses se trouvassent à souhait dans cette Île, une chose toutefois y manquait : on ne pouvait y avoir de l'eau qu'avec grande difficulté : Il y en avait plusieurs qui s'efforçaient d'y faire conduire l'eau d'une Fontaine par des canaux, d'autres qui en tiraient de diverses choses : mais tout leur labeur était inutile, car en ce lieu-là on n'en pouvait avoir si on se servait de quelque instrument moyen ; que si on en avait, elle était vénéneuse, à moins qu'elle ne fût tirée des rayons du Soleil et de la Lune : ce que peu de gens ont pu faire. Et si quelques-uns ont eu la fortune assez favorable pour y réussir, ils n'en ont jamais pu tirer plus de dix parties : car cette eau était si admirable qu'elle surpassait la neige en blancheur. Et crois moi, que j'ai vu et touché cette eau, et en la contemplant je me suis beaucoup émerveillé.

Tandis que cette contemplation occupait tous mes sens, et commençait déjà à me fatiguer, Neptune s'évanouit, et il m'apparaît en sa place un grand Homme, au front duquel était le nom de Saturne. Celui-ci, prenant le vase, puisa les dix parties de cette eau, et incontinent il prit du fruit de l'Arbre Solaire, et le mit dans cette eau ; et je vis le fruit de cet Arbre se consumer et se résoudre dans cette eau, comme la glace dans l'eau chaude. Je lui demandai : Seigneur, je vois ici une chose merveilleuse, cette eau est presque de rien, et néanmoins, je vois que le fruit de cet Arbre se consume dans elle par une si douce chaleur ; à quoi sert tout cela ? Il me répondit gracieusement : Il est vrai, mon fils, que c'est une chose admirable ; mais ne vous en étonnez pas, il faut que cela soit ainsi : car cette eau est l'eau de vie, qui a puissance d'améliorer les fruits de cet Arbre, de façon que désormais, il ne sera plus besoin d'en planter ni greffer, parce qu'elle pourra par sa seule odeur rendre tous les autres six Arbres de même nature qu'elle est. En outre, cette eau sert de femelle à ce fruit, de même que ce fruit lui sert de mâle; car le fruit de cet Arbre ne se peut pourrir en autre chose que dans cette eau. Et bien que ce fruit soit de soi une chose précieuse et admirable, toutefois s'il se pourrit dans cette eau, il engendre par cette putréfaction la Salamandre persévérante au feu, le sang de laquelle est plus précieux que tous les trésors du monde, ayant la faculté de rendre fertiles les six Arbres que tu vois, et de leur faire porter des fruits plus doux que le miel.

Je lui demandai encore : Seigneur, comment se fait cela ? Je t'ai dit ci-devant (reprit-il) que les fruits de l'Arbre Solaire sont vifs, sont doux : mais au lieu que le fruit de cet Arbre Solaire, maintenant qu'il cuit dans cette eau, ne peut saouler qu'un seul fruit, après la coction il en peut saouler mille. Puis je lui demandai : Se cuit-il à grand feu, et pendant quel temps ? Il me répondit que cette eau avait un feu intrinsèque, lequel, s'il est aidé par une chaleur continuelle, brûle trois parties de son corps avec le corps de ce fruit ; et il n'en demeurera qu'une si petite partie, qu'à grand-peine la pourrait-on imaginer ; mais la prudente conduite du Maître fait cuire ce fruit par une très grande vertu pendant l'espace de sept mois premièrement, et après pendant l'espace de dix ; cependant plusieurs choses apparaissent, et toujours le cinquantième jour après le commencement, plus ou moins.

Je l'interrogeais encore : Seigneur, ce fruit peut-il

être cuit dans quelques autres eaux ? et ne lui ajoute-t-on pas quelque chose ? Il me répond : Il n'y a que cette seule eau qui soit utile en tout ce Pays et en toute cette Île, nulle autre eau que celle-ci ne peut pénétrer les pores de cette Pomme : Et sache que l'Arbre Solaire est sorti de cette eau, laquelle est tirée des rayons du Soleil et de la Lune, par la force de notre Aimant : C'est pourquoi ils ont ensemble une si grande sympathie et correspondance, que si on y ajoutait quelque chose d'étranger, elle ne pourrait faire ce qu'elle fait de soi-même. Il la faut donc laisser seule, et ne lui rien ajouter que cette Pomme : car après la coction, c'est un fruit immortel, ayant vie et sang, parce que le sang fait que tous les arbres stériles portent même fruit et de même nature que la Pomme.

Je lui demandais en outre : Seigneur, cette eau se peut-elle tirer en quelque autre façon ? et la trouve-t-on partout ? Il me répond : Elle est en tout lieu, et personne ne peut vivre sans elle ; elle se puise par d'admirables moyens : Mais celle-là est la meilleure qui se tire par la force de notre Acier, lequel se trouve au ventre d'*Ariès*. Et je lui dis, à quoi est-elle utile ? Il répond, devant sa due coction, c'est un grand venin ; mais après une cuisson convenable, c'est une souveraine médecine : et alors elle donne vingt-neuf grains de sang, desquels chaque grain te fournira huit cent soixante et quatre du fruit de l'Arbre Solaire. Je lui demandai : Ne se peut-il pas améliorer plus outre ? Selon le témoignage de l'écriture philosophique (dit-il), il peut être exalté premièrement jusqu'à dix, puis jusqu'à cent, après jusqu'à mille, à dix mille, et ainsi de suite. J'insistais : Seigneur, dites-moi si plusieurs connaissent cette eau, et si elle a un nom propre ? Il cria hautement : Peu de gens l'ont connue, mais tous l'ont vue, la voient et l'aiment ; elle a non seulement un nom, mais plusieurs et divers. Mais le vrai nom propre qu'elle a, c'est qu'elle se nomme *l'Eau de notre Mer, l'Eau qui ne mouille point les mains*. Je lui demandai encore : D'autres personnes que les Philosophes en usent-ils à autre chose ? Toute créature (dit-il) en use, mais invisiblement. Naît-il quelque chose dans cette Eau, lui dis-je ? D'icelle se font toutes les choses qui sont au monde, et toutes choses vivent en elle, me dit-il : mais il n'y a rien proprement en elle, sinon que c'est une chose qui se mêle avec toutes les choses du monde. Je lui demandai : Est-elle utile sans le fruit de cet arbre ? Il me dit, sans ce fruit elle n'est pas utile en cet œuvre : car elle n'est améliorée qu'avec le seul fruit de cet Arbre Solaire.

Et alors je commençai à le prier : Seigneur, de grâce, nommez-la-moi si clairement et ouvertement que je n'en puisse plus douter. Mais lui en élevant sa voix, il cria si fort qu'il m'éveilla : ce qui fut cause que je ne pus lui demander rien davantage et qu'il ne me voulut plus répondre, ni moi aussi je ne t'en puis pas dire plus. Contente-toi de ce que je t'ai dit, et crois qu'il n'est pas possible de parler plus clairement. Car si tu ne comprends pas ce que je t'ai déclaré, jamais tu n'entendras les Livres des autres Philosophes.

Après le subit et inespéré départ de Saturne, un nouveau sommeil me surprit, et derechef Neptune m'apparut en forme visible. Et me félicitant de cette heureuse rencontre dans les Jardins des Hespérides, il me montra un miroir, dans lequel j'ai vu toute la

Nature à découvert. Après plusieurs discours de part et d'autre, je le remerciais de ses bienfaits, et de ce que par son moyen j'étais entré non seulement en cet agréable Jardin, mais encore de ce que j'eus l'honneur de deviser avec Saturne, comme je désirais il y avait si longtemps. Mais parce qu'il me restait encore quelques difficultés à résoudre, et desquelles je n'avais pu être éclairci à cause de l'inopiné départ de Saturne, je le priais instamment de m'ôter, en cette occasion désirée, le scrupule auquel j'étais, et lui parlai en cette façon : Seigneur, j'ai lu les Livres des Philosophes, qui affirment unanimement que toute génération se fait par mâle et femelle ; et néanmoins, dans mon songe j'ai vu que Saturne ne mettait dans notre Mercure que le fruit de l'Arbre Solaire : j'estime que comme Seigneur de la Mer, vous savez bien ces choses et vous prie de répondre à ma question. Il est vrai, mon fils, (dit-il), que toute génération se fait par mâle et femelle ; mais à cause de la distraction et différence des trois règnes de la Nature, un Animal à quatre pieds naît d'une façon, et un Ver d'une autre. Car encore que les Vers aient des yeux, la vue, l'ouïe, et les autres sens, toute fois ils naissent de putréfaction ; et le lieu d'iceux, ou la terre où ils se pourrissent, est la femelle. De même en l'œuvre Philosophique, la mère de cette chose est ton Eau que nous avons tant de fois répétée ; et tout ce qui naît de cette Eau, naît à la façon des Vers par putréfaction. C'est pourquoi les Philosophes ont créé le Phoenix et la Salamandre. Car si cela se faisait par la conception de deux corps, ce serait une chose sujette à la mort ; mais parce qu'il se revivifie soi-même, le corps premier étant détruit, il en revient un autre incorruptible : D'autant que la mort des choses n'est rien autre que la séparation des parties du composé. Cela se fait ainsi en ce Phœnix, qui se sépare par soi-même de son corps corruptible.

Puis je lui demandai encore : Seigneur, y a-t-il en cet œuvre choses diverses ou composition de plusieurs choses ? Il n'y a qu'une seule et unique chose (dit-il), à laquelle on n'ajoute rien, sinon l'Eau Philosophique, qui t'a été manifestée en ton songe, laquelle doit être dix fois autant pesante que le corps. Et crois, mon fils, fermement et constamment que tout ce qui t'a été montré ouvertement par moi et par Saturne en ton songe dans cette Île, selon la coutume de la région, n'est nullement songe, mais la pure vérité, laquelle te pourra être découverte par l'assistance de Dieu et par l'expérience, vraie maîtresse de toutes choses, Et comme je voulais m'enquérir et m'éclaircir de quelque autre chose, après m'avoir dit adieu, il me laissa sans réponse, et je me trouvai réveillé dans la désirée région de l'Europe. Ce que je t'ai dit (AMI LECTEUR) te doit donc aussi suffire. Adieu.

À la seule Trinité soit louange et gloire

Dialogue du Mercure, de l'Alchimiste et de la Nature

Il advint un certain temps que plusieurs Alchimistes eurent une assemblée, pour consulter et résoudre ensemble comment ils pourraient faire la Pierre Philosophale, et la préparer comme il faut; et ils ordonnèrent entre eux que chacun dirait son opinion par ordre et selon ce qui lui en semblerait. Ce conseil et cette assemblée se tinrent au milieu d'un beau pré, à ciel ouvert, et en jour clair et serein. Là étant assemblés, plusieurs d'entre eux furent d'avis que Mercure était la première matière de la Pierre : les autres disaient que c'était le Soufre ; et les autres croyaient que c'était quelque autre chose. Néanmoins, l'opinion de ceux qui tenaient pour le Mercure était la plus forte et emportait le dessus, en ce qu'elle était appuyée du dire des Philosophes qui tiennent que le Mercure est la véritable matière première, et même qu'il est la première matière des Métaux : car tous les Philosophes s'écrient, *notre Mercure, notre Mercure, etc*. Comme ils disputaient ainsi ensemble et que chacun d'eux s'efforçait de faire passer son opinion pour la meilleure, et attendait avec désir, avec joie et avec impatience la conclusion de leur différent, il s'éleva une grande tempête, avec des orages, des grêles et des vents épouvantables et extraordinaires, qui séparèrent cette Congrégation, renvoyant les uns et les autres en diverses Provinces sans avoir pris aucune résolution. Un chacun se proposa dans son imagination quelle devait être la fin de cette dispute, et recommença ses épreuves comme auparavant : les uns cherchèrent la Pierre des Philosophes en une chose, les autres en une autre ; et cette recherche a continué jusqu'aujourd'hui sans cesse et sans aucune intermission. Or un de ces Philosophes qui s'était trouvé en cette Compagnie, se ressouvenant que dans la dispute la plus grande partie d'entre eux étaient du sentiment qu'il fallait chercher la

Pierre des Philosophes au Mercure, dit en soi-même : Encore qu'il n'y ait eu rien d'arrêté et de déterminé dans nos discours, et qu'on n'ait fait aucune résolution, si est-ce que je travaillerai sur le Mercure, quoi qu'on en dise ; et quand j'aurai fait cette benoîte Pierre, alors la conclusion sera faite. Car je vous avertis que c'était un homme qui parlait toujours avec soi-même, comme font les Alchimistes. Il commença donc à lire les Livres des Philosophes, et entre autres, il tomba sur la lecture d'un Livre d'Alain, qui traite du Mercure : et ainsi, par la lecture de ce beau Livre, ce Monsieur l'Alchimiste devint Philosophe, mais Philosophe sans conclusion. Et après avoir pris le Mercure, il commença à travailler : il le mit dans un vaisseau de verre, et le feu dessous : le Mercure, comme il a coutume, s'envole et se résout en air. Mon pauvre Alchimiste, qui ignorait la Nature du Mercure, commence à battre sa femme bien et beau, lui reprochant qu'elle lui avait dérobé son Mercure : car personne (se disait-il) ne pouvait être entré là-dedans qu'elle seule. Cette pauvre femme innocente ne put faire autre chose que s'excuser en pleurant : puis elle dit à son mari tout bas entre ses dents : Que diable feras-tu de cela, dis pauvre badin, de la merde ?

L'Alchimiste prend derechef du Mercure et le met dans un vaisseau ; et de crainte que sa femme ne lui dérobât, il le gardait lui-même : mais le Mercure à son ordinaire, s'envola aussi bien cette fois que l'autre. L'Alchimiste au lieu d'être fâché de la fuite de son Mercure, s'en réjouit grandement, pour ce qu'il se ressouvint qu'il avait lu que la première matière de la Pierre était volatile. Et ainsi il se persuada et crut entièrement que désormais il ne pouvait plus faillir, tant qu'il travaillerait sur cette matière. Il commença dès lors à traiter hardiment le Mercure ; il apprit à le sublimer, à le calciner par une infinité de manières, tantôt par les Sels, tantôt par le Soufre ; puis le mêlait tantôt avec les Métaux, tantôt avec des minières, puis avec du sang, puis avec des cheveux ; et puis le détrempait et le macérait avec des Eaux-fortes, avec du jus d'herbes, avec de l'urine, avec du vinaigre. Mais le pauvre homme ne put rien trouver qui réussît à son intention ni qui le contentât, bien qu'il n'eût rien laissé en tout le monde avec quoi il n'eût essayé de coaguler et fixer ce beau Mercure. Voyant donc qu'il n'avait encore rien fait et qu'il ne pouvait rien avancer du tout, il se prit à songer. Au même temps il se ressouvint d'avoir lu dans les Auteurs que la matière était de si vil prix qu'elle se trouvait dans les fumiers et dans les retraits : si bien qu'il recommença à travailler de plus belle et mêler ce pauvre Mercure avec toutes sortes de fientes, tant humaines que d'autres animaux, tantôt séparément, tantôt toutes ensemble. Enfin, après avoir bien peiné, sué et tracassé, après avoir bien tourmenté le Mercure et s'être bien tourmenté soi-même, il s'endormit plein de diverses pensées et roulant diverses choses en son esprit. Une vision lui apparut en songe ; il vit venir vers lui un bon Vieillard, qui le salua et lui dit familièrement : Mon Ami, de quoi vous attristez-vous ? Auquel il répondit : Monsieur, je voudrais volontiers faire la Pierre Philosophale. Le Vieillard lui répliqua : Oui, mon Ami, voilà un très bon souhait : mais avec quoi voulez-vous faire la Pierre des Philosophes ?

L'Alchimiste. Avec le Mercure, Monsieur.

Le Vieillard. Mais avec quel Mercure ?

L'Alchimiste. Ah ! Monsieur, pourquoi me demandez-vous avec quel Mercure, car il n'y en a qu'un !

Le Vieillard. Il est vrai, mon Ami, qu'il n'y a qu'un Mercure, mais diversifié par les lieux où il se trouve, et toujours une partie plus pure que l'autre.

L'Alchimiste. Ô Monsieur ! je sais très bien comme il le faut purger et nettoyer, avec le Sel et le Vinaigre, avec le Nitre et le Vitriol.

Le Vieillard. Et moi je vous dis et vous déclare, mon bon Ami, que cette purgation ne vaut rien et n'est point la vraie, et que ce Mercure-là ne vaut rien aussi et n'est point le vrai : les hommes sages ont bien un autre Mercure, et une autre façon de le purger. Et après avoir dit cela, il disparut.

Ce pauvre Alchimiste étant réveillé et ayant perdu son songe et son sommeil, se prit à penser profondément quelle pouvait être cette vision, et quel pouvait être ce Mercure des Philosophes ; mais il ne put rien s'imaginer que ce Mercure vulgaire. Il disait en soi-même : Ô mon Dieu ! si j'eusse pu parler plus longtemps avec ce bon Vieillard, sans doute j'eusse découvert quelque chose. Il recommença donc encore ses labeurs, je dis ses sales labeurs, brouillant toujours son Mercure tantôt avec sa propre merde, tantôt avec celle des enfants ou d'autres animaux : et il ne manquait point d'aller tous les jours une fois au lieu où il avait vu cette vision, pour essayer s'il pourrait encore parler avec son Vieillard ; et là quelquefois il faisait semblant de dormir, et fermait les yeux en l'attendant. Mais comme le Vieillard ne venait point, il estima qu'il eût peur et qu'il ne crût pas qu'il dormît ; c'est pourquoi il commença à jurer : Monsieur, Monsieur le Vieillard, n'ayez point de peur, ma foi, je dors ; regardez plutôt à mes yeux, si vous ne me voulez croire. Voilà-t-il pas un sage personnage ?

Enfin ce misérable Alchimiste, après tant de labeurs, après la perte et la consommation de tous ses biens, s'en allait petit à petit perdre l'entendement, songeant toujours à son Vieillard : si bien qu'un jour entre autres, à cause de cette grande et forte imagination qu'il s'était imprimée, il s'endormit ; et en songe il lui apparut un fantôme en forme de ce Vieillard, qui lui dit : Ne perdez point courage, mon Ami, ne perdez point courage, votre Mercure est bon, et votre matière aussi est bonne ; mais si ce méchant ne veut vous obéir, conjurez-le, afin qu'il ne soit pas volatil. Quoi ! vous étonnez-vous de cela ? Hé ! n'a-t-on pas accoutume de conjurer les serpents ? pourquoi ne conjurera-t-on pas aussi bien le Mercure ? Et ayant dit cela, le Vieillard voulut se retirer ; mais l'Alchimiste pensant l'arrêter, s'écria si fort : (Ah ! Monsieur, attendez) qu'il s'éveilla soi-même et perdit par ce moyen et son songe et son espérance : néanmoins, il fût bien consolé de l'avertissement que lui avait donné ce fantôme. Puis après il prit un vaisseau plein de Mercure et commença à le conjurer de terrible façon, comme lui avait enseigné le fantôme en son sommeil. Et se ressouvenant qu'il lui avait dit qu'on conjurait bien les serpents, il s'imagina qu'il le fallait conjurer tout de même que les serpents. Qu'ainsi ne soit (disait-il), ne peint-on pas le Mercure avec des serpents entortillés en une verge ? Il prend donc son vaisseau plein de Mercure et commence à dire : UX. UX. Os. TAS. etc. Et là où la conjuration portait le nom de Serpent, il y mettait celui de Mercure, disant : *Et toi, Mercure, méchante bête*, etc. Auxquelles paroles le Mercure se prit à rire, et à parler à l'Alchimiste, lui disant : Venez ça, Monsieur l'Alchimiste, qu'est-ce que vous me voulez ?

> *Ma fois vous avez grand tort*
> *De me tourmenter si fort*

L'*Alchimiste*. Ho, ho, méchant coquin que tu es, tu m'appelles à cette heure Monsieur, quand je te touche jusqu'au vif : je t'ai donc trouvé une bride : attends, attends un peu, je te ferai bien chanter une autre Chanson. Et ainsi il commença à parler plus hardiment au Mercure, et comme tout furibond et en colère, il lui dit : Viens ça, je te conjure par le Dieu vivant, n'es-tu pas ce Mercure des Philosophes ? Le Mercure tout tremblant lui répond : Oui, Monsieur, je suis Mercure.

L'*Alchimiste*. Pourquoi donc, méchant garnement que tu es, pourquoi ne m'as-tu pas voulu obéir ? et pourquoi ne t'ai-je pas pu fixer ?

Le Mercure. Ah ! mon très magnifique et honoré Seigneur, pardonnez à moi, pauvre misérable ; c'est que je ne savais pas que vous fussiez si grand Philosophe.

L'*Alchimiste*. Pendard, et ne le pouvais-tu pas bien sentir et comprendre par mes labeurs, puisque je procédais avec toi si Philosophiquement ?

Le Mercure. Cela est vrai, Monseigneur, toutefois je

me voulais cacher, et fuir vos liens : mais je vois bien, pauvre misérable que je suis, qu'il m'est impossible d'éviter que je ne paraisse en la présence de mon très magnifique et honoré Seigneur.

L'Alchimiste. Ah ! Monsieur le galant, tu as donc trouvé un Philosophe à cette heure ?

Le Mercure. Oui, Monseigneur, je vois fort bien et à mes dépens, que Votre Excellence est un très grand Philosophe. L'Alchimiste se réjouissant donc en son cœur, commence à dire en soi-même : À la fin j'ai trouvé ce que je cherchais. Puis se retournant vers le Mercure, il lui dit d'une voix terrible : ça, ça traître, me seras-tu donc obéissant à cette fois ? Regarde bien ce que tu as à faire, car autrement tu ne t'en trouveras pas bien.

Le Mercure. Monseigneur, je vous obéirai très volontiers, si je le peux, car je suis à présent fort débile.

L'Alchimiste. Comment, coquin, tu t'excuses déjà ?

Le Mercure. Non, Monsieur, je ne m'excuse pas, mais je languis beaucoup.

L'Alchimiste. Qu'est-ce qui te fait mal ?

Le Mercure. L'Alchimiste me fait mal.

L'Alchimiste. En quoi, traître vilain, tu te moques encore de moi ?

Le Mercure. Ah ! Monseigneur, à Dieu ne plaise, vous êtes trop grand Philosophe : je parle de l'Alchimiste.

L'Alch. Bien, bien, tu as raison, cela est vrai. Mais que t'a fait l'Alchimiste ?

Le Merc. Ah ! Monsieur, il m'a fait mille maux, car

il m'a mêlé et brouillé avec tout plein de choses qui me sont contraires : ce qui m'empêche de pouvoir reprendre mes forces et montrer mes vertus ; il m'a tant tourmenté que je suis presque réduit à mort.

L'Alch. Tu mérites tous ces maux, et encore de plus grands, parce que tu es désobéissant.

Le Merc. Moi, Monseigneur, jamais je ne fus désobéissant à un véritable Philosophe ; mais mon naturel est tel que je me moque des fous.

L'Alch. Et quelle opinion as-tu de moi ?

Le Merc. De vous, Monseigneur, vous êtes un grand personnage, très grand Philosophe, qui même surpassez Hermès en doctrine et en sagesse.

L'Alch. Certainement cela est vrai, je suis homme docte : je ne me veux pourtant pas louer moi-même, mais ma femme me l'a bien dit ainsi, que j'étais un très docte Philosophe ; elle a reconnu cela de moi.

Le Merc. Je le crois facilement, Monsieur, car les Philosophes doivent être tels, qu'a force de sagesse, de prudence et de labeur, ils deviennent insensés.

L'Alch. Là, là, ce n'est pas tout, dis-moi un peu, que ferai-je de toi ? Comment en pourrai-je faire la Pierre des Philosophes ?

Le Merc. Aussi vrai, Monsieur le Philosophe, je n'en sais rien : vous êtes Philosophe, vous devez le savoir. Pour moi, je ne suis que le serviteur des Philosophes ; ils font tout ce qu'il leur plaît faire de moi, et je leur obéis en ce que je peux.

L'Alch. Tout cela est bel et bon ; mais tu dois me

dire comment est-ce que je dois procéder avec toi et si je puis faire de toi la Pierre des Philosophes ?

Le Merc. Monseigneur le Philosophe, si vous la savez, vous la ferez ; et si vous ne la savez, vous ne ferez rien ; vous n'apprendrez rien de moi, si vous l'ignorez auparavant.

L'Alch. Comment, pauvre malotru, tu parles avec moi comme avec un simple homme ? Peut-être ignores-tu que j'ai travaillé chez les grands Princes et qu'ils m'ont eu en estime d'un fort grand Philosophe ?

Le Merc. Je le crois facilement, Monseigneur, et je le sais bien : je suis encore tout souillé et tout empuanti par les mélanges de vos beaux labeurs.

L'Alch. Dis-moi donc si tu es le Mercure des Philosophes ?

Le Merc. Pour moi, je sais bien que je suis Mercure ; mais si je suis le Mercure des Philosophes, c'est à vous à le savoir.

L'Alch. Dis-moi seulement si tu es le vrai Mercure, ou s'il y en a un autre ?

Le Merc. Je suis Mercure, mais il y en a encore un autre : et ainsi il s'évanouit. Mon pauvre Alchimiste, bien dolent, commence à crier et à parler, mais personne ne lui répond. Puis tout pensif et revenant à soi-même, il dit : Véritablement je connais à cette heure que je suis un fort homme de bien, puisque le Mercure a parlé avec moi : certes, il m'aime. Il recommence donc à travailler diligemment et à sublimer le Mercure, à le distiller, le calciner, le précipiter et à le dissoudre par mille façons admirables et avec des eaux de toutes sortes. Mais il lui en arriva comme auparavant; il s'efforça en vain et ne fit autre chose que consommer son temps et son bien. C'est pourquoi il commença à maudire le Mercure et à blasphémer contre la Nature de ce qu'elle l'avait créé. Mais la Nature, après avoir ouï ces blasphèmes, appela le Mercure à soi, et lui dit : Qu'as-tu fait à cet homme ? Pourquoi est-ce qu'il me maudit à cause de toi et qu'il blasphème contre moi ? Que ne fais-tu ce que tu dois ? Mais le Mercure s'excusa fort modestement, et la Nature lui commanda d'être obéissant aux enfants de la Science qui le recherchent. Ce que le Mercure lui promit de faire, et dit : Mère Nature, qui est-ce qui pourra contenter les fous ? La Nature se souriant, s'en alla, et le Mercure, qui était en colère contre l'Alchimiste, s'en retourna aussi en son lieu.

    Quelques jours après, il tomba dans l'esprit de Monsieur l'Alchimiste qu'il avait oublié quelque chose en ses labeurs : il reprend donc encore ce pauvre Mercure et le mêle avec de la merde de pourceau. Mais le Mercure fâché de ce qu'il avait été accusé mal à propos devant la Mère Nature, se prit à crier contre l'Alchimiste et dit : Viens ça, maître fol, que veux-tu avoir de moi ? Pourquoi m'as-tu accusé ?

L'Alch. Es-tu celui-là que je désire tant de voir ?

Le Merc. Oui, je le suis ; mais je te dis que les aveugles ne me peuvent voir.

L'Alch. Je ne suis point aveugle, moi.

Le Merc. Tu es plus qu'aveugle, car tu ne te vois pas toi-même ; comment pourrais-tu donc me voir ?

L'Alch. Ho, ho, tu es maintenant bien superbe : je parle avec toi modestement et tu me méprises de la sorte. Peut-être ne sais-tu pas que j'ai travaillé chez plusieurs Princes et qu'ils m'ont tenu pour grand Philosophe.

Le Merc. C'est à la Cour des Princes que courent ordinairement les fous ; car là ils sont honorés et en estime par-dessus tous autres. Tu as donc aussi été à la Cour ?

L'Alch. Ah ! sans doute, tu es le Diable et non pas le bon Mercure, puisque tu veux parler de la sorte avec les Philosophes : voilà comme tu m'as trompé ci-devant.

Le Merc. Mais, dis-moi ; par ta foi, connais-tu les Philosophes ?

L'Alch. Demandes-tu si je connais les Philosophes, je suis moi-même Philosophe.

Le Merc. Ah, ah, ah, voici un Philosophe que nous avons de nouveau (dit le Mercure en souriant, et continuant son discours :) Eh bien, Monsieur le Philosophe, dites-moi donc, que cherchez-vous ? que voulez-vous avoir ? que désirez-vous faire ?

L'Alch. Belle demande ! je veux faire la Pierre des Philosophes.

Le Merc. Mais avec quelle matière veux-tu faire la Pierre des Philosophes ?

L'Alch. Avec quelle matière ! Avec notre Mercure.

Le Mer. Garde-toi bien de dire comme cela : car si tu parles ainsi, je m'enfuirai, parce que je ne suis pas votre Mercure.

L'Alch. Ô certes ! tu ne peux pas être autre chose qu'un Diable qui me veut séduire.

Le Merc. Certainement, mon Philosophe, c'est toi qui m'est pire qu'un Diable, et non pas moi à toi ; car tu m'as traité très méchamment et d'une manière diabolique.

L'Alch. Oh ! qu'est-ce que j'entends ! sans doute c'est là un Démon, car je n'ai rien fait que selon les Écrits des Philosophes, et je sais très bien travailler.

Le Merc. Vraiment oui, tu es un bon opérateur ; car tu fais plus que tu ne sais et que tu ne lis dans les livres. Les Philosophes disent tous unanimement qu'il faut mêler les Natures avec les Natures ; et hors la Nature ils ne commandent rien. Et toi, au contraire, tu m'as mêlé avec toutes les choses les plus sordides, les plus puantes et infectes qui soient au monde, ne craignant point de te souiller avec toutes sortes de fientes, pourvu que tu me tourmentasses.

L'Alch. Tu as menti, je ne fais rien hors la Nature, mais je sème la semence en sa terre, comme ont dit les Philosophes.

Le Merc. Oui, vraiment, tu es un beau semeur, tu me sèmes dans de la merde ; et le temps de la moisson venu, je m'envole : et toi tu ne moissonnes que de la merde.

L'Alch. Mais les Philosophes ont écrit néanmoins qu'il fallait chercher leur matière dans les ordures.

Le Merc. Ce qu'ils ont écrit est vrai : mais toi, tu le prends à la lettre, ne regardant que les syllabes, sans t'arrêter à leur intention.

L'Alch. Je commence à comprendre qu'il se peut faire que tu sois Mercure ; mais tu ne me veux pas obéir. Et alors, il commença à le conjurer derechef, disant : UX. UX. OS. TAS, etc. Mais le Mercure lui répondit en riant et se moquant de lui : Tu as beau dire UX. UX., tu ne profites de rien, mon ami, tu ne gagnes rien.

L'Alch. Ce n'est pas sans sujet qu'on dit de toi que tu es admirable, que tu es inconstant et volatil.

Le Merc. Tu me reproches que je suis inconstant, je te vais donner une résolution là-dessus. Je suis constant à un Artiste constant, je suis fixe à un esprit fixe. Mais toi et tes semblables, vous êtes de vrais inconstants et vagabonds, qui allez sans cesse d'une chose en une autre, d'une matière en une autre.

L'Alch. Dis-moi donc si tu es le Mercure duquel les Philosophes ont écrit et ont assuré qu'avec le soufre et le sel il était le principe de toutes choses, ou bien s'il en faut chercher un autre ?

Le Merc. Certainement, le fruit ne tombe pas loin de son arbre ; mais je ne cherche point ma gloire. Écoute-moi bien, je suis le même que j'ai été, mais mes années sont diverses. Dans le commencement, j'ai été jeune, aussi longtemps comme j'ai été seul : maintenant, je suis vieux, et je suis le même que j'ai été.

L'Alch. Ah, ah, tu me plais à cette heure de dire que tu sois vieux, car j'ai toujours cherché le Mercure qui fût le plus mûr et le plus fixe, afin de me pouvoir plus facilement accorder avec lui.

Le Merc. En vérité, mon bon ami, c'est en vain que tu me recherches, et que tu me visites en ma vieillesse, puisque tu ne m'as pas connu en ma jeunesse.

L'Alch. Qu'est-ce que tu dis, je ne t'ai pas connu

en ta jeunesse, moi qui t'ai manié en tant de diverses façons, comme toi-même le confesse ? Et je ne cesserai pas encore, jusqu'à ce que j'accomplisse l'œuvre des Philosophes.

Le Merc. Ô misérable que je suis ! Que ferai-je ? Ce fou ici me mêlera peut-être encore avec de la merde ; l'appréhension seule m'en tourmente déjà : ô moi misérable ! Je te prie au moins, Monsieur le Philosophe, de ne pas me mêler avec de la merde de pourceau, autrement me voilà perdu, car cette puanteur me contraint à changer ma forme. Et que veux-tu que je fasse davantage ? Ne m'as-tu pas assez tourmenté ? Ne t'obéis-je pas ? Ne me mêlai-je pas avec tout ce que tu veux ? Ne suis-je pas sublimé ? Ne suis-je pas précipité ? Ne suis-je pas Turbith ? Ne suis-je pas Amalgame, quand il te plaît ? Ne suis-je pas Macha, c'est-à-dire un vermisseau volant ? Ne suis-je pas enfin tout ce que tu veux ? Que demandes-tu davantage de moi ? Mon corps est tellement flagellé, souillé et chargé de crachats, que même une pierre aurait pitié de moi. Tu tires de moi du lait, tu tires de moi de la chair, tu tires de moi du sang, tu tires de moi du beurre, de l'huile, de l'eau : en un mot, que ne tires-tu point de moi ? Et lequel est-ce de tous les métaux, ni de tous les minéraux, qui puisse faire ce que je fais moi seul ? Et tu n'as point de miséricorde pour moi. Ô malheureux que je suis !

L'Alch. Vraiment tu m'en contes bien, tout cela ne te nuit point, car tu es méchant ; et quelle forme que tu prennes en apparence, ce n'est que pour nous tromper, tu retournes toujours en ta première espèce.

Le Merc. Tu es un mauvais homme de dire cela, car je fais tout ce que tu veux. Si tu veux que je sois corps, je le suis; si tu veux que je sois poudre, je le suis. Je ne sais en quelle façon m'humilier davantage que de devenir poudre et ombre pour t'obéir.

L'Alch. Dis-moi donc quel tu es en ton centre, et je ne te tourmenterai plus.

Le Merc. Je vois bien que je suis contraint de parler fondamentalement avec toi. Si tu veux, tu me peux entendre. Tu vois ma forme à l'extérieur, tu n'as pas besoin de cela. Mais quant à ce que tu m'interroges de mon centre, sache que mon centre est le cœur très fixe de toutes choses, qu'il est immortel et pénétrant; et en lui est le repos de mon Seigneur: Mais moi je suis la voie, le précurseur, le pèlerin, le domestique, le fidèle à mes compagnons, qui ne laisse point ceux qui m'accompagnent, mais je demeure avec eux, et péris avec eux. Je suis un corps immortel, et si je meurs quand on le tue; mais je ressuscite au jugement pardevant un Juge sage et discret.

L'Alch. Tu es donc la Pierre des Philosophes?

Le Merc. Ma mère est telle. D'icelle naît artificiellement un je ne sais quoi: mon frère, qui habite dans la forteresse, a en son vouloir tout ce que veut le Philosophe.

L'Alch. Mais dis-moi, es-tu vieux?

Le Merc. Ma mère m'a engendré, mais je suis plus vieux que ma mère.

L'Alch. Qui diable te pourrait entendre? Tu ne réponds jamais à propos, tu me contes toujours des paraboles. Dis-moi en un mot si tu es la Fontaine de laquelle Bernard Comte de Trévisan a écrit ?

Le Merc. Je ne suis point fontaine, mais je suis eau ; c'est la fontaine qui m'environne.

L'Alch. L'Or se dissout-il en toi, puisque tu es eau ?

Le Merc. J'aime tout ce qui est avec moi, comme mon ami ; et tout ce qui naît avec moi, je lui donne nourriture ; et tout ce qui est nu, je le couvre de mes ailes.

L'Alch. Je vois bien qu'il n'y a pas moyen de parler avec toi : je te demande une chose, tu m'en réponds une autre. Si tu ne me veux mieux répondre que cela, je vais recommencer à travailler avec toi et à te tourmenter encore.

Le Merc. Hé ! mon bon Monsieur, soyez-moi pitoyable, je vous dirai librement ce que je sais.

L'Alch. Dis-moi donc, si tu crains le feu ?

Le Merc. Si je crains le feu, je suis feu moi-même

L'Alch. Pourquoi t'enfuis-tu donc du feu ?

Le Merc. Ce n'est pas que je m'enfuis, mais mon esprit et l'esprit du feu s'entraiment, et tant qu'ils peuvent, l'un accompagne l'autre.

L'Alch. Et où t'en vas-tu, quand tu montes avec le feu ?

Le Merc. Ne sais-tu pas qu'un pèlerin tend toujours du côté de son pays ; et quand il est arrivé d'où il est sorti, il se repose, et retourne toujours plus sage qu'il n'était.

L'Alch. Et quoi, retournes-tu donc quelquefois ?

Le Merc. Oui je retourne, mais en une autre forme.

L'Alch. Je n'entends point ce que c'est que cela ; et touchant le feu, je ne sais ce que tu veux dire.

Le Merc. S'il y a quelqu'un qui connaisse le feu de mon cœur, celui-là a vu que le feu (c'est-à-dire une due chaleur) est ma vraie viande : et plus l'esprit de mon cœur mange longtemps du feu, plus il devient gras, duquel la mort puis après est la vie de toutes les choses qui sont au règne où je suis.

L'Alch. Es-tu grand ?

Le Merc. Prends l'exemple de moi-même : de mille et mille gouttelettes je serai encore un, et d'un je me résous en mille et mille gouttelettes : et comme tu vois mon corps devant tes yeux, si tu sais jouer avec moi, tu me peux diviser en tout autant de parties que tu voudras, et derechef je serai un. Que sera-ce donc de mon esprit intrinsèque, qui est mon cœur et mon centre, lequel toujours, d'une très petite partie, en produit plusieurs milliers ?

L'Alch. Et comment donc faut-il procéder avec toi, pour te rendre tel que tu te dis ?

Le Merc. Je suis feu en mon intérieur, le feu me sert de viande, et il est ma vie ; mais la vie du feu est l'air, car sans l'air le feu s'éteint. Le feu est plus fort que l'air ; c'est pourquoi je ne suis point en repos, et l'air cru ne me peut coaguler ni restreindre. Ajoute l'air avec l'air, afin que tous deux ils soient un et qu'ils aient poids : conjoins-le avec le feu chaud et le donne au temps pour le garder.

L'Alch. Qu'arrivera-t-il après tout cela ?

Le Merc. Le superflu s'ôtera, et le reste, tu le brûleras avec le feu et le mettras dans l'eau, et puis le cuiras ; et étant cuit, tu le donneras hardiment en médecine.

L'Alch. Tu ne réponds point à mes questions, je vois bien que tu ne veux seulement que me tromper avec tes paroles : ça, ma femme, apporte-moi de la merde de pourceau, que je traite ce traître galant de Mercure à la nouvelle façon, jusqu'à ce que je lui fasse dire comment il faut que je me prenne pour faire de lui la Pierre des Philosophes.

Le pauvre Mercure ayant ouï tous ces beaux discours, commence à se lamenter et se plaindre d ce bel Alchimiste ; il s'en va à la mère Nature et accuse cet ingrat opérateur. La Nature croit son fils Mercure, qui est véritable ; et tout en colère, elle appelle l'Alchimiste : holà, holà, où es-tu, maître Alchimiste ?

L'Alch. Qui est-ce qui m'appelle ?

La Nature. Viens ça, maître fol, qu'est-ce que tu fais avec mon fils Mercure ? Pourquoi le tourmentes-tu ? Pourquoi lui fais-tu tant d'injures, lui qui désire te faire tant de bien, si tu le voulais seulement entendre.

L'Alch. Qui diable est cet impudent qui me tance si aigrement, moi qui suis un si grand homme et si excellent Philosophe ?

La Nat. Ô fou, le plus fou de tous les hommes, plein d'orgueil, et la lie des Philosophes ! c'est moi qui connais les vrais Philosophes et les vrais sages que j'aime, et ils m'aiment aussi réciproquement et font tout ce qu'il me plaît et m'aident en ce que je ne peux. Mais vous autres Alchimistes, du nombre desquels tu es, vous faites tout ce que vous faites sans mon consentement et contre mon dessein : aussi tout ce qui vous arrive est au contraire de votre intention. Vous croyez que vous traitez bien mes Enfants, mais vous ne sauriez rien achever. Et si vous voulez bien considérer, vous ne les traitez pas, mais ce sont eux qui vous manient à leur volonté ; car vous ne savez et ne pouvez rien faire d'eux, et eux, au contraire, font de vous quand il leur plaît des insensés et des fous.

L'Alch. Cela n'est pas vrai, je suis Philosophe, et je sais fort bien travailler. J'ai été chez plusieurs Princes, et j'ai passé auprès d'eux pour un grand Philosophe ; ma femme le sait bien. J'ai même présentement un Livre manuscrit, qui a été caché plusieurs centaines d'années dans une muraille : je sais bien, enfin, que j'en viendrai à bout et que je saurai la Pierre des Philosophes ; car cela m'a été révélé en songe ces jours passés. Je ne songe jamais que des choses vraies : tu le sais bien, ma femme.

La Nat. Tu feras comme tes autres compagnons qui, au commencement, savent tout ou présument tout savoir ; et à la fin, il n'y a rien de plus ignorant et ne savent rien du tout.

L'Alch. Si tu es toutefois la vraie Nature, c'est de toi de qui on fait l'œuvre.

La Nat. Cela est vrai, mais ce sont seulement ceux qui me connaissent, lesquels sont en petit nombre. Et ceux-là n'ont garde de tourmenter mes Enfants, ils ne font rien qui empêche mes actions : au contraire, ils font tout ce qui me plaît et qui augmente mes biens, et guérissent les corps de mes Enfants

L'Alch. Ne fais-je pas comme cela ?

La Nat. Toi, tu fais tout ce qui m'est contraire et procèdes avec mes Fils contre ma volonté : tu tues, là où tu devrais revivifier ; tu sublimes, là où tu devrais figer ; tu distilles, là où tu devrais calciner, principalement le Mercure qui m'est un bon et obéissant Fils. Et cependant avec combien d'eaux corrosives et vénéneuses l'affliges-tu ?

L'Alch. Je procéderai désormais avec lui tout doucement par digestion seulement.

La Nat. Cela va bien ainsi, si tu le sais, sinon tu ne lui nuiras pas, mais à toi-même et à tes folles dépenses. Car il ne lui importe pas plus d'être mêlé avec de la fiente qu'avec de l'or : tout de même que la Pierre précieuse à qui la fiente (encore que vous la jetiez dedans) ne nuit point, mais demeure toujours ce qu'elle est ; et lorsqu'on l'a lavée, elle est aussi resplendissante qu'auparavant.

L'Alch. Tout cela n'est rien, je voudrais bien volontiers faire la Pierre des Philosophes.

La Nat. Ne traite donc point si cruellement mon fils Mercure. Car il faut que tu saches que j'ai plusieurs Fils et plusieurs Filles, et que je suis prompte à secourir ceux qui me cherchent, s'ils en sont dignes.

L'Alch. Dites-moi donc quel est ce Mercure ?

La Nat. Sache que je n'ai qu'un Fils qui soit tel ; il est un des sept et le premier de tous : et même il est toutes choses, lui qui était un ; et il n'est rien, et si son nombre est entier. En lui sont les Quatre Éléments, lui qui n'est pas toutefois Élément ; il est esprit, lui qui néanmoins est corps ; il est mâle, et fait néanmoins office de femelle ; il est enfant, et porte les armes d'un homme ; il est animal, et a néanmoins les ailes d'un oiseau ; C'est un venin, et néanmoins il guérit la lèpre ; il est la vie, et néanmoins il tue toutes choses ; il est roi, et si un autre possède son royaume, il s'enfuit au feu, et néanmoins le feu est tiré de lui : c'est une eau, et il ne mouille point ; c'est une terre, et néanmoins il est semé ; il est air, et il vit de l'eau.

L'Alch. Je vois bien maintenant que je ne sais rien ; mais je ne l'ose pas dire, car je perdrais ma bonne réputation, et mon voisin ne voudrait plus fournir aux frais, s'il savait que je ne susse rien. Je ne laisserai pas de dire que je sais quelque chose, autrement, au diable l'un qui me voudrait avoir donné un morceau de pain : car plusieurs espèrent de moi beaucoup de biens.

La Nat. Enfin que penses-tu faire encore ? Prolonge tes tromperies tant que tu voudras, il viendra toutefois un jour que chacun te demandera ce que tu lui auras coûté.

L'Alch. Je repaîtrai d'espérance tous ceux que je pourrai.

La Nat. Eh bien, que t'en arrivera-t-il enfin ?

L'Alch. J'essaierai en cachette plusieurs expériences : si elles succèdent à la bonne heure, je les paierai ; sinon, tant pis, je m'en irai en une autre province et en ferai encore de même.

La Nat. Tout cela ne veut rien dire, car encore faut-il une fin.

L'Alch. Ah, ah, ah, il y tant de Provinces, il y a tant d'avaricieux, je leur promettrai à tous des montagnes d'or, et ce en peu de temps; et ainsi nos jours s'écoulent: cependant, ou le Roi ou l'âne mourra, ou je mourrai.

La Nat. En vérité, tels Philosophes n'attendent qu'une corde: va-t-en à la malheure et mets fin à ta fausse philosophie le plutôt que tu pourras. Car par ce seul conseil tu ne tromperas ni moi qui suis la Nature, ni ton prochain ni toi-même.

Fin du présent Traité

LE TRAITÉ DU SOUFRE
SECOND PRINCIPE DE LA NATURE

Revu et corrigé de nouveau

PRÉFACE AU LECTEUR

AMI LECTEUR, d'autant qu'il ne m'est pas permis d'écrire plus clairement qu'ont fait autrefois les anciens Philosophes, peut être aussi ne seras-tu pas content de mes écrits, vu principalement que tu as entre tes mains tant d'autres Livres de bons Philosophes. Mais crois que je n'ai pas besoin d'en composer aucun, parce que je n'espère pas d'en tirer aucun profit, ni n'en recherche aucun vaine gloire. C'est pourquoi je n'ai point voulu ni ne veux pas encore faire connaître au public qui je suis. Les Traités que j'ai mis au jour en ta faveur me semblaient te devoir plus que suffire: pour le reste, j'ai destiné de te le mettre dans notre Traité de l'Harmonie où je me suis proposé de discourir amplement des choses naturelles. Toutefois, pour condescendre aux prières de mes Amis, il a fallu que j'aie encore écrit ce petit Livre du Soufre, dans lequel je ne sais pas s'il sera besoin d'ajouter quelque chose à mes premiers Ouvrages. Je ne sais pas même si ce Livre te satisfera, puisque les écrits de tant de Philosophes ne te satisfont pas; et principalement puisque nuls autres exemples ne te pourront servir, si tu ne prends pas pour modèle l'opération journalière de la Nature. Car si d'un mûr jugement tu considérais comment la Nature opère, tu n'aurais pas besoin de tant de volumes, parce que, selon mon sentiment, il vaut mieux l'apprendre de la Nature, qui est notre maîtresse, que non pas des disciples. Je t'ai assez amplement montré en la Préface des douze Traités, et encore dans le premier Chapitre, qu'il y a tant de Livres écrits de cette Science, qu'ils embrouillent plutôt *le cerveau de ceux qui les lisent, qu'ils ne servent à les éclaircir de ce qu'ils doutent. Ce qui est arrivé à cause des grands commentaires que les Philosophes ont fait sur les laconiques préceptes d'Hermès, lesquels de jour à autre semblent vouloir s'éclipser de nous. Pour moi je crois que ce désordre a été causé par les envieux possesseurs de cette Science, qui ont à dessein embarrassé les préceptes d'Hermès, vu que les ignorants ne savent pas ce qu'il faut ajouter ou diminuer, si ce n'est qu'il arrive par hasard qu'ils lisent mal les écrits des Auteurs. Car s'il y a quelque science dans laquelle un mot de trop ou de manque importe beaucoup pour aider ou pour nuire, à bien comprendre la volonté de l'Auteur, c'est particulièrement en celle-ci : par exemple, il est écrit en un lieu, Tu mêleras puis après ces eaux ensemble : l'autre ajoute cet adverbe, ne : ce qui fait, tu ne mêleras puis après ces eaux ensemble. N'ayant mis que deux lettres, il a véritablement ajouté peu de chose et néanmoins tout le sens est perverti.*

Que le diligent Scrutateur de cette Science sache que les abeilles ont l'industrie de tirer leur miel, même des herbes vénéneuses : et que lui pareillement s'il sait rapporter ce qu'il lit à la possibilité de la Nature, il résoudra facilement les Sophismes, c'est-à-dire qu'il discernera aisément ce qui le peut tromper : qu'il ne cesse donc de lire, car un Livre explique l'autre. J'ai ouï dire que les Livres de Geber ont été envenimés par les Sophismes de ceux qui les ont expliqués. Et qui sait s'il n'en a pas été de même des Livres des autres Auteurs ? En telle manière qu'aujourd'hui on ne peut ni on ne doit les entendre, qu'après les avoir lus mille et mille fois ; et encore faut-il que ce soit un esprit très docte et très subtil qui les lise, car les ignorants ne doivent pas se mêler de cette lecture. Il y en a plusieurs qui ont entrepris d'interpréter Geber et les autres Auteurs, dont l'explication est beaucoup plus difficile à entendre que n'est pas le texte même. C'est pourquoi je te conseille de t'arrêter plutôt au texte, et de rapporter le tout à la possibilité de la Nature, recherchant en premier lieu ce que c'est que la Nature. Tous disent bien unanimement que c'est une chose commune, de vil prix et facile à avoir; et il est vrai: mais ils devraient ajouter: à ceux qui le savent. Car quiconque le sait, la connaîtra bien dans toute sorte d'ordures: mais ceux qui l'ignorent ne croient pas même qu'elle soit dans l'or. Que si ceux qui ont écrit ces Livres si obscurs, lesquels sont néanmoins très vrais, n'eussent point su l'Art, et qu'il leur eût fallu le chercher, je crois qu'ils y eussent eu plus de peine que n'en ont pas aujourd'hui les Modernes. Je ne veux pas louer mes écrits, j'en laisse juger à celui qui les appliquera à la possibilité et au cours de la Nature. Que si par la lecture de mes œuvres, par mes conseils et mes exemples, il ne peut connaître l'opération de la Nature, et ses ministres les esprits vitaux, qui restreignent l'air, à grand-peine le pourra-t-il par les œuvres de Lulle. Car il est très difficile de croire que les esprits aient tant de pouvoir dans le ventre du vent, J'ai été aussi contraint de passer cette Forêt, et de la multiplier comme les autres ont fait; mais en telle manière, que les plantes que j'y enterrai serviront de guide aux Inquisiteurs de cette Science, qui veulent passer par cette Forêt: car mes plantes sont comme des esprits corporels. Il n'en est pas de ce siècle comme des siècles passés, auxquels on s'entraimait avec tant d'affection qu'un ami déclarait mot à mot cette Science à son ami. On ne l'acquiert aujourd'hui que par une sainte inspiration de Dieu. C'est pourquoi quiconque l'aime et le craint, la pourra posséder : qu'il ne désespère pas, s'il la cherche il la trouvera, parce qu'on la peut plutôt obtenir de la bonté de Dieu que du savoir d'aucun homme : car sa miséricorde est infinie et n'abandonne jamais ceux qui espèrent en lui ; il ne fait point acception de personnes, et il ne rejette jamais un cœur contrit et humilié ; c'est lui qui a eu pitié de moi, qui suis la plus indigne de toutes les Créatures et qui suis incapable de raconter sa puissance, sa bonté, et son affable miséricorde qu'il lui a plu de me témoigner.

Que si je ne puis lui rendre grâces plus particulières, pour le moins je ne cesserai point de consacrer mes Ouvrages à sa gloire. Aie donc courage, AMI LECTEUR, *car si tu adores Dieu dévotement, que tu l'invoques et que tu mettes toute ton espérance en lui, il ne te déniera pas la même grâce qu'il m'a accordée ; il t'ouvrira la porte de la Nature, là où tu verras comme elle opère très simplement. Sache pour certain que la Nature est très simple et qu'elle ne se délecte qu'en la simplicité : et crois-moi que tout ce qui est de plus noble en la Nature, est aussi le plus facile et le plus simple, car toute vérité est simple. Dieu le Créateur de toutes choses, n'a rien mis de difficile en la Nature. Si donc tu veux imiter la Nature, je te conseille de demeurer en sa simple voie, et tu trouveras toute sorte de biens. Que si mes écrits et mes avertissements ne te plaisent pas, aie recours à d'autres. Je n'écris pas de grands volumes, tant afin de ne te faire guère dépenser à les acheter, qu'afin que tu les aies plus tôt lus : car puis après tu auras du temps pour consulter les autres Auteurs. Ne t'ennuie donc point de chercher ;*

on ouvre à celui qui heurte; joins que voici le temps que plusieurs secrets de la Nature seront découverts. Voici le commencement d'une quatrième Monarchie qui régnera vers le Septentrion; le temps s'approche, la Mère des Sciences viendra. On verra bien des choses plus grandes et plus excellentes qu'on n'a pas faites durant les trois autres Monarchies passées; parce que Dieu (selon le présage des Anciens) plantera cette quatrième Monarchie par un prince orné de toutes vertus et qui, peut-être, est déjà né. Car nous avons en ces parties boréales un Prince très sage, très belliqueux, que nul Monarque n'a surmonté en victoires, et qui surpasse tout autre en piété et humanité. Sans doute Dieu le Créateur permettra qu'on découvrira plus de secrets de la Nature pendant le temps de cette Monarchie Boréale, qu'il ne s'en est découvert pendant les trois autres Monarchies que les Princes étaient ou Païens ou Tyrans. Mais tu dois entendre ces Monarchies au même sens des Philosophes, qui ne les content pas selon la puissance des Grands, mais selon les quatre points Cardinaux du monde. La première a été Orientale; la seconde Méridionale; la troisième qui règne encore aujourd'hui est Occidentale; on attend la dernière de ces pays Septentrionaux. De toutes lesquelles choses nous parlerons en notre Traité de l'Harmonie. Dans cette Monarchie Septentrionale, attractive polaire (comme dit le Psalmiste), la miséricorde et la piété se rencontreront, la paix et la Justice se baigneront ensemble; la vérité sortira de la Terre et la Justice regardera du Ciel: Il n'y aura qu'un troupeau et un Pasteur: *Et plusieurs feront sciences sans envie, c'est ce que j'attends avec désir. Quant à toi* (AMI LECTEUR) *prie Dieu, crains-le, et l'aime: puis lis diligem-*

ment mes écrits et tu découvriras toute sorte de biens. Que si, par l'aide de Dieu et par l'opération de la Nature (que tu dois toujours suivre), tu arrives au port désiré de cette Monarchie, tu verras alors et connaîtras que je ne t'ai rien dit qui ne soit bon et véritable.

Adieu.

CHAPITRE I : De l'origine des trois Principes

Le Soufre n'est pas le dernier entre les trois Principes, puisqu'il est une partie du métal, et même la principale partie de la Pierre des Philosophes. Plusieurs Sages ont traité du Soufre, et nous en ont laissé beaucoup de choses par écrit, qui sont très véritables ; et particulièrement Geber en son Livre I de la Souveraine Perfection, Chapitre 28, où il est parlé en ses termes : *Par le Dieu très haut, c'est le Soufre qui illumine tous les corps, parce que c'est la lumière de la lumière, et leur teinture.*

Mais parce que les Anciens ont reconnu le Soufre pour le plus noble principe, nous avons trouvé à propos, avant que d'en traiter, de décrire l'origine de tous les trois Principes. Parmi le grand nombre de ceux qui en ont écrit, il y en a peu qui nous aient découvert d'où ils procèdent ; et il est difficile de juger de quelqu'un des Principes, non plus que de toute autre chose, si on en ignore l'origine et la génération : Car un aveugle ne peut juger des couleurs. Nous accomplirons en ce Traité ce que nos Ancêtres ont omis.

Suivant l'opinion des Anciens, il n'y a que deux Principes des choses naturelles, et notamment des métaux, savoir le Soufre et le Mercure. Les Modernes, au contraire, en ont admis trois : le Sel, le Soufre et me Mercure, qui ont été produits des quatre Éléments. Nous commencerons à décrire l'origine des quatre éléments avant que de parler de la génération des Principes.

Que les Amateurs de cette Science sachent donc qu'il y a quatre Éléments; chacun desquels a dans son centre un autre Élément dont il est élémenté. Ce sont les quatre piliers du monde, que Dieu, par sa sagesse, sépara du Chaos au temps de la Création de l'Univers; qui par leurs actions contraires maintiennent toute cette machine du monde en égalité et en proportion; et qui enfin par la vertu des influences célestes produisent toutes les choses dedans et dessus la Terre, desquelles nous traiterons en leur lieu. Mais retournons à notre propos, nous parlerons de la Terre, qui est l'Élément le plus proche de nous.

CHAPITRE II : De l'Élément de la Terre

La Terre est un Élément assez noble en sa qualité et dignité, dans lequel reposent les trois autres et principalement le Feu. C'est un Élément très propre pour cacher et manifester toutes les choses qui lui sont confiées : Il est grossier et poreux, pesant si on considère sa petitesse, mais léger eu égard à sa Nature ; c'est aussi le centre du monde et des autres Éléments. Par son centre passe l'essieu du monde de l'un et l'autre Pôle. Il est poreux, dis-je, comme une éponge, laquelle de soi ne peut rien produire : mais il reçoit tout ce que les autres Éléments laissent couler et jettent dans lui ; il garde ce qu'il faut garder et manifeste ce qu'il faut manifester. De soi-même, comme nous avons dit, il ne produit rien, mais il sert de réceptacle à tous les autres : Tout ce qui se produit demeure en lui ; tout se putréfie en lui par le moyen de la chaleur motive et se multiplie aussi en lui par la vertu de la même chaleur qui sépare le pur de l'impur : Ce qui est pesant demeure caché en lui, et la chaleur centrale pousse ce qui est léger jusqu'à la superficie. Il est la matrice et la nourrice de toutes les semences et de tous les mélanges : Il ne peut rien faire autre chose que conserver la semence et le composé jusqu'à parfaite maturité : Il est froid et sec, mais l'eau tempère sa sécheresse. Extérieurement il est visible et fixe ; mais en son intérieur, il est visible et volatil. Il est Vierge dès sa création ; c'est la tête morte qui a resté de la distillation du monde, laquelle, par la Volonté divine, après l'extraction de son humidité doit être quelque jour calcinée ; en sorte que d'icelle il s'en puisse créer une nouvelle Terre cristalline.

Cet Élément est divisé en deux parties, dont l'une est pure, et l'autre impure. La partie pure se sert de l'eau pour produire routes choses, l'impure demeure dans son globe. Cet Élément est aussi le domicile où tous les trésors sont cachés, et dans son centre est le feu de Géhenne, qui conserve cette machine du monde en son être, et ce par l'expression de l'eau qu'il convertit en air. Ce feu est causé et allumé par le roulement du premier mobile, et par les influences des Étoiles ; et lorsqu'il s'efforce de pousser l'eau souterraine jusqu'à l'air, il rencontre la chaleur du Soleil céleste tempérée par l'air, laquelle, faisant attraction, lui aide premièrement à faire venir jusqu'à l'air ce qui veut pousser hors de la Terre : puis lui sert encore à faire mûrir ce que la Terre a conçu dans son centre : C'est pourquoi la Terre participe du Feu, qui est son intrinsèque, et elle ne se purifie que par le Feu : Et ainsi chaque Élément ne se purifie que par celui qui lui est intrinsèque. Or l'intrinsèque de la Terre, ou son centre, est une substance très pure mêlée avec le Feu, auquel centre rien ne peut demeurer : cal il est comme un lieu vide, dans lequel les autres Éléments jettent ce qu'ils produisent, comme nous l'avons montré en notre œuvre des douze Traités. Mais c'est assez parler de la Terre, que nous avons dit être une éponge et le réceptacle des autres Éléments : ce qui suffit pour notre dessein.

CHAPITRE III : De l'Élément de l'Eau

'Eau est un Élément très pesant et plein de flegme onctueux, c'est le plus digne en sa qualité. Extérieurement il est volatil, mais fixe en son intérieur; il est froid et humide; il est tempéré par l'air; c'est le sperme du monde, dans lequel la semence de toutes choses se conserve : de sorte qu'il est le gardien de toute espèce de semence. Toutefois il faut savoir qu'autre chose est la semence, autre chose est le sperme. La Terre est le réceptacle du sperme, l'Eau est la matrice de la semence. Tout ce que l'air jette dans l'Eau par le moyen du Feu, l'Eau le jette dans la Terre. Le sperme est toujours en assez grande abondance et n'attend que la semence pour la porter dans sa matrice : ce qu'il fait par le mouvement de l'air, excité de l'imagination du Feu : Et quelquefois le sperme, pour n'avoir pas été assez digéré par la chaleur, manque de semence et entre, à la vérité, dans la matrice; mais il en sort derechef sans produire aucun fruit. Ce que nous expliquerons quelque jour plus amplement dans notre Traité du troisième Principe du Sel.

Il arrive bien souvent en la Nature que le sperme entre dans la matrice avec une suffisante quantité de semence : mais la matrice étant mal disposée et pleine de soufres ou de flegmes impurs, ne conçoit pas; ou si elle conçoit, ce n'est pas ce qui devrait être engendré. Dans cet Élément aussi il n'y a rien, à proprement parler, qui ne s'y trouve en la manière qu'il a accoutumé d'être dans le sperme. Il se plaît fort dans son propre mouvement qui se fait par l'air, et à cause que la superficie de son corps est volatile, il se mêle aisément à chaque chose. Il est (comme nous avons dit) le réceptacle de la semence universelle ; et comme la Terre se résout et se purifie facilement en lui, de même l'air se congèle en lui et se conjoint avec lui dans sa profondité. C'est le menstrue du monde, qui, pénétrant l'air par la vertu de la chaleur, attire avec soi une vapeur chaude, laquelle est cause de la génération naturelle de toutes les choses, desquelles la Terre est comme la matrice imprégnée ; et quand la matrice a reçu une suffisante quantité de semence, quelle qu'elle soit, il en vient ce qui en doit naître : Et la Nature opère sans intermision, jusqu'à ce qu'elle ait amené son ouvrage à une entière perfection : Et pour ce qui reste d'humide, qui est le sperme, il tombe à côté et se putréfie par l'action de la chaleur sur la Terre : d'où plusieurs choses sont après engendrées, quelquefois diverses petites bêtes et de petits vers. Un Artiste qui aurait l'esprit subtil pourrait bien voir la diversité des miracles que la Nature opère dans cet Élément, comme du sperme ; mais il lui serait nécessaire de prendre ce sperme, dans lequel il y a déjà une imaginée semence astrale d'un certain poids. Car la Nature, par la première putréfaction fait et produit des choses pures ; mais par la seconde putréfaction elle en produit encore de plus pures, de plus dignes, et de plus nobles : comme nous en avons un exemple dans le bois végétable, lorsque la Nature, dans la première composition ne l'a fait que simple bois ; mais quand après une parfaite maturité il est corrompu, il se putréfie derechef, et par le moyen de cette putréfaction, sont engendrés des vers et autres petites bêtes qui ont la vie et la vue tout ensemble. Car il est certain qu'un corps sensible est toujours plus noble et plus parfait qu'un corps végétable, parce qu'il faut une matière plus subtile et plus pure pour faire les organes du corps qui ont sentiment. Mais retournons à notre propos.

Nous disons que l'Eau est le menstrue du monde et qu'elle se divise en trois parties ; l'une simplement pure, l'autre plus pure, la troisième très pure. Les Cieux ont été faits de sa très pure substance : la plus pure s'est convertie en air : la simplement pure et la plus grossière a demeuré dans sa sphère, où, par la volonté de Dieu et par la coopération de la Nature, elle conserve toutes les choses subtiles. L'Eau ne fait qu'un globe avec la Terre, et elle a son centre au cœur de la Mer : elle a aussi un même essieu polaire avec la Terre, de laquelle sortent les Fontaines et tous les cours des eaux qui s'accroissent après en grands fleuves. Cette sortie d'eaux préserve la Terre de combustion, laquelle étant humectée et arrosée, pousse par ses pores la semence universelle que le mouvement et la chaleur ont faite. C'est une chose assez connue que toutes les Eaux retournent au cœur de la Mer ; mais peu de gens savent où elles vont puis après. Car il y en a quelques-uns qui croient que les Astres ont produit tous les Fleuves, les Eaux, et les sources qui regorgent dans la Mer ; et qui ne sachant pourquoi la Mer ne s'en enfle point, disent que ces Eaux se consument dans le cœur de la Mer : ce qui est impossible en la Nature, comme nous l'avons montré en parlant des pluies. Il est bien vrai que les Astres causent, mais ils n'engendrent point, vu que rien ne s'engendre que par son semblable de même espèce. Puis donc que les Astres sont faits du Feu et de l'Air, comment pourraient-ils engendrer les Eaux ? Que s'il était ainsi que quelques Étoiles engendrassent des Eaux, il s'ensuivrait nécessairement que d'autres produiraient la Terre, et ainsi d'autres Étoiles produiraient d'autres Éléments : car cette machine du monde est réglée d'une manière que tous les Éléments y sont en équilibre, et ont une égale vertu, en telle sorte que l'un ne surpasse point l'autre de la moindre partie : car si cela était, la ruine de tout le monde s'ensuivrait infailliblement. Toutefois, celui qui le voudra croire autrement, qu'il demeure en son opinion. Quant à nous, nous avons appris dans la Lumière de la Nature, que Dieu conserve la machine du monde par l'égalité qu'il a proportionnée dans les quatre Éléments, et que l'un n'excède point l'autre en son opération : mais les Eaux par le mouvement de l'air, sont contenues sur les fondements de la Terre, comme si elles étaient dans quelque tonneau, et par le même mouvement, sont resserrées vers le Pôle Arctique, parce qu'il n'y a rien de vide au monde. Et c'est pour cette raison que le feu de Géhenne est au centre de la Terre où l'Archée de la Nature le gouverne.

Car au commencement de la Création du monde, Dieu tout-puissant sépara les quatre Éléments du Chaos : Il exalta premièrement leur quinte-essence et la fit monter plus haut que n'est le lieu de leur propre sphère. Après, il éleva sur toutes les choses créées la plus pure substance du Feu, pour y placer sa sainte et sacrée Majesté ; laquelle substance il constitua et affermit dans ses propres bornes. Par la volonté de cette immense et divine Sagesse, ce Feu fut allumé dans le centre du Chaos, lequel puis après fit distiller la très pure partie de ces Eaux : Mais parce que ce Feu très pur occupe maintenant le Firmament, et environne le Trône du Dieu très haut, les Eaux ont été condensées sous ce Feu en un corps qui est le Ciel. Et afin que ces Eaux fussent mieux soutenues, le Feu central a fait par sa vertu distiller un autre Feu plus grossier, qui n'étant pas si pur que le premier, n'a pu monter si haut que lui et a demeuré sous les Eaux dans sa propre sphère : De sorte qu'il y a dans les Cieux des Eaux congelées, et renfermées entre deux feux. Mais ce Feu central n'a point cessé d'agir : il a fait encore distiller plus avant d'autres Eaux moins pures qu'il a converties en air, lequel a aussi demeuré sous la sphère du Feu en sa propre sphère et est environné de lui comme d'un très fort fondement. Et comme les Eaux des Cieux ne peuvent monter si haut et passer par-dessus le Feu qui environne le Trône de Dieu, de même aussi le Feu, qu'on appelle Élément, ne peut monter si haut et passer par-dessus les Eaux Célestes, qui sont proprement les Cieux. L'Air aussi ne saurait monter si haut qu'est le Feu élémentaire, et passer par-dessus lui.

Pour ce qui est de l'Eau, elle a demeuré avec la Terre, et toutes deux jointes ensemble ne font qu'un globe : car l'Eau ne saurait trouver de place en l'Air, excepté cette partie que le Feu central convertit en air pour la conservation journalière de cette machine du monde. Car s'il y avait quelque lieu vide en l'Air, toutes les Eaux distilleraient et se résoudraient en air pour le remplir : mais maintenant toute la sphère de l'Air est tellement pleine par le moyen des Eaux, lesquelles la continuelle chaleur centrale pousse jusqu'en l'Air, qu'il comprime le reste des Eaux et les contraint de couler autour de la Terre et se joindre avec elle pour faire le centre du monde. Cette opération se fait successivement de jour à autre ; et ainsi le monde se fortifie de jour en jour, et demeurerait naturellement incorruptible, si l'absolue volonté du très haut Créateur n'y répugnait ; parce que ce Feu central, tant par le mouvement universel que par l'influence des Astres, ne cessera jamais de s'allumer et d'échauffer les Eaux ; et les Eaux ne cesseront jamais de se résoudre en air, non plus que l'Air ne cessera jamais de comprimer le reste des Eaux, et de les contraindre de couler autour de la Terre, afin de les retenir dans leur centre, en telle sorte qu'elles ne puissent jamais s'en éloigner. C'est ainsi que la Sagesse souveraine a créé tout le monde et qu'il le maintient ; et c'est ainsi, à son exemple, qu'il faut de nécessité que toutes les choses soient naturellement faites dans ce monde. Nous t'avons voulu éclaircir de la manière que cette machine du monde a été créée, afin de te faire connaître que les quatre Éléments ont une naturelle sympathie avec les supérieurs, parce qu'ils sont tous sortis d'un même Chaos ; mais ils sont tous quatre gouvernés par les supérieurs comme les plus nobles, et c'est la cause pour laquelle, en ce lieu sublunaire les Éléments inférieurs rendent une pareille obéissance aux supérieurs. Mais sachez que toutes ces choses ont été naturellement trouvées par les Philosophes, comme il sera dit en son lieu.

Retournons à notre propos du cours des Eaux, du flux et reflux de la Mer, et montrons comment elles passent par l'essieu Polaire pour aller de l'un à l'autre Pôle. Il y a deux Pôles, l'un Arctique, qui est en la partie supérieure Septentrionale; l'autre, Antarctique, qui est sous la Terre en la partie Méridionale. Le Pôle Arctique a une force magnétique d'attirer, et le Pôle Antarctique a une force aimantine de repousser: ce que la Nature nous a donné pour exemple dans l'Aimant. Le Pôle Arctique attire donc les Eaux par l'essieu, lesquelles ayant entré, sortent derechef par l'essieu du Pôle Antarctique. Et parce que l'Air qui les resserre ne leur permet pas de couler avec inégalité, elles sont contraintes de retourner derechef au Pôle Arctique, qui est leur centre, et d'observer continuellement leur cours de cette manière : Elles roulent sans cesse sur l'essieu du monde, du Pôle Arctique à l'Antarctique : Elles se répandent par les pores de la Terre ; et suivant la grandeur ou la petitesse de leur écoulement, il en naît de grandes ou de petites sources, qui après se ramassent ensemble et s'accroissent en fleuves, et retournent derechef d'où elles étaient sorties. Ce qui se fait incessamment par le mouvement universel.

Quelques-uns (comme nous avons dit), ignorant le mouvement universel et les opérations des Pôles, soutiennent que ces Eaux sont engendrées par les Astres, et qu'elles sont consumées dans le cœur de la Mer: Il est pourtant certain que les Astres ne produisent ni n'engendrent rien de matériel, mais qu'ils impriment seulement des vertus et des influences spirituelles, qui toutefois n'ajoutent pas de poids à la matière. Sachez donc que les Eaux ne s'engendrent point des Astres, mais qu'elles sortent du centre de la Mer, et par les pores de la Terre, se répandent par tout le monde. De ces fondements naturels, les Philosophes ont inventé divers instruments, plusieurs conduits d'eaux et de fontaines, puisqu'on sait très bien que les Eaux ne peuvent pas monter naturellement plus haut que n'est le lieu d'où elles sont sorties ; et si cela n'était ainsi dans la Nature, l'Art ne le pourrait pas faire en aucune façon, parce que l'Art imite la Nature et que l'Art ne peut pas faire ce qui n'est point dans la Nature. Car l'Eau (comme il a été dit) ne peut pas monter plus haut que n'est le lieu d'où elle est prise. Nous en avons un exemple en l'instrument par lequel on tire le Vin du tonneau. Sachez donc, pour conclusion, que les Astres n'engendrent point les Eaux ni les sources, mais qu'elles viennent toutes du centre de la Mer, auquel elles retournent derechef, et ainsi continuent un mouvement perpétuel. Car si cela n'était, il ne s'engendrerait rien ni dedans ni dessus la Terre : au contraire, tout tomberait en ruine. Quelqu'un objectera, les Eaux de la Mer sont salées, et celles des sources sont douces. Je réponds que cela advient parce que l'Eau passant dans l'étendue de plusieurs lieues par les pores de la Terre, en des lieux étroits et pleins de sablon, s'adoucit et perd sa salure : Et à cet exemple on a inventé les Citernes. La Terre aussi en quelques endroits a des pores plus larges par lesquels l'Eau salée passe, d'où il advient des minières de Sel et des fontaines salées, comme à Halle en

Allemagne. En quelques autres lieux aussi elles sont resserrées par le chaud, de sorte que le Sel demeure parmi les sablons : mais l'Eau passe outre et sort par d'autres pores, comme en Pologne, Wielichie et Bochnie. De même aussi quand les Eaux passent par des lieux chauds et sulfurés, elles s'échauffent, et de là viennent les bains : car aux entrailles de la Terre il se rencontre des lieux où la Nature distille une minière sulfurée, de laquelle elle sépare l'Eau quand le Feu central l'a allumée. L'Eau, donc coulant par ces lieux ardents, s'échauffe plus ou moins selon qu'elle en passe près ou loin ; et ainsi s'élève à la superficie de la Terre, retenant une saveur de Soufre, comme un bouillon celle de la chair ou des herbes qu'on a fait bouillir dedans. La même chose arrive encore, lorsque l'Eau, passant par des lieux minéraux, alumineux ou autres, en retient la saveur. Le Créateur de ce grand Tout est donc ce distillateur, qui tient en sa main le distillatoire, à l'exemple duquel les Philosophes ont inventé toutes leurs distillations. Ce que Dieu tout-puissant et miséricordieux, sans doute, a lui-même inspiré dans l'âme des hommes, lequel pourra (quand il lui plaira) éteindre le Feu centrique, ou rompre le vaisseau ; et alors le monde finira. Mais parce que son infinie bonté ne tend jamais qu'au mieux, il exaltera quelque jour sa très sainte Majesté ; il élèvera ce Feu très pur, qui est au Firmament, dessus des Eaux célestes et donnera un degré plus fort au Feu central. Tellement que toutes les Eaux se résoudront en Air, et la Terre se calcinera : de manière que le Feu après avoir consumé tout ce qui sera impur, subtilisera les Eaux qu'il aura circulées en l'air, et les rendra à la

Terre purifiée. Et ainsi (s'il est permis de Philosopher en cette sorte) Dieu en fera un monde plus noble que celui-ci.

Que tous les Inquisiteurs de cette Science sachent donc que la Terre et l'Eau ne font qu'un globe, et que jointes ensemble, elles font tout, parce que ce sont les deux Éléments palpables, dans lesquels les deux autres sont cachés et font leur opération. Le Feu empêche que l'Eau ne submerge ou ne fasse dissoudre la Terre : l'Air empêche le Feu de s'éteindre : et l'Eau empêche la Terre d'être brûlée. Nous avons trouvé à propos de décrire toutes ces choses, afin de donner à connaître aux studieux en quoi consistent les fondements des Éléments, et comment les Philosophes ont observé leurs contraires actions, joignant le Feu avec la Terre, l'Air avec l'Eau : au lieu que, quand ils ont voulu faire quelque chose de noble, ils ont fait cuire le Feu dans l'Eau, considérant qu'il y a du sang, dont l'un est plus pur que l'autre : de même que les larmes sont plus pures que n'est pas l'urine. Qu'il te suffise donc de ce que nous avons dit, que l'Élément de l'Eau est le sperme et le menstrue du monde et le vrai réceptacle de la semence.

CHAPITRE IV : De l'Élément de l'Air

L'AIR est un Élément entier, très digne en sa qualité : Extérieurement, il est léger, volatil et invisible ; et en son intérieur, il est pesant, visible et fixe. Il est chaud et humide ; c'est le feu qui le tempère. Il est plus noble que la Terre et l'Eau. Il est volatil, mais il se peut fixer ; et quand il est fixé, il rend tous les corps pénétrables. Les esprits vitaux des Animaux sont créés de sa très pure substance ; la moins pure fut élevée en haut pour constituer la sphère de l'Air : La plus grossière partie qui resta a demeuré dans l'Eau, et se circule avec elle, comme le feu se circule avec la terre, parce qu'ils sont amis. C'est un très digne Élément (comme nous avons dit) qui est le vrai lieu de la semence de toutes choses : et comme il y a une semence imaginée dans l'Homme, de même la Nature s'est formée une semence dans l'Air, laquelle, après un mouvement circulaire, est jetée en son sperme, qui est l'Eau. Cet Élément a une force très propre pour distribuer chaque espèce de semence à ses matrices convenables, par le moyen du sperme et menstrue du monde : Il contient aussi l'esprit vital de toute créature ; lequel esprit vit partout, pénètre tout, et qui donne la semence aux autres Éléments comme l'Homme le communique aux Femmes. C'est l'Air qui nourrit les autres Éléments ; c'est lui qui les imprègne ; c'est lui qui les conserve : Et l'expérience journalière nous apprend que non seulement les Minéraux, les Végétaux et les Animaux, mais encore les autres Éléments vivent par le moyen de l'Air. Car nous voyons que toutes les Eaux se putréfient et deviennent bourbeuses, si elles ne reçoivent un nouvel Air : le Feu s'éteint aussi, s'il n'a de l'Air. De là vient que les Alchimistes savent distribuer à l'Air leur Feu par degrés ; qu'ils mesurent l'Air par leurs registres ; et qu'ils font leur Feu plus grand ou plus petit suivant le plus ou moins d'Air qu'ils lui donnent. Les pores de la Terre sont aussi conservés par l'Air : et enfin, toute la machine du monde se maintient par le moyen de l'Air.

L'Homme, comme aussi tous les autres Animaux, meurent s'ils sont privés de l'Air : et rien ne croîtrait au monde sans la force et la vertu de l'Air, lequel pénètre, altère et attire à soi le nutriment multiplicatif. En cet Élément, la semence est imaginée par la vertu du feu, et cette semence comprime le menstrue du monde par cette force occulte : comme aux arbres et aux herbes la chaleur spirituelle fait sortir le sperme avec la semence par les pores de la Terre ; et à mesure qu'il sort, l'Air le comprime à proportion, et le congèle goutte à goutte. Et ainsi de jour en jour les arbres croissent et viennent fort grands, une goutte se congelant sur l'autre (comme nous l'avons montré en notre livre des douze Traités). En cet Élément, toutes choses sont entières par l'imagination du feu ; aussi est-il rempli d'une vertu divine : car l'esprit du Seigneur y est renfermé (qui avant la Création du monde était porté sur les Eaux, selon le témoignage de l'Écriture Sainte), *et a volé sur les plumes des vents.* S'il est donc ainsi (comme il est en effet) que l'esprit du Seigneur soit enclos dans l'Air, qui pourra douter que Dieu ne lui ait laissé quelque chose de sa divine

Puissance ? Car ce Monarque a coutume d'enrichir de parements ses domiciles : aussi a-t-il donné pour ornement à cet Élément l'esprit vital de toutes Créatures ; car dans lui est la semence de toutes les choses qui sont dispersées çà et là. Et comme nous avons dit ci-dessus, ce souverain Ouvrier, dans la Création du monde, a enclos dans l'Air une force magnétique sans laquelle il ne pourrait pas attirer la moindre partie du nutriment : et ainsi la semence demeurerait en petite quantité, sans pouvoir croître ni multiplier. Mais comme la Pierre d'aimant attire à soi le Fer, nonobstant sa dureté (à l'exemple du Pôle Arctique qui attire à soi les Eaux, comme nous l'avons montré en traitant de l'Élément de l'Eau), de même l'Air par son aimant végétable qui est contenu dans la semence, attire à soi son aliment du menstrue du monde, qui est l'Eau. Toutes ces choses se font par le moyen de l'Air, car il est le conducteur des Eaux, et sa force ou puissance magnétique que Dieu a enclose en lui, est cachée dans toute espèce de semence pour attirer l'humide radical ; et cette vertu ou puissance qui se trouve en toute semence est toujours la deux cent octantième partie de la semence, comme nous avons dit au troisième de nos douze Traités.

Si donc quelqu'un veut bien planter les Arbres, qu'il regarde toujours que la pointe attractive soit tournée vers le Septentrion ; et ainsi jamais il ne perdra sa peine. Car comme le Pôle Arctique attire à soi les Eaux, de même le point vertical attire à soi la semence, et toute pointe attractive ressemble au Pôle. Nous en avons un exemple dans le bois, dont la pointe attractive tend toujours à son point vertical, lequel aussi ne manque pas de l'attirer. Car qu'on taille un bâton de bois, en sorte qu'il soit partout égal en grosseur, si tu veux savoir quelle était sa partie supérieure avant qu'il fût coupé de son arbre, plonge-le dans une eau qui soit plus large que n'est la longueur de ce bois, et tu verras que a partie supérieure sortiras toujours hors de l'eau, avant la partie inférieure : car la Nature ne peut errer en son office. Mais nous parlerons plus amplement de ces choses dans notre Harmonie, où nous traiterons de la force magnétique (quoi que celui-là peut facilement juger de notre Aimant, à qui la Nature des métaux est connue). Quant à présent, il nous suffira d'avoir dit que l'Air est un très digne Élément, dans lequel est la semence et l'esprit vital, ou le domicile de l'âme de toute Créature.

CHAPITRE V : De l'Élément du Feu

Le Feu est le plus pur et le plus digne Élément de tous, plein d'une onctuosité corrosive. Il est pénétrant, digérant, corrodant, et très adhérent. Extérieurement, il est visible, mais invisible en son intérieur, et très fixe. Il est chaud et sec ; c'est la Terre qui le tempère. Nous avons dit, en traitant de l'Élément de l'Eau, qu'en la création du monde la très pure substance du Feu a été premièrement élevée en haut, pour environner le Trône de la divine Majesté, lorsque les Eaux, dont le Ciel a été composé, furent congelées : Que de la substance du Feu moins pure que cette première, les Anges ont été créés, et que les Luminaires et les Étoiles ont été crées de la substance du Feu moins pure que la seconde, mais mêlée avec la très pure substance de l'Air. La substance du Feu encore moins pure que la troisième, a été exaltée en sa sphère, pour terminer et soutenir les Cieux : La plus impure et onctueuse partie, que nous appelons Feu de Géhenne, est restée au centre de la Terre où le souverain Créateur, par sa sagesse l'a renfermée pour continuer l'opération du mouvement. Tous ces Feux sont véritablement divisés, mais ils ne laissent pas d'avoir une naturelle sympathie les uns avec les autres.

Cet Élément est le plus tranquille de tous et ressemble a un Chariot qui roule lorsqu'il est traîné, et demeure immobile si on ne le tire pas : Il est imperceptiblement dans toutes les choses du monde. Les facultés vitales et intellectuelles qui sont distribuées en la première infusion de la vie humaine, se rencontrent en lui, lesquelles nous appelons âme raisonnable, qui distingue l'Homme des autres Animaux, et le rend semblable à Dieu. Cette Âme faite de la plus pure partie du Feu élémentaire, a été divinement infuse dans l'esprit vital ; pour laquelle l'Homme, après la création de toutes choses, a été créé comme un monde en particulier ou comme un abrégé de ce grand Tout. Dieu le Créateur a mis son siège et sa majesté en cet Élément du Feu, comme au plus pur et plus tranquille sujet qui soit gouverné par la seule immense et divine Sagesse : C'est pourquoi Dieu abhorre toute espèce d'impureté, et que rien d'immonde, de composé ou de souillé ne peut approcher de lui. D'où il s'ensuit qu'aucun Homme naturellement ne peut voir ni approcher de Dieu : car le Feu très pur, qui environne la Divinité, et qui est le propre siège de la majesté du Très-Haut, a été élevé à un si haut degré de chaleur qu'aucun œil ne le peut pénétrer, à cause que le Feu ne peut souffrir qu'aucune chose composée approche de lui ; car le Feu est la mort et la séparation de tous composés.

Nous avons dit que cet Élément était un sujet tranquille : (aussi est-il vrai), autrement Dieu ne pourrait être à repos (chose qui serait très absurde de penser seulement), parce qu'il est très certain qu'il est dans une parfaite tranquillité et même plus que l'esprit humain ne saurait s'imaginer. Que le Feu soit en repos, les cailloux nous en servent d'exemple, dans lesquels il y a un Feu qui ne paraît pas toutefois à nos yeux, et dont on ne peut ressentir la chaleur, jusqu'à ce qu'il soit excité et allumé par quelque mouvement: De même aussi ce Feu très pur qui environne la très sainte Majesté du Créateur, n'a aucun mouvement s'il n'est excité par la propre volonté du Très-Haut: car alors ce Feu va où il plaît au Seigneur le faire aller; et quand il se meut, il se fait un mouvement terrible et très véhément. Proposez-vous pour exemple, lorsque quelque Monarque de ce monde est en son Siège majestueux, quel silence n'y a-t-il point autour de lui? Quel grand repos? Et encore que quelqu'un de ses Courtisans vienne à se remuer, ce mouvement particulier néanmoins n'est que peu ou point considéré: Mais quand le Monarque commence à se mouvoir pour aller d'un lieu à l'autre, alors toute l'assemblée se remue universellement, de telle manière qu'on entend un grand bruit. Que ne doit-on point croire à plus forte raison du Monarque des Monarques, du Roi des Rois, et du Créateur de toutes choses, (à l'exemple duquel les Princes de ce monde sont établis sur la Terre) qui par son autorité donne le mouvement à tout ce qu'il a créé? Quel mouvement? Quel tremblement lorsque toute l'Armée céleste qui l'environne, se meut autour de lui? Mais quelques moqueurs demanderont peut-être: Comment, Monsieur le Philosophe, savez-vous cela, vu que les choses célestes sont cachées à l'entendement humain? Nous leur répondrons que toutes ces choses sont connues aux Philosophes, et même que l'incompréhensible Sagesse de Dieu leur a inspiré que tout avait été créé à l'exemple de la Nature, laquelle nous donne une fidèle représentation de tous ces secrets par ses opérations journalières, d'autant qu'il ne se fait rien sur la Terre qu'à l'imitation de la céleste Monarchie, comme il appert par les divers offices des Anges : De même aussi il ne naît et ne s'engendre rien sur la Terre que naturellement ; en telle sorte que toutes les inventions des Hommes, et même tous les artifices qui sont aujourd'hui ou seront pratiqués à l'avenir ne proviennent que des fondements de la Nature.

Le Créateur Tout-puissant a bien voulu manifester à l'Homme toutes les choses naturelles ; et c'est la raison pour laquelle il nous a voulu montrer aussi les choses célestes qui ont été naturellement faites, afin que par ce moyen, l'Homme puisse mieux connaître son absolue puissance et incompréhensible Sagesse : Ce que les Philosophes peuvent voir dans la lumière de Nature, comme dans un miroir. C'est pourquoi s'ils ont eu cette science en grande estime, et qu'ils l'aient recherchée avec tant de soin, ce n'a pas été pour le désir de posséder l'or ni l'argent, mais ils s'y sont portés pour les deux motifs que nous avons avancés, c'est-à-dire pour avoir une ample connaissance non seulement de toutes choses naturelles, mais encore de la puissance de leur Créateur : Et si après être parvenus à leur fin désirée, ils n'ont parlé de cette Science que par figures, et encore très peu, c'est qu'ils n'ont pas voulu éclaircir aux ignorants les mystères divins, qui nous conduisent à la parfaite connaissance des actions de la Nature.

Si donc tu te peux connaître toi-même et que tu n'aies l'entendement trop grossier, tu comprendras facilement comment tu es fait à la ressemblance du grand Monde et même à l'image de ton Dieu. Tu as en ton corps l'anatomie de tout l'Univers : car tu as au plus haut lieu de ton corps la quintessence des quatre Éléments, extraite des spermes confusément mêlés dans la matrice, et comme resserrée plus outre dans la peau. Au lieu du feu, tu as un très pur sang, dans lequel réside l'âme en forme d'un Roi, par le moyen de l'esprit vital. Au lieu de la terre, tu as le cœur, dans lequel est le feu central qui opère continuellement et conserve en son être la machine de ce Microcosme ; la bouche te sert de Pôle Arctique, le ventre de Pôle Antarctique ; et ainsi des autres membres qui ont tous une correspondance avec les corps célestes : de quoi nous traiterons quelque jour plus amplement dans notre Harmonie, au Chapitre de l'Astronomie, où nous avons décrit que l'Astronomie est un Art facile et naturel, comment les aspects des Planètes et des Étoiles causent des effets, et pourquoi, par le moyen de ces aspects, on pronostique des pluies et autres accidents : ce qui serait trop long à raconter en ce lieu. Et toutes ces choses, liées et enchaînées ensemble, donnent naturellement une plus ample connaissance de la Divinité. Nous avons bien voulu faire remarquer ce que les Anciens ont omis, tant afin que le diligent Scrutateur de ce secret comprît plus clairement l'incompréhensible puissance du Très-Haut, que pour qu'il l'aimât et adorât aussi avec plus d'ardeur.

Que l'Inquisiteur de cette science sache donc que l'âme de l'Homme tient en ce microcosme le lieu de Dieu son Créateur, et lui sert comme de Roi, laquelle est placée en l'esprit vital dans un sang très pur. Cette âme gouverne l'esprit, et l'esprit gouverne le corps. Quand l'âme a conçu quelque chose, l'esprit sait quelle est cette conception, laquelle il fait entendre aux membres du corps, qui obéissant attendent avec ardeur les commandements de l'âme, pour les mettre à exécution et accomplir sa volonté. Car le corps de soi-même ne sait rien ; tout ce qu'il y a de force ou de mouvement dans le corps, c'est l'esprit qui le fait : S'il connaît les volontés de l'âme, il ne les exécute que par le moyen de l'esprit ; en sorte que le corps n'est seulement à l'esprit que comme un instrument dans les mains d'un Artiste. Ce sont là les opérations que l'âme raisonnable, par laquelle l'Homme diffère des brutes, fait dans le corps ; mais elle en fait de plus grandes et de plus nobles, lorsqu'elle en est séparée, parce qu'étant hors du corps, elle est absolument indépendante et maîtresse de ses actions : Et c'est en cela que l'Homme diffère des autres bêtes, à cause qu'elles n'ont qu'un esprit, mais non pas une âme participante de la Divinité. De même aussi notre Seigneur et le Créateur de toutes choses, opère en ce monde ce qu'il sait lui être nécessaire ; et parce que ses opérations s'étendent dans toutes les parties du monde, il faut croire qu'il est partout : mais il est aussi hors du monde, parce que son immense Sagesse fait des opérations hors du monde et forme des conceptions si hautes et si relevées, que tous les Hommes ensemble ne les sauraient comprendre. Et ce sont là les secrets surnaturels de Dieu seul.

Comme nous en avons un exemple dans l'âme, laquelle étant séparée de son corps conçoit des choses très profondes et très hautes et est en cela semblable à Dieu, lequel hors de son monde opère surnaturellement, quoique à vrai dire les actions de l'âme hors de son corps, en comparaison de celles de Dieu hors du monde, ne soient que comme une chandelle allumée au respect de la lumière du Soleil en plein midi, parce que l'âme n'exécute qu'en idée les choses qu'elle s'imagine; mais Dieu donne un être réel à toutes les choses au même moment qu'il les conçoit. Quand l'âme de l'Homme s'imagine d'être à Rome, ou ailleurs, elle y est en un clin d'œil, mais seulement par esprit: et Dieu qui est Tout-puissant, exécute essentiellement ce qu'il a conçu. Dieu n'est donc renfermé dans le monde, que comme l'âme est dans le corps; il a son absolue puissance séparée du monde, comme l'âme de chaque corps a un absolu pouvoir séparé d'avec lui; et par ce pouvoir absolu elle peut faire des choses si hautes que le corps ne le saurait comprendre. Elle peut donc beaucoup sur notre corps, car autrement notre Philosophie serait vaine. Apprends donc, ce qui a été dis ci-dessus, à connaître Dieu, et tu sauras la différence qu'il y a entre le Créateur et les Créatures: puis après de toi-même tu pourras concevoir des choses encore plus grandes et plus relevées, vu que nous t'avons ouvert la porte. Mais afin de ne pas grossir cet Ouvrage, retournons à notre propos.

 Nous avons déjà dit que le Feu est un Élément très tranquille, et qu'il est excité par un mouvement; mais il n'y a que les Hommes sages qui connaissent la manière de l'exciter. Il est nécessaire aux Philosophes de connaître toutes les générations et toutes les corruptions: mais, bien qu'ils voient à découvert la création du Ciel, et la composition et le mélange de toutes choses, et qu'ils sachent tout, ils ne peuvent pas tout faire. Nous savons bien la composition de l'Homme en toutes ses qualités, mais nous ne lui pouvons pas infuser une âme, car ce mystère appartient à Dieu seul, qui surpasse tout par ces infinis mystères surnaturels : Et comme ces choses sont hors de la Nature, elles ne sont pas en sa disposition. La Nature ne peut pas opérer, qu'auparavant on ne lui fournisse une matière : Le Créateur lui donne la première matière et les Philosophes lui donnent la seconde. Mais en l'œuvre Philosophique, la Nature doit exciter le feu que Dieu a enfermé dans le centre de chaque chose. L'excitation de ce Feu se fait par la volonté de la Nature, et quelquefois aussi elle se fait par la volonté d'un subtil Artiste qui dispose la Nature : car naturellement le feu purifie toute espèce d'impureté. Tout corps composé se dissout par le feu. Et comme l'eau lave et purifie toutes les choses imparfaites qui ne sont pas fixes, le feu aussi purifie toutes les choses fixes, et les mène à la perfection. Comme l'eau conjoint, le corps dissout ; de même le feu sépare tous les corps conjoints ; et tout ce qui participe de sa nature et propriété, il le purge très bien, et l'augmente non pas en quantité, mais en vertu.

Cet Élément agit occultement par de merveilleux moyens, tant contre les autres Éléments que contre toutes autres choses. Car comme l'âme raisonnable a été faite de ce feu très pur, de même l'âme végétable a été faite du Feu élémentaire que la Nature gouverne.

Cet Élément agit sur le centre de chaque chose en cette manière : La Nature donne le mouvement ; ce mouvement excite l'air ; l'air excite le feu ; le feu sépare, purge, digère, colore, et fait mûrir toute espèce de semence, laquelle, étant mûre, il pousse (par le moyen du sperme) dans des matrices, qui sont ou pures ou impures, plus ou moins chaudes, sèches ou humides ; et selon la disposition du lieu ou de la matrice, plusieurs choses sont produites dans la Terre, comme nous avons écrit au Livre des douze Traités, où faisant mention des matrices, nous avons dit qu'autant de lieux, autant de matrices. Dieu le Créateur a fait et ordonné toutes les choses de ce monde ; en sorte que l'une est contraire à l'autre, mais d'une manière toutefois que la mort de l'une est la vie de l'autre : Ce que l'un produit, l'autre le consume, et de ce sujet détruit il se produit naturellement quelque chose de plus noble ; de sorte que par ces continuelles destructions et régénérations, l'égalité des Éléments se conserve : Et c'est aussi de cette manière que la séparation des parties de tous les corps composés, particulièrement des vivants, cause leur mort naturelle. C'est pourquoi il faut naturellement que l'Homme meure, parce qu'étant composé des quatre Éléments, il est sujet à la séparation, vu que les parties de tout corps composé se séparent naturellement l'une de l'autre. Mais cette séparation de l'humaine composition ne se devait seulement faire qu'au jour du Jugement : Car l'Homme (selon l'Écriture et les Théologiens) avait été créé immortel dans le Paradis Terrestre. Toutefois, aucun Philosophe, jusqu'à présent, n'a encore su rendre la raison suffisante pour la preuve de cette immortalité, la connaissance de laquelle est convenable aux Inquisiteurs de cette Science, afin qu'ils puissent connaître comme ces choses se font naturellement et peuvent être naturellement entendues. Il est très vrai, et personne ne doute, que tout composé ne soit sujet à corruption, et qu'il ne se puisse séparer (laquelle séparation, au règne animal, s'appelle mort :), mais de faire voir comment l'Homme, bien que composé des quatre Éléments, puisse naturellement être immortel, c'est une chose bien difficile à croire, et qui semble même surpasser les forces de la Nature. Toutefois, Dieu a inspiré dès longtemps aux Hommes de bien et vrais Philosophes, comment cette immortalité pouvait être naturellement en l'Homme, laquelle nous te ferons entendre en cette manière.

Dieu avait créé le Paradis Terrestre des vrais Éléments, non élémentés, mais très purs, tempérés et conjoints ensemble en leur plus grande perfection : de manière que comme ils étaient incorruptibles, tout ce qui provenait d'eux également et très parfaitement conjoints, devait être immortel ; car cette égale et très parfaite conjonction ne peut pas souffrir de désunion et de séparation. L'Homme avait été créé de ces Éléments incorruptibles conjoints ensemble par une juste égalité, en telle sorte qu'il ne pouvait pas être corrompu ; c'est pourquoi il avait été destiné pour l'immortalité, parce que Dieu sans doute n'avait créé ce Paradis que pour la demeure des Hommes seulement. Nous en parlerons plus amplement dans notre Traité de l'Harmonie, où nous décrirons le lieu où il est situé. Mais après que l'Homme, par son péché de désobéissance, eut transgressé les commandements de Dieu, il fût banni du Paradis terrestre, et Dieu le renvoya dans ce monde corruptible et élémenté, qu'il avait seulement créé pour les bêtes, dans lequel ne pouvant pas vivre sans nourriture, il fut contraint de se nourrir des Éléments élémentés corruptibles, qui infectèrent les purs Éléments dont il avait été créé : Et ainsi il tomba peu à peu dans la corruption, jusqu'à ce qu'une qualité prédominant sur l'autre, tout l'entier composé ait été corrompu, qu'il ait été attaqué de plusieurs infirmités ; et qu'enfin la séparation et la mort s'en soient ensuivies. Et après les Enfants des premiers Hommes ont été plus proches de la corruption et de la mort, parce qu'ils n'avaient pas été créés dans le Paradis Terrestre, et qu'ils avaient été engendrés dans ce monde composé des Éléments élémentés corrompus, et d'une semence corruptible, parce que la semence produite des aliments corruptibles ne pouvait pas être de longue durée et incorruptible. Et ainsi d'autant plus les Hommes se trouvent éloignés du temps de ce bannissement du Paradis Terrestre, d'autant plus ils approchent de la corruption et de la mort : D'où il s'ensuit que notre vie est plus courte que n'était celle des Anciens ; et elle viendra jusqu'à ce point qu'on ne pourra plus procréer son semblable à cause de sa brièveté.

Il y a toutefois des lieux qui ont l'air plus pur, et ou les constellations sont si favorables, qu'elles empêchent que la Nature ne se corrompe si tôt : et font aussi que les Hommes vivent plus naturellement ; mais les intempérés accourcissent leur vie par leur mauvais régime de vivre. L'expérience nous montre aussi que les enfants des pères valétudinaires ne font pas de longue vie. Mais si l'Homme fût demeuré dans le Paradis Terrestre, lieu convenable à sa nature, où les Éléments incorruptibles sont tous vierges, il aurait été immortel dans toute l'Éternité. Car il est certain que le sujet qui provient de l'égale commixtion des

Éléments purifiés doit être incorrompu. Et telle doit être la Pierre Philosophale, dont la confection (selon les anciens Philosophes) a été comparée à la création de l'Homme. Mais les Philosophes modernes prenant toutes choses à la lettre, ne se proposent pour exemple que la corrompue génération des choses de ce siècle, qui ne sont produites que des Éléments corruptibles, au lieu de prendre celles qui sont faites des Éléments incorruptibles.

Cette immortalité de l'Homme a été la principale cause que les Philosophes ont recherché cette Pierre; car ils ont su qu'elle avait été créée des plus purs et parfaits Éléments : et méditant sur cette création qu'ils ont connue pour naturelle, ils ont commencé à rechercher soigneusement, savoir s'il était possible d'avoir ces Éléments incorruptibles, ou s'il se pouvait trouver quelque sujet dans lequel ils fussent conjoints et infus : auxquels Dieu inspira que la composition de tels éléments était dans l'Or; car il est impossible qu'elle soit dans les Animaux, vu qu'ils se nourrissent des éléments corrompus : qu'elle soit dans les Végétaux, cela ne se peut encore, parce qu'on remarque en eux l'inégalité des Éléments. Mais comme toute chose créée tend à sa multiplication, les Philosophes se sont proposés d'éprouver cette possibilité de Nature dans le règne minéral : et l'ayant trouvée, ils ont découvert un nombre infini de secrets naturels, desquels ils ont fort peu parlé parce qu'ils ont jugé qu'il n'appartenait qu'à Dieu seul à les révéler.

De là tu peux connaître comment les Éléments corrompus tombent dans un sujet, et comme ils se séparent lorsque l'un surpasse l'autre : et parce qu'alors la putréfaction se fait par la première séparation, et que la séparation du pur d'avec l'impur se fait par la putréfaction ; s'il advient qu'il se fasse une nouvelle conjonction par la vertu du feu centrique, c'est alors que le sujet acquiert une plus noble forme que la première. Car en ce premier état le gros mêlé avec le subtil étant corrompu, il n'a pu être purifié ni amélioré que par la putréfaction ; et cela ne peut être fait que par la force des quatre Éléments qui se rencontrent en tous les corps composés. Car quand le composé doit se désunir, il se résout en eau ; et quand les Éléments sont ainsi confusément mêlés, le feu qui est en puissance dans chacun des autres Éléments, comme dans la Terre et dans l'Air, joignent ensemble leurs forces, et par leur mutuel concours surpassent le pouvoir de l'eau, laquelle ils digèrent, cuisent, et enfin, congèlent ; et par ce moyen la Nature aide à la Nature. Car si le Feu central caché (qui était privé de vie) est le vainqueur, il agit sur ce qui est plus pur et plus proche de sa Nature et se joint avec lui ; et c'est de cette manière qu'il surmonte son contraire et sépare le pur de l'impur : d'où s'engendre une nouvelle forme, beaucoup plus noble que la première si elle est encore aidée. Quelquefois même, par l'industrie d'un habile Artiste, il s'en fait une chose immortelle, principalement au règne minéral : De sorte que toutes choses se font, et sont amenées à un être parfait, par le seul feu bien et dûment administré, si tu m'as entendu.

Tu as donc en ce Traité l'origine des Éléments, leur nature et leur opération, succinctement décrites : ce qui suffit en cet endroit pour notre intention. Car autrement si nous voulions faire la description de chaque Élément comme il est, il en naîtrait un grand volume, ce qui n'est pas nécessaire à notre sujet : mais nous remettons toutes ces choses à notre Traité de l'Harmonie, où Dieu aidant, si nous sommes encore en vie, nous expliquerons plus amplement les choses naturelles.

CHAPITRE VI : Des trois Principes de toutes choses

Après avoir décrit ces quatre Éléments, il faut parler des trois Principes des choses, et montrer comment ils ont été immédiatement produits des quatre Éléments. Ce qui s'est fait en cette manière.

Incontinent après que Dieu eut constitué la Nature pour régir toute la Monarchie du monde, elle commença à distribuer à chaque chose des places et des dignités selon leurs mérites. Elle constitua premièrement les quatre Éléments, Princes du monde ; et afin que la volonté du Très-Haut (de laquelle dépend toute la Nature) fût accomplie, elle ordonna que chacun de ces quatre Éléments agirait incessamment sur l'autre. Le Feu commença donc d'agir contre l'Air, et de cette action fut produit le Soufre ; l'Air pareillement commença à agir contre l'Eau, et cette action a produit le Mercure ; l'Eau aussi commença à agir contre la Terre, et le Sel a été produit de cette action. Mais la Terre ne trouvant plus d'autre Élément contre qui elle pût agir, ne put aussi rien produire ; mais elle retint en son sein ce que les trois autres Éléments avaient produit. C'est la raison pour laquelle il n'y a que trois Principes, et que la Terre demeure la matrice et la nourrice des autres Éléments.

Il y eut (comme nous avons dit) trois Principes produits : ce que les anciens Philosophes n'ayant pas si exactement considéré, n'ont fait mention seulement que de deux actions des Éléments. Car qui pourra juger s'ils ne les avaient pas connus tous trois, et qu'ils nous aient voulu industrieusement cacher l'un d'iceux, puisqu'ils n'ont écrit que pour les enfants de la Science, et qu'ils ont dit que le Soufre et le Mercure étaient la matière des Métaux, et même de la Pierre des Philosophes, et que ces deux Principes nous suffisaient ?

Quiconque veut donc rechercher cette sainte Science, doit nécessairement savoir les accidents, et connaître l'accident même, afin qu'il apprenne à quel sujet ou à quel Élément il se propose d'arriver, et afin qu'il procède par des milieux ou moyens convenables, s'il désire accomplir le nombre quaternaire. Car, comme les quatre Éléments ont produit les trois Principes, de même en diminuant il faut que ces trois en produisent deux, savoir le mâle et la femelle, et que ces deux en produisent un qui soit incorruptible dans lequel ces quatre Éléments doivent être semblable, c'est-à-dire également puissants, parfaitement digérés et purifiés : et ainsi le quadrangle répondra au quadrangle. Et c'est là cette quintessence beaucoup nécessaire à tout Artiste, séparée des Éléments, exempte de leur contrariété. Et de cette sorte tu trouveras en chaque composé Physique dans ces trois Principes un corps, un esprit et une âme cachée : et si tu conjoins ensemble ces trois Principes, après les avoir séparés et bien purgés (comme nous avons dit) sans doute en imitant la Nature, ils te donneront un fruit très pur. Car encore que l'âme soit prise d'un très noble lieu, elle ne saurait néanmoins arriver où elle tend, que par le moyen de son esprit, qui est le lieu et le domicile de l'âme ; laquelle, si tu veux faire rentrer en un lieu dû, il la faut premièrement laver de tout péché, et que le lieu soit aussi purifié, afin que l'âme puisse être glorifiée en icelui et qu'elle ne s'en puisse plus jamais séparer.

Tu as donc maintenant l'origine des trois Principes, desquels, en imitant la Nature, tu dois produire le Mercure des Philosophes et leur première matière, et rapporter à ton intention les Principes des choses naturelles, et particulièrement des Métaux. Car il est impossible que sans ces Principes tu mènes quelque chose à perfection par le moyen de l'Art, puisque la Nature même ne peut rien faire ni produire sans eux. Ces trois Principes sont en toutes choses, et sans eux il ne se fait rien au monde, et jamais ne se fera rien naturellement.

Mais parce que nous avons écrit ci-dessus que les anciens Philosophes n'ont fait mention que de deux Principes seulement : afin que l'Inquisiteur de la Science ne se trompe pas, il faut qu'il sache qu'encore qu'ils n'aient parlé que du Soufre et du Mercure, néanmoins sans Sel ils n'eussent jamais pu arriver à la perfection de cet œuvre, puisque c'est lui qui est la clef et le Principe de cette divine Science ; c'est lui qui ouvre les portes de la Justice ; c'est lui qui a les clefs pour ouvrir les prisons dans lesquelles le Soufre est enfermé, comme je le déclarerai quelque jour plus amplement en écrivant du Sel, dans notre troisième Traité des Principes. Maintenant retournons à notre propos.

Ces trois Principes nous sont absolument nécessaires, parce qu'ils sont la matière prochaine : car il y a deux matières des Métaux, l'une plus proche, l'autre plus éloignée. La plus proche sont le Soufre et le Mercure : La plus éloignée sont les quatre Éléments, desquels il n'appartient qu'à Dieu seul de créer les choses. Laisse donc les Éléments, parce que tu ne feras rien d'iceux et que tu ne saurais produire que ces trois Principes, vu que la Nature même n'en peut produire autre chose. Et si des quatre Éléments tu ne peux rien produire que les trois Principes, pourquoi t'amuses-tu à un si vain labeur, que de chercher ou vouloir faire ce que la Nature a déjà engendré ? Ne vaut-il pas mieux cheminer trois mille lieues que quatre ? Qu'il te suffise donc d'avoir les trois Principes, dont la Nature produit toutes choses dans la Terre et sur la Terre, lesquels aussi tu trouveras entièrement en toutes choses. De leur due séparation et conjonction, la Nature produit dans le règne minéral les métaux et les pierres ; dans le règne végétal, les arbres, les herbes, et autres choses ; et dans le règne animal, le corps, l'esprit et l'âme : ce qui cadre très bien avec l'œuvre des Philosophes. Le corps, c'est la terre ; l'esprit, c'est l'eau ; l'âme, c'est le feu, ou le soufre de l'Or. L'esprit augmente la quantité du corps, et le feu augmente la vertu. Mais parce que eu égard au poids, il y a plus d'esprit que de feu, l'esprit s'exalte, opprime le feu et l'attire à soi : de manière qu'un chacun de ces deux s'augmente en vertu, et la terre qui fait le milieu entre eux, croît en poids.

Que tout Inquisiteur de l'Art détermine donc en son esprit, quel est celui des trois Principes qu'il cherche et qu'il le secoure afin qu'il puisse vaincre son contraire ; et puis après, qu'il ajoute son poids au poids de la Nature, afin que l'Art accomplisse le défaut de la Nature : et ainsi le Principe qu'il cherche surmontera son contraire. Nous avons dit, au Chapitre de l'Élément de la Terre, qu'elle n'est que le réceptacle des autres Éléments ; c'est-à-dire le sujet dans lequel le feu et l'eau se combattent par l'intervention de l'air. Que si en ce combat, l'eau surmonte le feu, elle produit des choses de peu de durée et corruptibles ; mais que si le feu surmonte l'eau, il produit des choses perpétuelles et incorruptibles. Considère donc ce qui t'est nécessaire.

Sache encore que le feu et l'eau sont en chaque chose ; mais ni le feu ni l'eau ne produisent rien, parce qu'ils ne font seulement que disputer et combattre ensemble qui des deux aura plus de vitesse et de vertu : ce qu'ils ne sauraient faire d'eux-mêmes, s'ils n'étaient excités par une chaleur extrinsèque, que le mouvement des vertus célestes allume au centre de la Terre, sans laquelle chaleur le feu et l'eau ne feraient jamais rien, et chacun d'eux demeurerait toujours en son terme et en son poids : Mais après que la Nature les a tous deux conjoints dans un sujet en une due et convenable proportion, alors elle les excite par une chaleur extrinsèque ; et ainsi le Feu et l'Eau commencent à combattre l'un contre l'autre, et chacun d'eux appelle son semblable à son secours, et en cette sorte ils montent et croissent jusqu'à ce que la terre ne puisse plus monter avec eux. Pendant qu'ils sont tous deux retenus dans la terre, ils se subtilisent : car la terre est le sujet dans lequel le feu et l'eau montent sans cesse, et produisent leur action par les pores de la terre que l'air leur a ouverts et préparés ; et de cette subtilisation du feu et de l'eau naissent des fleurs et des fruits, dans lesquels le feu et l'eau deviennent amis, comme on peut voir aux Arbres. Car plus l'eau et le feu sont subtilisés et purifiés en montant, ils produisent de plus excellents fruits : principalement si, lorsque le feu et l'eau finissent leur opération, leurs forces unies ensemble sont également puissantes.

Ayant donc purifié les choses desquelles tu veux te servir, fais que le feu et l'eau deviennent amis (ce qu'ils feront facilement dans leur terre qui était montée avec eux) : alors tu achèveras ton ouvrage plutôt que la Nature, si tu sais bien conjoindre l'eau avec le feu selon le poids de la Nature, non pas comme ils ont été auparavant, mais comme la Nature le requiert, et comme il t'est nécessaire ; parce que, dans tous les composés, la Nature met moins de feu que des trois autres Éléments. Il y a toujours moins de feu ; mais la Nature, selon son pouvoir, ajoute un feu extrinsèque pour exciter l'interne, selon le plus ou le moins qu'il est de besoin à chaque chose, et ce pendant un plus long ou un plus petit espace de temps. Et selon cette opération, si le feu intrinsèque surmonte ou est surmonté par les autres Éléments, il en arrive des choses parfaites ou imparfaites, soit ès minéraux, ou ès végétaux. À la vérité le feu extrinsèque n'entre pas essentiellement en la composition de la chose, mais seulement en vertu, parce que le feu intrinsèque matériel contient en soi tout ce qui lui est nécessaire, pourvu qu'il ait seulement de la nourriture ; et le feu extrinsèque lui sert de nourriture, de même que le bois entretient le feu élémentaire, et suivant le plus ou le moins qu'il a de nourriture, il croît et se multiplie.

Il se faut toutefois donner de garde que le feu extrinsèque ne soit trop grand, parce qu'il suffoquerait l'intrinsèque ; de même que si un homme mangeait plus qu'il ne pourrait, il serait bientôt suffoqué : une grande flamme dévore un petit feu. Le feu extrinsèque doit être multiplicatif, nourrissant et non pas dévorant : car de cette manière les choses viennent à leur perfection. La décoction donc est la perfection de toutes choses : et ainsi la Nature ajoute la vertu au poids et perfectionne son ouvrage. Mais à cause qu'il est difficile d'ajouter quelque chose au composé vu que cela demande un long travail, je te conseille d'ôter autant du superflu qu'il en est besoin, et que la Nature le requiert : mêle-le aux superfluités ôtées ; la Nature te montrera après ce que tu as cherché. Tu connaîtras même si la Nature a bien ou mal conjoint les Éléments, vu que tous les Éléments ne subsistent que par leur conjonction. Mais plusieurs Artistes sèment de la paille pour du blé froment ; quelques-uns sèment l'un et l'autre ; plusieurs rejettent ce que les Philosophes aiment, et quelques-uns commencent et achèvent en même temps : ce qui n'arrive que par leur inconstance. Ils professent un Art difficile, et ils cherchent un travail facile. Ils rejettent les bonnes matières et sèment les mauvaises. Et comme les bons Auteurs au commencement de leurs Livres, cachent cette Science, de même les Artistes, au commencement de leur travail, rejettent la vraie matière. Nous disons que cet Art n'est autre chose que les vertus des Éléments également mêlées ensemble, une égalité naturelle du chaud, du froid, du sec et de l'humide ; une conjonction du mâle et de la femelle, et que cette même femelle a engendré ce mâle, c'est-à-dire une conjonction du feu et de l'humide radical des Métaux : considérant que le Mercure des Philosophes a en soi son propre Soufre, qui est d'autant meilleur que la Nature l'a plus ou moins cuit et dépuré. Tu pourras parfaire toutes ces choses du Mercure. Que si tu sais ajouter ton poids au poids de la Nature, en doublant le Mercure et triplant le Soufre, il deviendra dans peu de temps bon, et après, meilleur, et enfin, très bon, quoiqu'il n'y ait qu'un seul Soufre apparent, et deux Mercures d'une même racine, ni trop crus ni trop cuits, mais toutefois purgés et dissous, si tu m'as entendu.

Il n'est pas nécessaire que je déclare par écrit la matière du Mercure des Philosophes, ni la matière de leur Soufre. Jamais homme n'a encore pu jusqu'à présent, et ne pourra même à l'avenir, la déclarer plus ouvertement et plus clairement que les anciens Philosophes l'ont décrite et nommée, s'il ne veut être anathème de l'Art : car elle est si communément nommée qu'on n'en fait même pas d'état. C'est ce qui fait que les inquisiteurs de cette Science s'adonnent plutôt à la recherche de quelques vaines subtilités, que de demeurer en la simplicité de la Nature. Nous ne disons pas toutefois que le Mercure des Philosophes soit quelque chose commun et qu'il soit clairement nommé par son propre nom, mais qu'ils ont sensiblement désigné la matière de laquelle les Philosophes extraient leur Mercure et leur Soufre : parce que le Mercure des Philosophes ne se trouve point de soi sur la Terre, mais se tire par artifice du Soufre et du Mercure conjoints ensemble ; il ne se montre point, car il est nu : néanmoins, la Nature l'a merveilleusement enveloppé.

Pour conclure, nous disons en répétant que le Soufre et le Mercure (conjoints toutefois ensemble) sont la minière de notre argent-vif, lequel a le pouvoir de dissoudre les métaux, de les mortifier et de les vivifier. Il a reçu cette puissance du Soufre aigre qui est de même nature que lui.

Mais afin que tu puisses mieux comprendre, écoute quelle différence il y a entre notre argent-vif et celui du vulgaire. L'argent-vif vulgaire ne dissout point l'or ni l'argent et ne se mêle point avec eux inséparablement : mais notre argent-vif dissout l'or et l'argent ; et si une fois il s'est mêlé avec eux, on ne les peut jamais séparer, non plus que de l'eau mêlée avec de l'eau. Le Mercure vulgaire a en soi un Soufre combustible mauvais, qui le noircit ; notre Mercure a un Soufre incombustible, fixe, bon, très blanc, et rouge. Le Mercure vulgaire est froid et humide ; le nôtre est chaud et humide. Le Mercure vulgaire noircit et tache les corps ; notre argent-vif les blanchit jusqu'à les rendre clairs comme le cristal. Et précipitant le Mercure vulgaire, on le convertit en une poudre de couleur de citron et en un mauvais Soufre ; au lieu que notre argent-vif, par le moyen de la chaleur, se convertit en un Soufre très blanc, fixe et fusible. Le Mercure vulgaire devient d'autant plus fusible qu'il est cuit : mais plus on donne de coction à notre argent-vif, plus il s'épaissit et se coagule.

Toutes ces circonstances te peuvent donc faire connaître combien il y a de différence entre le Mercure vulgaire, et l'argent-vif des Philosophes. Que si tu ne m'entends pas encore, tu attendras en vain : n'espère point que jamais homme vivant te découvre les choses plus clairement que je viens de faire. Mais parlons à présent des vertus de notre argent-vif. Il a une vertu et une force si efficaces, que de soi il suffit assez et pour toi, et pour lui : c'est-à-dire que tu n'as besoin que de lui seul, sans aucune addition de chose étrangère, vu que, par sa seule décoction naturelle, il se dissout et se congèle lui-même. Mais les Philosophes, dans la concoction, pour accourcir le temps, y ajoutent son Soufre bien digeste et bien mûr, et font ainsi leur opération.

Nous eussions bien pu citer les Philosophes qui confirment notre discours ; mais parce que nos écrits sont plus clairs que les leurs, ils n'ont pas besoin de leur approbation : car quiconque les entendra, nous entendra bien aussi. Si tu veux donc suivre notre avis, nous te conseillons (avant que de t'appliquer à cet Art) que tu apprennes premièrement à retenir ta langue. Après, que tu aies à rechercher la Nature des Minières, des Métaux et Végétaux, parce que notre Mercure se trouve en tout sujet et que le Mercure des Philosophes se peut extraire de toute chose, quoiqu'on le trouve plus prochainement en un sujet qu'en un autre.

Sachez donc aussi pour certain que cette Science ne consiste pas dans le hasard, et dans une invention fortuite et casuelle, mais qu'elle est appuyée sur une réelle connaissance ; et il n'y a que cette seule matière au monde par laquelle et de laquelle on prépare la Pierre des Philosophes. Elle est véritablement en toutes choses du monde ; mais la vie de l'homme ne serait pas assez longue pour en faire l'extraction. Si toutefois, tu y travailles sans la connaissance des choses naturelles, principalement au règne minéral, tu seras semblable à un aveugle qui chemine par habitude. Quiconque travaille de cette sorte, son labeur est tout à fait fortuit et casuel ; et même (comme il arrive souvent), encore que quelqu'un par hasard travaille sur la vraie matière de notre argent-vif, néanmoins il advient qu'il cesse d'opérer là où il devrait commencer ; car, comme fortuitement il l'a trouvée, aussi la perd-il fortuitement, à cause qu'il n'a point de fondement sur lequel il puisse bien assurer son intention. C'est pourquoi cette Science est un pur don du Dieu Très-haut, et ne peut dire que difficilement connue, sinon par révélation divine ou par la démonstration qu'un ami nous en fait. Car nous ne pouvons pas être tous des Geber ni des Lulle ; et encore que Lulle fût un esprit très subtil, néanmoins si Arnault ne lui eût donné la connaissance de l'Art, certes il aurait ressemblé aux autres qui la recherchent avec tant de difficultés ; et Arnault même confesse l'avoir apprise d'un sien ami. Il est facile d'écrire à celui auquel la Nature dicte elle-même. Et comme on dit en commun proverbe : Il est fort aisé d'ajouter à ce qui a déjà été inventé. Tout Art et toute Science est facile aux maîtres ; mais aux disciples qui ne font que commencer, il n'en va pas de même ; et pour acquérir cette Science, il y faut un long temps, plusieurs vaisseaux, de grandes dépenses, un travail journalier, avec de grandes méditations ; mais toutes choses sont aisées et légères à celui qui les sait.

Nous disons en concluant que cette Science est un don de Dieu seul, et que celui qui en a la vraie connaissance le doit incessamment prier, afin qu'il lui plaise bénir cet Art de ses saintes grâces; car sans la bénédiction divine, il est tout à fait inutile, comme nous l'avons nous-même expérimenté lorsque, pour cette Science, nous avons souffert de très grands dangers, et que nous en avons reçu plus d'infortunes et d'incommodités que d'utilité. Mais c'est l'ordinaire des hommes de devenir sages un peu trop tard. Les jugements de Dieu sont plusieurs abîmes: toutefois, dans toutes nos infortunes, nous avons toujours admiré la Providence divine: Car notre souverain Créateur nous a toujours donné une telle protection, qu'aucun de nos ennemis ne nous a jamais pu opprimer; nous avons toujours eu notre Ange Gardien, qui nous a été envoyé de Dieu, pour conserver cette Arche dans laquelle il a plu à Dieu de renfermer un si grand trésor, et qu'il protège jusqu'à présent. Nous avons ouï dire que nos ennemis sont tombés dans les lacs qu'ils avaient préparés: que ceux qui avaient attenté à notre vie ont été privés de la leur; que ceux qui se sont emparés de nos biens ont perdu leur bien propre; quelques-uns même d'entre eux ont été chassés de leurs Royaumes. Nous savons que plusieurs de ceux qui ont détracté contre notre honneur ont péri dans la honte et dans l'infamie, tant nous avons été assurés sous la garde du Créateur de toutes choses, qui, dès le berceau nous a toujours conservé sous l'ombre de ses ailes et nous a inspiré un esprit d'intelligence des choses naturelles, auquel soit louange et gloire par infinis siècles des siècles.

Nous avons reçu tant de bienfaits du Très-haut notre Créateur, que tant s'en faut que nous les puissions écrire, que nous ne pouvons pas seulement les imaginer. À peine y a-t-il aucun des mortels à qui cette bonté infinie ait accordé plus de grâces, voire même autant, qu'elle a fait à nous. Plût à Dieu, en reconnaissance, que nous eussions assez de force, assez d'entendement et assez d'éloquence pour lui rendre les grâces que nous devons; car nous confessons n'avoir pas tant mérité de nous-même, mais nous croyons que toute notre félicité est venue de ce que nous avons espéré, que nous espérons et espérerons toujours en lui. Car nous savons qu'il n'y a personne entre les mortels qui nous puisse aider, et que c'est de Dieu seul, notre Créateur, que nous devons espérer notre secours; parce que c'est en vain que nous mettrions notre confiance en la personne des Princes qui sont hommes mortels comme nous (selon le Psalmiste): ils ont tous reçu de Dieu l'esprit de vie, lequel étant ôté, le reste n'est plus que poussière; mais que c'est une chose très assurée de mettre son espérance en Dieu notre Seigneur, duquel (comme d'une source de bonté) tous les biens procèdent avec abondance.

Toi donc qui désires arriver au but de cette sainte Science, mets tout ton espoir en Dieu ton Créateur et le prie incessamment, et crois fermement qu'il ne t'abandonnera point: car s'il connaît que ton cœur soit franc et sincère et que tu aies fondé toute ton espérance en lui, il te donnera un moyen très facile et te montrera la voie que tu dois tenir pour jouir du bonheur que tu désires si ardemment. *Le commencement de la sagesse est la crainte de Dieu*: prie-le, et travaille néanmoins.

Dieu, à la vérité, donne de l'entendement, mais il faut que tu en saches user; car comme le bon entendement et la bonne occasion sont des dons de Dieu, de même nous les perdons aussi pour la peine de nos péchés.

Mais, pour retourner à notre propos, nous disons que l'argent-vif est la première matière de cet œuvre, et qu'effectivement il n'y a rien autre chose, puisque tout ce qu'on y ajoute a pris son origine de lui. Nous avons dit, en quelque endroit, que toutes les choses du monde se font et sont engendrées des trois Principes: mais nous en purgeons quelques-uns de leurs accidents, et étant bien purs, nous les conjoignons derechef. En ajoutant ce que nous y devons ajouter, nous accomplissons ce qui y manque; et en imitant la Nature, nous cuisons jusqu'au dernier degré de perfection ce que la Nature n'a pu parachever, à cause de quelque accident, et qu'elle a déjà fini où l'Art doit commencer. C'est pourquoi, si tu veux imiter la Nature, imite-la dans les choses auxquelles elle opère et ne te fâche point de ce que nos écrits semblent se contrarier en quelques endroits: il faut que cela soit ainsi, de crainte que l'Art ne soit trop divulgué. Mais pour toi, choisis les choses qui s'accordent avec la Nature, prends la rose et laisse les épines. Si tu prétends faire quelque métal, prends un métal pour fondement matériel, parce que d'un chien il ne s'en engendre qu'un chien, et d'un métal il ne s'engendre qu'un métal. Car sache pour certain, que si tu ne prends l'humide radical du métal parfaitement séparé, tu ne feras jamais rien: c'est en vain que tu laboures la terre si tu n'as aucun grain de froment pour y semer; il n'y a qu'une seule matière, un seul art et une seule opération. Si donc tu veux produire un métal, tu le fermenteras par un métal : mais si tu veux produire un arbre, il faut que la semence d'un arbre de la même espèce que celui que tu veux produire te serve de ferment ou de levain pour cette production.

Il n'y a (comme j'ai dit) qu'une seule opération, hors laquelle il n'y en a aucune autre qui soit vraie. Tous ceux-là donc se trompent, qui disent que, hors cette unique voie et cette seule matière naturelle, il y a quelque particulier qui est vrai : car on ne peut pas avoir aucune branche si elle n'est cueillie du tronc de l'arbre. C'est une chose impossible, et même une folle entreprise, de vouloir plutôt faire venir le rameau, que l'arbre d'où il doit sortir. Il est plus facile de faire la pierre, qu'aucun petit et très simple particulier qui soit utile et qui soutienne les épreuves comme le naturel. Il y en a néanmoins plusieurs qui se vantent de pouvoir faire une Lune fixe ; mais ils feraient mieux s'ils fixaient le plomb ou l'étain, vu qu'à mon jugement c'est une même chose, parce que ces choses ne résistent point à l'examen du feu, pendant qu'ils sont en leur propre nature. La Lune, en sa nature, est assez fixe et n'a pas besoin d'aucune fixation sophistique : mais comme il y a autant de têtes qu'il y a de sentiments, nous laissons à un chacun son opinion : que celui qui ne voudra pas suivre notre conseil, et imiter la Nature, demeure dans son erreur. À la vérité, on peut bien faire des particuliers, quand on a l'arbre, les rejetons duquel peuvent être entés à plusieurs autres arbres : tout ainsi qu'avec une eau on peut faire cuire diverses sortes de viandes, selon la diversité desquelles le bouillon aura diverse saveur, et néanmoins ne sera fait que d'une même eau et d'un même principe.

Nous concluons donc qu'il n'y a qu'une unique Nature, tant ès métaux qu'ès autres choses ; mais son opération est diverse. Il y a aussi, selon Hermès, une matière universelle. *Ainsi d'une seule chose toutes choses ont pris leur origine.*

Il y a toutefois plusieurs artistes qui travaillent chacun à leur fantaisie : Ils cherchent une nouvelle matière ; c'est pourquoi aussi ils trouvent un nouveau rien récemment inventé, parce qu'ils interprètent les Écrits des Philosophes selon le sens littéral, et ne regardent pas la possibilité de la Nature. Mais ces sortes de gens sont compagnons de ceux dont nous avons parlé en notre Dialogue du Mercure avec l'Alchimiste, lesquels retournèrent en leurs maisons sans avoir rien conclu : Ils cherchent la fin de l'œuvre, non seulement sans aucun instrument moyen, mais encore sans aucun principe. Et cela vient de ce qu'ils s'efforcent de parvenir à cet Art sans en avoir appris les véritables fondements, ou par la méditation des ouvrages de la Nature, ou par la lecture des Livres des Philosophes, et qu'ils s'amusent aux Recettes sophistiques de quelques coureurs, (quoiqu'à présent les Livres des Philosophes ont pu être altérés et corrompus en plusieurs endroits, par les envieux qui ont ajouté ou diminué, selon leur caprice et à leur fantaisie). Et après, comme ils ne réussissent pas, ils ont recours aux Sophistications et font une infinité de vaines épreuves en blanchissant, rubifiant, fixant la Lune, tirant l'âme de l'Or : ce que nous avons soutenu ne se pouvoir faire dans notre Préface des douze Traités. Nous ne voulons pas nier, mais au contraire nous croyons qu'il est absolument nécessaire d'extraire l'âme métallique, non pas pour l'employer aux opérations Sophistiques, mais à l'œuvre des Philosophes : laquelle âme, ayant été extraite et étant bien purgée, doit être derechef jointe à son corps, afin qu'il se fasse une véritable résurrection du corps glorifié. Nous ne nous sommes jamais proposé de pouvoir multiplier le Froment sans un grain de Froment : mais saches aussi qu'il est très faux que cette âme extraite puisse teindre quelque autre métal par un moyen Sophistique ; et tous ceux qui font gloire de ce travail sont des faussaires et des menteurs. Mais nous parlerons plus amplement de ces opérations dans notre troisième Traité du Sel, vu que ce n'est pas ici le lieu de s'étendre sur ce sujet.

CHAPITRE VII : Du Soufre

C'est avec raison que les Philosophes ont attribué le premier degré d'honneur au Soufre, comme à celui qui est le plus digne des trois Principes, en la préparation duquel toute la Science est cachée. Il y a trois sortes de Soufres, qu'il faut choisir parmi toutes autres choses. Le premier est un Soufre teignant ou colorant : le second, un Soufre congelant le Mercure ; et le troisième, un Soufre essentiel qui amène à maturité, duquel à la vérité nous devions sérieusement traiter. Mais parce que nous avons déjà fini l'un des Principes par un Dialogue, nous sommes encore obligés de terminer les autres en la même forme, pour ne sembler pas faire injure plutôt à l'un qu'à l'autre.

Le Soufre est le plus mûr des trois Principes, et le Mercure ne se saurait congeler que par le Soufre : De manière que toute notre opération en cet Art ne doit être autre que d'apprendre à tirer le Soufre du corps des Métaux, par le moyen duquel notre argent-vif se congèle en or et en argent dans les entrailles de la Terre. Dans cet œuvre, ce Soufre nous sert de mâle ; c'est la raison pour laquelle il passe pour le plus noble, et le Mercure lui tient lieu de femelle. De la composition et de l'action de ces deux sont engendrés les Mercures des Philosophes.

Nous avons décrit au Dialogue du Mercure avec l'Alchimiste, l'assemblée que firent les Alchimistes pour consulter entre eux de quelle manière et en quelle façon il fallait faire la Pierre des Philosophes. Nous avons aussi dit comme ils furent surpris d'un grand orage, qui les contraignit de se séparer sans avoir rien conclu, et comme ils se dispersèrent presque par tout l'Univers. Car cette grande tempête et ce vent impétueux souffla si fortement à la tête de quelques-uns d'entre eux, et les éloigna tellement les uns des autres, que depuis ce temps-là ils n'ont pu se rassembler. D'où il est arrivé qu'un chacun d'eux s'imagine encore diverses chimères et veut faire la Pierre suivant son caprice et à sa fantaisie. Mais entre tous ceux de cette Congrégation, laquelle était composée de toutes sortes de gens de diverses nations et de différentes conditions, il y eut encore un Alchimiste, duquel nous allons parler dans ce Traité.

C'était un bon Homme, d'ailleurs, mais qui ne pouvait rien conclure. Il était du nombre de ceux qui proposent de trouver fortuitement la Pierre Philosophale : Il était aussi compagnon de ce Philosophe qui avait eu dispute avec le Mercure. Celui-ci parlait de cette sorte : Si j'avais eu le bonheur de m'entretenir avec le Mercure, je l'aurais pressé en peu de paroles et lui aurais tiré tous ses secrets les plus cachés. Mon camarade fut un grand fou (disait-il) de n'avoir pas su procéder avec lui. Quand à moi, le Mercure ne m'a jamais plu, et ne crois pas même qu'il contienne rien de bon : mais j'approuve fort le Soufre, parce que, dans notre assemblée, nous en disputâmes très bien ; et je crois que si la tempête ne nous eût détournés et n'eût pas rompu notre conversation, nous eussions enfin conclu que c'était la première matière, parce que je n'ai pas coutume de concevoir de petites choses et qua ma tête n'est remplie que de profondes imaginations. Et il se confirma tellement dans cette opinion, qu'il prit résolution de travailler sur le Soufre. Il commença donc à le distiller, le sublimer, le calciner, le fixer et en extraire l'huile par la campane : tantôt il le prit tout seul, tantôt il le mêla avec des cristaux, tantôt avec des coquilles d'œufs et en fit plusieurs autres épreuves : Et après avoir employé beaucoup de temps et de dépenses sans avoir jamais pu rien trouver qui répondît à son attente, la pauvre misérable s'attrista fort et passa plusieurs nuits sans dormir. Quelquefois il sortait seul de la ville, afin de pouvoir plus commodément songer et s'imaginer quelque matière assurée pour faire réussir son travail. Un jour qu'il se promenait et qu'il était tellement enseveli dans ses profondes spéculations qu'il en était presque en extase, il arriva jusqu'à une certaine Forêt très verte et très abondante en toutes choses, dans laquelle il y avait des Minières minérales et métalliques, et une grande quantité d'oiseaux et animaux de toutes sortes ; les arbres, les herbes et les fruits y étaient en abondance : Il y avait plusieurs aqueducs, car on ne pouvait avoir de l'eau en ces lieux si elle n'y était conduite de différents endroits, par l'adresse de plusieurs Artistes, au moyen de plusieurs instruments et divers canaux. La meilleure, la principale et la plus claire était celle que l'on tirait des rayons de la Lune ; et cette excellente eau était réservée pour la Nymphe de cette Forêt. On voyait en ce même lieu des Moutons et des Taureaux qui paissaient. Il y avait aussi deux jeunes Pasteurs, que l'Alchimiste interrogea en cette manière : À qui appartient (dit-il) cette

Forêt ? C'est le Jardin et la Forêt de notre Nymphe Vénus, répondirent-ils. Ce lieu était fort agréable à l'Alchimiste ; et il s'y promenait çà et là, mais il songeait toujours à son Soufre. Enfin s'étant lassé à force de promenades, ce misérable s'assit sous un arbre, à côté du Canal : Là il commença à se lamenter amèrement et à déplorer le temps, la peine et les grandes dépenses qu'il avait follement employés sans aucun fruit (car il n'était pas méchant autrement, et il ne faisait tort qu'à soi-même). Il parla de cette sorte : Que veut dire cela ? Tous les Philosophes disent que c'est une chose commune, vile et facile : et moi, qui suis Homme docte, je ne puis comprendre quelle est cette misérable Pierre. Et se plaignant ainsi, il commença à injurier le Soufre, à cause qu'il avait en vain dépensé tant de biens, consommer tant de temps et employer tant de peine. Le Soufre était bien aussi en cette forêt, mais l'Alchimiste ne le savait pas. Tandis qu'il se lamentait, il entendit comme la voix d'un Vieillard qui lui dit : Mon ami, pourquoi maudis-tu le Soufre ? L'Alchimiste regardant de toutes parts autour de lui et ne voyant personne, il fut épouvanté. Cette voix lui dit derechef : Mon ami, pourquoi t'attristes-tu ? L'Alchimiste reprenant son courage : Tout ainsi, Monsieur (dit-il), que celui qui a faim ne songe qu'au pain ; de même je n'ai d'autre pensée qu'à la Pierre des Philosophes.

La Voix. Et pourquoi maudis-tu le Soufre ?

L'Alchimiste. Seigneur, j'ai cru que c'était la première matière de la Pierre Philosophale ; c'est la raison pour laquelle j'ai travaillé sur lui pendant plusieurs années : j'y ai beaucoup dépensé, et je n'ai pu trouver cette Pierre.

La Voix. Mon Ami, j'ai bien connu que le Soufre est le vrai et principal sujet de la Pierre des Philosophes : mais pour toi, je ne te connais point et ne puis rien comprendre à ton travail ni à ton dessein. Tu as tort de maudire le Soufre, parce qu'étant emprisonné il ne peut pas être favorable à toutes sortes de gens, vu qu'il est dans une prison très obscure, les pieds liés, et qu'il ne sort que là où les gardes le veulent porter.

L'Alchimiste. Et pourquoi est-il emprisonné ?

La Voix. Parce qu'il voulait obéir à tous les Alchimistes, et faire tout ce qu'ils voulaient, contre la volonté de sa mère, qui lui avait commandé de n'obéir seulement qu'à ceux qui la connaissaient. C'est pourquoi elle le fit mettre en prison et commanda qu'on lui liât les pieds, et lui ordonna des Gardes afin qu'il ne pût aller en aucune part sans leur su et leur volonté.

L'Alchimiste. Ô misérable ! c'est ce qui est cause qu'il n'a pu me secourir : vraiment, sa mère lui fait grand tort. Mais quand sortira-t-il de ces prisons ?

La Voix. Mon Ami, le Soufre des Philosophes n'en peut sortir qu'avec un très long temps et avec de très grands labeurs.

L'Alchimiste. Seigneur, qui sont ceux qui le gardent ?

La Voix. Mon Ami, ses Gardes sont du même genre que lui mais ce sont des Tyrans.

L'Alchimiste. Mais vous, qui êtes-vous ? et comment vous appelez-vous ?

La Voix. Je suis le Juge et le Geôlier de ces prisons; et mon nom est Saturne.

L'Alchimiste. Le Soufre est donc détenu dans vos prisons ?

La Voix. Le Soufre est véritablement détenu dans mes prisons, mais il a d'autres Gardes.

L'Alchimiste. Et que fait-il dans les prisons ?

La Voix. Il fait tout ce que ses Gardes veulent.

L'Alchimiste. Mais que sait-il faire ?

La Voix. C'est un artisan qui fait mille œuvres différentes; c'est le cœur de toutes choses: il sait améliorer les Métaux, corriger les Minières; il donne l'entendement aux Animaux; il sait produire toutes sortes de fleurs aux herbes et aux arbres; il domine sur toutes ces choses; C'est lui qui corrompt l'air et qui, puis après, le purifie; C'est l'Auteur de toutes les odeurs du monde et le Peintre de toutes les couleurs.

L'Alchimiste. De quelle matière fait-il les fleurs ?

La Voix. Ses gardes lui fournissent les vases et la matière: le Soufre la digère, et selon la diversité de la digestion qu'il en fait, et eu égard au poids, il en produit diverses fleurs et plusieurs odeurs.

L'Alchimiste. Seigneur, est-il vieux ?

La Voix. Mon ami, sache que le Soufre est la vertu de chaque chose: c'est le puîné, mais le plus vieux de tous, le plus fort et le plus digne; c'est un enfant obéissant.

L'Alchimiste. Seigneur, comment le connaît-on ?

La Voix. Par des manières admirables; mais il se fait connaître ès Animaux par leur raison vitale, ès

Métaux par leur couleur, ès Végétaux par leur odeur : sans lui, sa mère ne peut rien faire.

L'Alchimiste. Est-il seul héritier, ou s'il a des frères ?

La Voix. Mon ami, sa mère a seulement un fils de cette nature, ses autres frères sont associés des méchants : Il a une sœur qu'il aime et de laquelle il est aimé réciproquement ; car elle est comme sa mère.

L'Alchimiste. Seigneur, est-il partout, et en tous lieux, d'une même forme ?

La Voix. Quant à sa Nature, elle est toujours une et d'une même forme ; mais il se diversifie dans les prisons : toutefois, son cœur est toujours pur, mais ses habits sont maculés.

L'Alchimiste. Seigneur, a-t-il été quelquefois libre ?

La Voix. Oui, certes, il a été très libre, principalement du vivant de ces Hommes sages qui avaient une grande amitié avec sa mère.

L'Alchimiste. Et qui ont été ceux-là ?

La Voix. Il y en a une infinité. Hermès, qui était une même chose avec sa mère, a été de ce nombre. Après lui ont été plusieurs Rois, Princes, et beaucoup d'autres Sages tels qu'étaient en ces temps-là Aristote, Avicenne et autres, lesquels ont délivré le Soufre : car tous ceux-là ont su délier les liens qui tenaient le Soufre garrotté.

L'Alchimiste. Seigneur, que leur a-t-il donné pour l'avoir mis en liberté ?

La Voix. Il leur a donné trois Royaumes. Car, quand quelqu'un le sait dissoudre et délivrer de prison, il subjugue ses Gardes (qui maintenant le gouvernent en son Royaume), il les lie, et les livre et assujettit à celui qui l'a délivré, et lui donne aussi leurs Royaumes en possession. Mais ce qui est de plus grand, c'est qu'en son Royaume il y a un Miroir dans lequel on voit tout le monde : Quiconque regarde en ce miroir, il peut voir et apprendre les trois parties de la sapience de tout le monde ; et de cette manière, il deviendra très savant en ces trois règnes, comme ont été Aristote, Avicenne et plusieurs autres, lesquels, aussi bien que leurs prédécesseurs, ont vu dans ce Miroir comment le monde a été créé. Par son moyen, ils ont appris les influences des corps célestes sur les inférieurs, et de quelle façon la Nature compose les choses par le poids du feu ; ils ont appris encore le mouvement du Soleil et de la Lune ; mais principalement ce mouvement universel par lequel sa mère est gouvernée. C'est par lui qu'ils ont connu les degrés de chaleur, de froideur, d'humidité et de sécheresse, et les vertus des herbes de toute autre chose : À raison de quoi ils sont devenus très bons Médecins. Et certainement un Médecin ne peut pas être habile et solide en son Art, s'il n'a appris, non pas des Livres de Galien ou d'Avicenne, mais de la fontaine de la Nature, à connaître la raison pour laquelle cette herbe est telle ou telle, pourquoi elle est chaude, ou sèche, ou humide en tel degré : et c'est de là que les Anciens ont tiré leur connaissance. Ils ont diligemment considéré toutes ces choses et les ont laissées par écrit à leurs successeurs, afin d'attirer les Hommes à de plus hautes méditations, et leur apprendre à délivrer le Soufre et dissoudre ses liens. Mais les Hommes de ce siècle ont pris leurs Écrits pour un fondement final et ne veulent pas porter leur recherche plus outre : ils se contentent de savoir dire qu'Aristote ou Galien l'ont aussi écrit.

L'Alchimiste. Et que dites-vous, Seigneur ! peut-on connaître une herbe sans Herbier ?

La Voix. Les anciens Philosophes ont puisé toutes leurs Recettes de la fontaine même de la Nature.

L'Alchimiste. Seigneur, comment cela ?

La Voix. Sache que toutes les choses qui sont dans la Terre et sur la Terre sont engendrées et produites par les trois Principes, mais quelquefois par deux, auxquels toutefois le troisième est adhérent. Celui donc qui connaîtra les trois Principes et leurs poids, de même que la Nature les a conjoints, il pourra facilement connaître, selon le plus ou le moins de leur coction, les degrés du Feu dans chaque sujet, et s'il a été bien, ou mal, ou médiocrement cuit : Car ceux qui connaissent les trois Principes connaissent aussi tous les végétaux.

L'Alchimiste. Et comment cela ?

La Voix. Par la vue, par le goût et par l'odorat ; car dans ces trois sens sont terminés les trois Principes des choses, et le degré de leur décoction.

L'Alchimiste. Seigneur, ils disent que le Soufre est une Médecine.

La Voix. Il est la Médecine et le Médecin lui-même, et il donne pour reconnaissance son sang, qui est une Médecine à celui qui le délivre de prison.

L'Alchimiste. Seigneur, combien peut vivre celui qui possède cette Médecine universelle ?

La Voix. Jusqu'au terme de la mort : toutefois, il

en faut user sagement, car plusieurs Savants sont morts avant le terme de leur vie ; par l'usage de cette Médecine.

L'Alchimiste. Que dites-vous, Monseigneur ? est-ce un venin ?

La Voix. Ne savez-vous pas qu'une grande flamme de feu en consume une petite ? Plusieurs de ces Philosophes, ayant appris cet Art au moyen des enseignements qui leur avaient été donnés par les autres, n'ont pas d'eux-mêmes recherché si profondément la vertu de cette Médecine ; ils ont cru que plus cette Médecine était puissante et subtile, elle était aussi plus propre pour donner la santé : Que si un grain de cette Médecine pénètre une grande quantité de métal, à plus forte raison s'insinue-t-elle dans toutes les parties du corps humain.

L'Alchimiste. Seigneur, comment donc en doit-on user ?

La Voix. Plus elle est subtile, moins il en faut prendre, de crainte qu'elle n'éteigne la chaleur naturelle : Il en faut user si discrètement qu'elle nourrisse et corrobore notre chaleur et non pas qu'elle la surmonte.

L'Alchimiste. Seigneur, je sais bien faire cette Médecine.

La Voix. Tu es bien heureux si tu la sais faire ; car le sang du Soufre est cette intrinsèque vertu et siccité qui convertit et congèle l'argent-vif et tous les autres métaux en Or pur, et qui donne la santé au corps humain.

L'Alchimiste. Je sais faire l'huile de Soufre, qui se

prépare avec des cristaux calcinés : j'en sais encore sublimer une autre par la campane.

La Voix. Vraiment, tu es aussi un des Philosophes de cette belle Assemblée, car tu interprètes très bien mes paroles, de même (si je ne me trompe) que celles de tous les Philosophes.

L'Alchimiste. Seigneur, cette huile n'est-ce pas le sang du Soufre ?

La Voix. Ô mon Ami. Il n'y a que ceux qui savent délivrer le Soufre de ses prisons qui peuvent tirer le sang du Soufre.

L'Alchimiste. Seigneur, le Soufre peut-il quelque chose ès Métaux ?

La Voix. Je l'ai dit qu'il sait tout faire : toutefois, il a encore plus de pouvoir sur les Métaux que sur toute autre chose : mais, à cause que ses Gardes savent qu'il en peut aisément sortir, ils le gardent étroitement en de très fortes prisons, de manière qu'il ne peut respirer ; car ils craignent qu'il n'arrive au palais du Roi.

L'Alchimiste. Seigneur, le Soufre est-il de la sorte étroitement emprisonné dans tous les Métaux ?

La Voix. Il est emprisonné dans tous les Métaux, mais d'une différente manière : il n'est pas si étroitement enfermé dans les uns que dans les autres.

L'Alchimiste. Seigneur, et pourquoi est-il retenu dans les Métaux avec tant de tyrannie ?

La Voix. Parce que, s'il était parvenu à son Palais Royal, il ne craindrait plus ses Gardes : Car pour lors il pourrait regarder par les fenêtres avec liberté, et se faire voir à tous, parce qu'il serait dans son propre règne, quoiqu'il n'y fût pas encore dans l'état le plus puissant auquel il désire arriver.

L'Alchimiste. Seigneur, que mange-t-il ?

La Voix. Le vent est sa viande ; lorsqu'il est libre, il mange du vent cuit ; et lorsqu'il est en prison, il est contraint d'en manger du cru.

L'Alchimiste. Seigneur, pourrait-on réconcilier l'inimitié qui est entre lui et ses Gardes ?

La Voix. Oui, si quelqu'un était assez prudent pour cet effet.

L'Alchimiste. Pourquoi ne leur parle-t-il point d'accord ?

La Voix. Il ne le saurait faire de lui-même, car incontinent il entre en colère et en furie contre eux.

L'Alchimiste. Que n'interpose-t-il donc un tiers pour moyenner une paix ?

La Voix. Celui qui pourrait faire cette paix entre eux serait, à la vérité, le plus heureux de tous les hommes et digne d'une éternelle mémoire : mais cela ne peut arriver que par le moyen d'un homme très sage, qui aurait intelligence avec la mère du Soufre, et traiterait avec elle. Car s'ils étaient une fois amis, l'un n'empêcherait point l'autre ; mais leurs forces étant unies ensemble, ils produiraient des choses immortelles. Certainement celui qui ferait cette réconciliation serait recommandable à toute la postérité et son nom devrait être consacré à l'éternité.

L'Alchimiste. Seigneur, je terminerai bien les différends qu'ils ont entre eux, et je délivrerai bien le Soufre hors de sa prison : car d'ailleurs, je suis homme très docte et très sage ; je suis encore bon praticien, principalement lorsqu'il est question de traiter quelque accord.

La Voix. Mon Ami, je vois bien que tu es assez grand et que tu as une grande tête : mais je ne sais pas si tu pourras faire ce que tu dis.

L'Alchimiste. Seigneur, peut-être ignorez-vous le savoir des Alchimistes : ils sont toujours victorieux en matière d'accommodements ; et en vérité je ne tiens pas la dernière place parmi eux, pourvu que les ennemis du Soufre veuillent m'entendre pour moyenner cette paix : assurez-vous que s'ils traitent, ils perdront leur cause. Seigneur, croyez-moi, les Alchimistes savent faire des accords. Le Soufre sera bientôt délivré de sa prison, si ses ennemis veulent seulement traiter avec moi.

La Voix. Votre esprit me plaît, et j'apprends que vous êtes Homme de réputation.

L'Alchimiste. Seigneur, dites-moi encore si cela est le vrai Soufre des Philosophes.

La Voix. Vraiment ce que vous me montrez est bien du Soufre ; mais c'est à vous à savoir si c'est le Soufre des Philosophes, car je vous en ai assez parlé.

L'Alchimiste. Seigneur, si je trouvais ses prisons, le pourrais-je faire sortir ?

La Voix. Si vous le savez, vous le pourrez facilement faire, car il est plus aisé de le délivrer que de le trouver.

L'Alchimiste. Seigneur, je vous en prie, dites-moi

encore : si je le trouvais, en pourrais-je faire la Pierre des Philosophes ?

La Voix. Ô mon Ami ! ce n'est pas à moi à le deviner, mais pensez-y vous-même : Je vous dirai néanmoins que, si vous connaissez sa mère et que vous la suiviez, après avoir délivré le Soufre, incontinent la Pierre se fera.

L'Alchimiste. Seigneur, dans quel sujet se trouve ce Soufre ?

La Voix. Sache pour certain que ce Soufre est doué d'une grande vertu ; sa minière sont toutes les choses du monde, car il se trouve dans les Métaux, dans les herbes, les arbres, les animaux, les pierres, les minières, etc.

L'Alchimiste. Et qui diable le pourra trouver, étant caché entre tant de choses et tant de divers sujets ? Dites-moi, quelle est la matière de laquelle les Philosophes extraient leur Soufre ?

La Voix. Mon Ami, vous en voulez trop savoir : toutefois, pour vous contenter, sachez que le Soufre est partout et en tout sujet. Il a néanmoins certains Palais où il a accoutumé de donner audience aux Philosophes : mais les Philosophes l'adorent, quand il nage dans sa propre mer et qu'il joue avec Vulcan ; et ils s'approchent de lui, lorsqu'ils le voient vêtu d'un très chétif habit pour n'être point connu.

L'Alchimiste. Seigneur, ce n'est point à moi de le chercher en la mer, vu qu'il est caché ici plus prochainement.

La Voix. Je t'ai dit que ses Gardes l'ont mis en des prisons très obscures, afin que tu ne le puisses voir, car il est en un seul sujet : mais si tu ne l'as pas trouvé dans ta maison, à grand-peine le trouveras-tu dans les forêts. Néanmoins, afin que tu ne perdes pas l'espérance dans la recherche que tu en fais, je te jure saintement qu'il est très parfait en l'or et en l'argent, mais qu'il est très facile en l'argent-vif.

L'Alchimiste. Seigneur, je ferais bien de bon cœur la Pierre Philosophale.

La Voix. Voilà un bon souhait ; le Soufre voudrait bien aussi être délivré. Et ainsi Saturne s'en alla. L'Alchimiste déjà lassé fut surpris d'un profond sommeil, durant lequel cette vision lui apparut. Il vit en cette Forêt une Fontaine pleine d'eau, autour de laquelle le Sel et le Soufre se promenaient, contestant l'un contre l'autre, jusqu'à ce qu'enfin ils commencèrent à se battre. Le Sel porta un coup incurable au Soufre, et au lieu de sang, il sortit de cette blessure une eau blanche comme du lait, laquelle s'accrut en un grand fleuve. On vit sortir pour lors de cette Forêt Diane Vierge très belle, qui commença à se laver dans ce fleuve. Un Prince, qui était un homme très fort, et plus grand que tous ses Serviteurs, passant en cet endroit, la vit, et admira sa beauté : et à cause qu'elle était de même Nature que lui, il fut épris de son amour ; de même qu'elle, en le voyant, brûla réciproquement d'amour pour lui : c'est pourquoi, tombant comme en défaillance, elle se noya. Ce que le Prince apercevant, il commanda à ses Serviteurs de l'aller secourir ; mais ils appréhendèrent tous d'approcher de ce fleuve. Ce prince, adressant ses paroles à eux, leur dit : Pourquoi ne secourez-vous pas cette Vierge Diane ? Ils lui répondirent : Seigneur, il est vrai que ce fleuve est petit et comme desséché, mais il est très dangereux ; car une fois nous le voulûmes traverser à votre déçu, et à grand-peine pûmes-nous éviter la mort éternelle : nous savons encore que quelques-uns de nos prédécesseurs ont péri en cet endroit. Pour lors ce Prince ayant quitté son gros manteau, tout armé comme il était, se jeta dans le fleuve pour secourir la très belle Diane : Il lui tendit la main, qu'elle prit ; et se voulant sauver par ce moyen, elle attira le Prince avec elle, de manière qu'ils se noyèrent tous deux.

Peu de temps après, leurs âmes sortirent du fleuve, voltigèrent autour et se réjouirent, disant : *Cette sublimation nous a été favorable, car sans elle nous n'eussions pu sortir de nos corps infects.* L'Alchimiste interrogea ces Âmes et leur demanda : Retournerez-vous encore quelque jour dans vos corps ? Les Âmes lui répondirent : Oui, mais non pas dans des corps si souillés ; ce sera quand ils seront purifiés et lorsque ce fleuve sera desséché par la chaleur du Soleil, et que cette Province aussi aura été bien souvent examinée par l'air.

L'Alchimiste. Et que ferez-vous cependant ?

Les Âmes. Nous ne cesserons de voltiger sur le fleuve, jusqu'à ce que ces nuages et tempêtes cessent. Cependant l'Alchimiste, s'étant encore endormi, fit un agréable songe de son Soufre : il lui sembla voir arriver en ce lieu plusieurs autres Alchimistes, qui cherchaient aussi du Soufre ; et ayant trouvé en la Fontaine le cadavre ou corps mort du Soufre que le Sel avait tué, ils le partagèrent entre eux : ce que notre Alchimiste voyant, il en prit aussi sa part ; et ainsi chacun retourna en sa maison. Ils commencèrent dès lors à travailler sur ce Soufre, et n'ont point cessé jusqu'à présent. Saturne vint à la rencontre de cet Alchimiste et lui demanda : Eh bien, mon ami, comment vont tes affaires ?

L'Alchimiste. Ô Seigneur ! j'ai vu une infinité de choses admirables, à peine ma femme les croira-t-elle : j'ai maintenant trouvé le Soufre ; je vous prie, Monseigneur, aidez-moi, et nous ferons cette Pierre.

Saturne. Mon Ami, je t'aiderai très volontiers : prépare-moi donc l'argent-vif et le Soufre, et donne-moi un vaisseau de verre.

L'Alchimiste. Seigneur, n'ayez rien à démêler avec le Mercure, car c'est un pendard qui s'est moqué de mon compagnon, et de plusieurs autres qui ont travaillé sur lui.

Saturne. Sache que les Philosophes n'ont jamais rien fait sans l'argent-vif, au règne duquel le Soufre est déjà Roi ; ni moi pareillement je ne saurais rien faire sans lui.

L'Alchimiste. Seigneur, faisons la Pierre du Soufre seul.

Saturne. Je veux bien, mon Ami ; mais tu verras ce qui en arrivera. Ils prirent donc le Soufre que l'Alchimiste avait trouvé et firent tout suivant la volonté de l'Alchimiste. Ils commencèrent à travailler sur ce Soufre, le traitèrent en mille façons différentes et le mirent en des admirables fourneaux que l'Alchimiste avait en grand nombre : Mais la fin de leurs labeurs n'ont été que de petites allumettes soufrées, que les vieilles vendent publiquement pour allumer du feu.

Ils recommencèrent de nouveau à sublimer le Soufre et à le calciner au gré de l'Alchimiste ; mais quelque chose qu'ils aient fait, il leur est toujours arrivé à la fin de leur travail comme auparavant : car tout ce que l'Alchimiste voulut faire de ce Soufre ne se tourna encore qu'en allumettes. Il dit à Saturne : Seigneur, je vois bien que pour vouloir suivre ma fantaisie, nous ne ferons jamais rien qui vaille : c'est pourquoi je vous prie de travailler tout seul à votre volonté et comme vous le savez. Alors Saturne lui dit : Regarde-moi donc faire, et apprends. Il prit deux argents-vifs de diverse substance, mais d'une même racine, que Saturne lava de son urine, et les appela les Soufres des Soufres : puis mêla le fixe avec le volatil ; et après en avoir fait une composition, il les mit en un vaisseau propre ; et de crainte que le Soufre ne s'enfuît, il lui donna un garde, puis après il le mit ainsi dans le bain d'un feu très lent, comme la matière le requérait, et acheva très bien son ouvrage. Ils firent donc la Pierre des Philosophes, parce que d'une bonne matière il en vient une bonne chose.

Je vous laisse à penser si notre Alchimiste fut bien aise, puisque (pour vous achever) il prit la Pierre avec le verre ; et admirant la couleur qui était rouge comme du sang, ravi d'une extrême joie, il commença à sauter si fort qu'en sautant le vaisseau où la Pierre était tomba à terre et se cassa ; et en même temps Saturne disparut. L'Alchimiste, étant réveillé, ne trouva rien entre ses mains que les allumettes qu'il avait faites de son Soufre, car la Pierre s'envola et vole encore aujourd'hui ; à raison de quoi on l'appelle volatile : De manière que le pauvre Alchimiste n'a appris par sa vision qu'à faire des allumettes soufrées ; et voulant acquérir la Pierre des Philosophes ; il a si bien opéré qu'à la fin il y acquit une Pierre dans les reins, pour laquelle guérir il voulut devenir Médecin. Et après s'être désisté de rechercher la Pierre, il passa enfin sa vie comme tous les autres Chimistes ont accoutumé de faire, dont la plupart deviennent Médecins ou Smegmatistes, c'est-à-dire savonniers. Et c'est ce qui arrive ordinairement à tous ceux qui entreprennent de travailler en cet Art sans aucun fondement, sur ce qu'ils en ont ouï dire ou qu'ils en ont appris fortuitement par des Recettes qui leur en ont été données et par des raisonnements dialectiques.

Il y en a quelques autres qui, n'ayant pas réussi dans leurs opérations, disent : *Nous sommes sages, et nous avons appris que chaque chose se multiplie par le moyen de la semence : s'il y avait quelque vérité en cette Science, nous en fussions plutôt venus à bout que tous les autres.* Et ainsi pour cacher leur honte, et pour ne point passer pour des gens indignes et opiniâtres comme ils sont, ils la blâment : Que s'ils n'ont pas atteint le but qu'ils s'étaient proposé, et qu'ils ont tant désiré, ce n'est pas que la Science ne soit véritable, mais c'est qu'ils ont (comme les autres) la cervelle trop mal timbrée, et le jugement trop faible pour comprendre un si haut mystère. Cette Science n'est pas propre à ces sortes de gens, et elle leur fait toujours voir qu'ils ne sont qu'au commencement lorsqu'ils croient être à la fin.

Quant à nous, nous confessons que cet Art n'est rien pour tout à l'égard de ceux qui en sont indignes, parce qu'ils n'en viendront jamais à bout ; mais nous assurons aux Amateurs de la vertu, aux vrais Inquisiteurs et à tous les Enfants de la Science, que la transmutation métallique est une chose vraie et très vraie, comme nous l'avons fait voir par expérience à diverses personnes de haute et basse condition, et qui méritaient bien voir par effet la preuve de cette vérité. Ce n'est pas que nous ayons fait cette Médecine de nous-même, mais c'est un intime Ami qui nous l'a donnée : elle est néanmoins très vraie. Nous avons suffisamment instruit les inquisiteurs de cette Science pour en faire la recherche. Que si nos Écrits ne leur plaisent pas, qu'ils aient recours à ceux des autres Auteurs qu'ils trouveront moins solides. Que ce soit toutefois avec cette précaution : qu'ils considèrent si ce qu'ils liront est possible à la Nature ou non, afin qu'ils n'entreprennent rien qui soit contre le pouvoir de la Nature, car s'ils pensent faire autre chose, ils s'y trouveront trompés. S'il était écrit dans les cahiers des Philosophes que le Feu ne brûle point, il n'y faudrait pas ajouter foi, car c'est une chose qui est contre Nature ; au contraire, si l'on trouvait écrit que le Feu échauffe et qu'il dessèche, il le faut croire, parce que cela se fait naturellement, et la Nature s'accorde toujours bien avec un bon jugement : il n'y a rien de difficile dans la Nature, et toute vérité est simple. Qu'ils apprennent aussi à connaître quelles choses en la Nature ont plus de conformité et plus de proximité ensemble ; ce qu'ils pourront plus aisément apprendre par nos Écrits, que par aucun autre ; pour le moins telle est notre croyance ; car nous estimons en avoir assez dit, jusqu'à ce qu'il en vienne peut-être un autre après nous, qui écrive entièrement la manière de faire cette Pierre, comme s'il voulait enseigner à faire un fromage avec la crème du lait : ce qui ne nous est pas permis de faire.

Mais afin que nous n'écrivions pas seulement pour ceux qui commencent, et que nous disions quelque chose en votre faveur, vous qui avez déjà essuyé tant de peines et de travaux : Avez-vous vu cette région, en laquelle le mari a épousé sa femme et dont les noces furent faites en la maison de la Nature ? Avez-vous entendu comme le vulgaire a aussi bien vu ce Soufre que vous-mêmes, qui avez pris tant de soins à le chercher ? Si vous voulez donc que les vieilles femmes mêmes exercent votre Philosophie, montrez la déalbation de ces Soufres et dites ouvertement au commun peuple : Venez et voyez : l'eau est déjà divisée et le Soufre en est sorti ; il retournera blanc et coagulera les eaux.

Brûlez donc le Soufre tiré du Soufre incombustible ; lavez-le, blanchissez-le et le rubifiez, jusqu'à ce que le Soufre soit fait Mercure, et que le Mercure soit fait Soufre : puis après, enrichissez-le avec l'âme de l'Or. Car si du Soufre vous n'en tirez le Soufre par sublimation, et le Mercure du Mercure, vous n'avez pas encore trouvé cette eau qui est la quintessence distillée et créée du Soufre et du Mercure. Celui-là ne montera point, qui n'a pas descendu. Plusieurs perdent en la préparation ce qui est de plus remarquable en cet Art : car notre Mercure s'aiguise par le Soufre, autrement il ne nous servirait de rien. Le prince est misérable sans son peuple, aussi bien que l'Alchimiste sans le Soufre et le Mercure. J'ai dit, si vous m'avez entendu.

L'Alchimiste étant de retour à son logis, déplorait la Pierre qu'il avait perdu, et s'attristait particulièrement de n'avoir pas demandé à Saturne quel était ce Sel qui lui avait apparu dans son songe, vu qu'il y a tant de sortes de Sels. Puis il dit le reste à sa femme.

CONCLUSION

Tout Inquisiteur de cet Art doit, en premier lieu, examiner d'un mûr et sain jugement la création des quatre Éléments, leurs opérations, leurs vertus et leurs actions : car s'il ignore leur origine et leur Nature, il ne parviendra jamais à la connaissance des Principes et ne connaîtra point la vraie matière de la Pierre : moins encore pourra-t-il arriver à une bonne fin, parce que toute fin est déterminée par son Principe. Quiconque connaît bien ce qu'il commence, connaîtra bien aussi ce qu'il achèvera. L'origine des Éléments est le Chaos duquel Dieu, Auteur de toutes choses, a créé et séparé les Éléments : ce qui n'appartient qu'à lui seul. Des Éléments, la Nature a produit les Principes des choses : ce qui n'appartient qu'à la Nature seule, par le vouloir de Dieu. Des Principes, la Nature a puis après produit les Minières et toutes les autres choses. Et enfin, de ces mêmes Principes, l'Artiste, en imitant la Nature, peut faire beaucoup de choses merveilleuses. Car de ces Principes que sont le Sel, le Soufre et le Mercure, la Nature produit les Minières, les Métaux et toutes sortes de choses ; et ce n'est pas simplement et immédiatement des Éléments qu'elle produit les métaux, mais c'est par les Principes, qui lui servent de moyen et de milieu entre les Éléments et les métaux.

Si donc la Nature ne peut rien produire des quatre Éléments sans les trois Principes, beaucoup moins l'Art le pourra-t-il faire. Et ce n'est pas seulement en cet exemple qu'il faut garder une moyenne disposition, mais encore dans tous les procédés naturels. C'est pourquoi nous avons dans ce Traité assez amplement décrit la nature des Éléments, leurs actions et leurs opérations, comme aussi l'origine des Principes ; et nous en avons parlé plus clairement qu'aucun des Philosophes qui nous ont précédé, afin que le bon Inquisiteur de cette Science puisse facilement considérer en quel degré la Pierre est distante des Métaux, et les Métaux des Éléments. Car il y a bien de la différence entre l'Or et l'Eau ; mais elle est moindre entre l'Eau et le Mercure. Elle est encore plus petite entre l'Or et le Mercure, parce que la maison de l'Or, c'est le Mercure ; et la maison du Mercure, c'est l'Eau. Mais le Soufre est celui qui coagule le Mercure : que si la préparation de ce Soufre est très difficile, l'invention l'est encore davantage, puisque tout le secret de cet Art consiste au Soufre des Philosophes, qui est aussi contenu ès entrailles du Mercure. Nous donnerons quelque jour, dans notre troisième Principe du Sel, la préparation de ce Soufre, sans laquelle il nous est inutile, parce que nous ne traitons pas en cet endroit de la pratique du Soufre, ni de la manière de nous en servir, mais seulement de son origine et de sa vertu.

Toutefois, nous n'avons pas composé ce Traité pour vouloir reprendre les anciens Philosophes, mais plutôt pour confirmer tout ce qu'ils ont dit, ajoutant seulement à leurs Écrits ce qu'ils ont omis : parce que tout Philosophes qu'ils soient, ils sont hommes comme les autres et qu'ils n'ont pas pu traiter de toutes les choses exactement, d'autant qu'un seul homme ne peut pas suffisamment fournir à toutes sortes de choses. Quelques-uns aussi de ces grands Personnages ont été déçus par des miracles, en telle manière qu'ils se sont écartés de la voie de la Nature, et n'ont pas bien jugé de ses effets : comme nous lisons en Albert le Grand, Philosophe très subtil, qui écrit que, de son temps, on trouva dans un sépulcre des grains d'Or entre les dents d'un homme mort. Il n'a pas bien pu rencontrer la raison certaine de ce miracle, puisqu'il a attribué cet effet à une force minérale qu'il croyait être en l'homme, ayant fondé son opinion sur ce dire de Morien : Et cette matière, Ô Roy ! se tire de votre corps. Mais c'est une grande erreur, et il n'en va pas ainsi que la pensé Albert le Grand : car Morien a voulu entendre ces choses Philosophiquement, d'autant que la vertu minérale, de même que l'animale, demeurent chacune dans son règne, suivant la distinction et la division que nous avons faites de toutes les choses en trois règnes dans notre petit Livre des douze Traités, parce que chacun de ces règnes se conserve et se multiplie en soi-même, sans emprunter quelque chose d'étranger, et qui soit pris d'un autre règne : Il est bien vrai qu'au règne animal il y a un Mercure qui sert comme de matière, et un Soufre qui tient lieu de forme ou de vertu : mais ce sont matière et vertu animales et non pas minérales.

S'il n'y avait pas en l'homme un Soufre animal, c'est-à-dire une vertu ou une force sulfurée, le sang qui est son Mercure ne se coagulerait pas et ne se convertirait pas en chair et en os : De même si dans le règne végétable il n'y avait point de vertu de Soufre végétable, l'Eau ou le Mercure ne se convertirait point en herbes et en arbres. Il faut entendre le même au règne minéral, dans lequel le Mercure minéral ne se coagulerait jamais sans la vertu du Soufre minéral. À la vérité, ces trois règnes ni ces trois Soufres ne diffèrent point en vertu, puisque chaque Soufre a le pouvoir de coaguler son Mercure, et que chaque Mercure peut être coagulé par son Soufre : ce qui ne peut se faire par aucun autre Soufre, ni par aucun autre Mercure étranger, c'est-à-dire qui ne soit pas de même règne.

Si on demande donc la raison pour laquelle quelques grains d'Or ont été trouvés ou produits dans les dents d'un homme mort, c'est que pendant sa vie, par ordonnance du Médecin, il avait avalé du Mercure ; ou bien il s'était servi du Mercure, ou par onction, ou par turbith, ou par quelque autre manière que ce soit : et la nature du vif-argent est de monter à la bouche de celui qui en use et d'y faire des ulcères par lesquels il s'évacue avec son flegme. Le malade donc étant mort tandis qu'on le traitait, le Mercure ne trouvant point de sortie, il demeura dans la bouche entre les dents, et ce cadavre servit de vase naturel au Mercure : en telle sorte qu'ayant été enfermé par un long espace de temps, et ayant été purifié par le flegme corrosif du corps humain, au moyen de la chaleur naturelle de la putréfaction, il fut enfin congelé en Or par la vertu de son propre Soufre. Mais ces grains d'Or n'eussent jamais été produits dans ce cadavre, si avant sa mort, il ne se fut servi du Mercure minéral.

Nous en avons un exemple très véritable en la Nature, laquelle, dans les entrailles de la Terre, produit du seul Mercure l'Or, l'Argent et tous les autres Métaux, suivant la disposition du lieu ou de la matrice où le Mercure entre, parce qu'il a en soi son propre Soufre qui le coagule et le convertit en Or, s'il n'est empêché par quelque accident, soit par le défaut de la chaleur, soit qu'il ne soit pas bien enfermé. Ce n'est donc pas la vertu du Soufre animal qui congèle et convertit le Mercure animal en Or : elle ne peut seulement que convertir le Mercure animal en chair ou en os : Car si cette vertu se trouvait dans l'Homme, cette conversion arriverait dans tous les corps : ce qui n'est pas.

Tels et plusieurs autres semblables miracles et accidents qui arrivent, n'étant pas bien considérés par ceux qui en écrivent, font errer ceux qui les lisent. Mais le bon Inquisiteur de cette Science doit toujours rapporter toutes choses à la possibilité de la Nature : car si ce qu'il trouve par écrit ne s'accorde point avec la Nature, il faut qu'il le laisse.

Il suffit aux diligents Studieux de cet Art d'avoir appris en cet endroit l'origine de ces Principes : car lorsque le Principe est ignoré, la fin est toujours douteuse. Nous n'avons pas parlé dans ce Traité énigmatiquement à ceux qui recherchent cette Science, mais le plus clairement qu'il nous a été possible, et autant qu'il nous est permis de le faire. Que si par la lecture de ce petit ouvrage, Dieu éclaire l'entendement à quelqu'un, il saura combien les Héritiers de cette Science sont redevables à leurs Prédécesseurs, puisqu'elle s'acquiert toujours par des esprits de même trempe que ceux qui l'ont auparavant possédée.

Après donc que nous en avons fait une très claire démonstration, nous la remettons dans le sein de

Dieu Très-Haut, notre Seigneur et Créateur ; et nous recommandons, ensemble tous les bons lecteurs, à sa grâce et à son immense miséricorde : Auquel soit louange et gloire, par les infinis siècles des siècles.

Fin du présent Traité du Soufre

TRAITÉ DU SEL TROISIÈME PRINCIPE DES CHOSES MINÉRALES

De nouveau mis en lumière

AU LECTEUR

AMI LECTEUR, *ne veuille point, je te prie, t'enquérir quel est l'auteur de ce petit Traité, et ne cherche point à pénétrer la raison pour laquelle il l'a écrit. Il n'est pas besoin non plus que tu saches qui je suis moi-même. Tiens seulement pour très assuré que l'Auteur de ce petit Ouvrage possède parfaitement la Pierre des Philosophes et qu'il l'a déjà faite. Et parce que nous avions une sincère et mutuelle bienveillance l'un pour l'autre, je lui demandais pour marque de son amitié qu'il m'expliquât les trois premiers Principes, qui sont le Mercure, le Soufre et le Sel. Je le priai aussi de me dire s'il fallait chercher la Pierre des Philosophes en ceux que nous voyons et qui sont communs ; ou que s'il y en avait d'autres, il me le déclarât en paroles très claire et d'un style simple et non embarrassé. Ce que m'ayant accordé, après avoir écrit ce que je pus de ces petits Traités à la dérobée, je me suis persuadé qu'en les faisant imprimer, bien que contre le plaisir de l'Auteur, qui est tout hors d'ambition, les vrais Amateurs de la Philosophie m'en auraient obligation. Car je ne doute point que, les ayant lus et bien exactement considérés, ils se donneront mieux garde des imposteurs, et feront moins de perte de temps, d'argent, d'honneur et de réputation. Prends donc* (AMI LECTEUR) *en bonne part l'intention que nous avons de te rendre service ; mets toute ton espérance en Dieu ; adore-le de tout ton cœur et le révère avec crainte : Garde le silence avec soin ; aime le prochain avec bienveillance, et Dieu t'accordera toutes choses.*

Le commencement de la Sagesse est de craindre Dieu.

CHAPITRE I : De la qualité et condition du Sel de la Nature

Le Sel est le troisième Principe de toutes choses, duquel les anciens Philosophes n'ont point parlé. Il nous a été pourtant expliqué et comme montré du doigt par I. Isaac Hollandais, Basile Valentin et Téoph. Paracelse : Ce n'est pas que parmi les Principes il y en ait quelqu'un qui soit premier, et quelqu'un qui soit dernier, puisqu'ils ont une même origine et un commencement égal entre eux : mais nous suivons l'ordre de notre Père, qui a donné le premier rang au Mercure, le second au Soufre et le troisième au Sel. C'est lui principalement qui est un troisième être, qui donne le commencement aux Minéraux, qui contient en soi les deux autres Principes, savoir le Mercure et le Soufre, et qui dans sa naissance n'a pour Mère que l'impression de Saturne, qui le restreint et le rend compact de laquelle le corps de tous les Métaux est formé.

Il y a trois sortes de Sels. Le premier est un Sel central, que l'esprit du monde engendre sans aucune discontinuation dans le centre des Éléments par les influences des Astres et qui est gouverné par les rayons du Soleil et de la Lune en notre Mer Philosophique. Le second est un Sel spermatique, qui est le domicile de la semence invisible, et qui, dans une douce chaleur naturelle, par le moyen de la putréfaction donne de soi la forme et la vertu végétale, afin que cette invisible semence très volatile ne soit pas dissipée, et ne soit pas entièrement détruite par une excessive chaleur externe, ou par quelque autre contraire et violent accident : car si cela arrivait, elle ne serait plus capable de rien produire. Le troisième Sel est la dernière matière de toutes choses, lequel se trouve en icelles et qui reste encore après leur destruction.

Ce triple Sel a pris naissance dès le premier point de la Création, lorsque Dieu dit : SOIT FAIT ; et son existence fut faite du néant, d'autant que le premier Chaos du Monde n'était autre chose qu'une certaine crasse et salée obscurité, ou nuée de l'abîme, laquelle a été concentrée et créée des choses invisibles par la parole de Dieu, et est sortie par la force de sa voix, comme un être qui devait servir de première matière et donner la vie à chaque chose, et qui est actuellement existant. Il n'est ni sec, ni humide, ni épais, ni délié, ni lumineux, ni ténébreux, ni chaud, ni froid, ni dur, ni mou ; mais c'est seulement un chaos mélangé, duquel puis après toutes choses ont été produites et séparées. Mais, en cet endroit, nous passerons ces choses sous silence et nous traiterons seulement de notre Sel, qui est le troisième Principe des Minéraux, et qui est encore le commencement de notre œuvre Philosophique.

Que si le Lecteur désire tirer du profit de l'avancement de ce mien discours et comprendre ma pensée, il faut avant toute œuvre qu'il lise avec très grande attention les Écrits des autres véritables Philosophes, et principalement ceux de Sendivogius dont nous avons fait mention ci-dessus, afin que de leur lecture il connaisse fondamentalement la génération et des premiers Principes des Métaux, qui procèdent tous d'une même racine. Car celui qui connaît exactement la génération des Métaux, n'ignore pas aussi leur amélioration et leur transmutation : Et après avoir ainsi connu notre fontaine de Sel, on lui donnera ici le reste des instructions qui lui sont nécessaires, afin qu'ayant prié Dieu dévotement il puisse, par sa sainte grâce et bénédiction acquérir ce précieux Sel blanc comme neige ; qu'il puisse puiser l'eau vive du Paradis et qu'il puisse avec icelle préparer la Teinture Philosophique, qui est le plus grand trésor et le plus noble don que Dieu ait jamais donné en cette vie aux sages Philosophes.

Discours traduit de vers

Priez Dieu qu'il vous donne la Sagesse, sa clémence et sa grâce,
Par le moyen desquelles on peut acquérir cet Art.
N'appliquez point votre esprit à d'autres choses,
Qu'à cet Hylech des Philosophes.
Dans la fontaine du Sel de notre Soleil et Lune,
Vous y trouverez le trésor du fils du Soleil.

CHAPITRE II : Où est-ce qu'il faut chercher notre Sel

Comme notre Azoth est la semence de tous les Métaux, et qu'il a été établi et composé par la Nature dans un égal tempérament et proportion des Éléments, et dans une concordance des sept Planètes ; c'est aussi en lui seulement que nous devons rechercher et que nous devons espérer de rencontrer une puissante vertu d'une force merveilleuse, que nous ne saurions trouver en aucune autre chose du monde : car en toute l'université de la Nature, il n'y a qu'une seule chose par laquelle on découvre la vérité de notre Art, en laquelle il consiste entièrement, et sans laquelle il ne saurait être. C'est une Pierre et non Pierre elle est appelée Pierre par ressemblance, premièrement parce que sa minière est véritablement Pierre, au commencement qu'elle et tirée hors des cavernes de la Terre. C'est une matière dure et sèche, qui se peut réduire en petites parties et qui se peut broyer à la façon d'une Pierre. Secondement, parce qu'après la destruction de sa forme (qui n'est qu'un Soufre puant qu'il faut auparavant ôter) et après la division de ses parties qui avaient été composées et unies ensemble par la Nature, il est nécessaire de la réduire en une essence unique et la digérer doucement selon Nature en une Pierre incombustible, résistante au feu, et fondante comme cire.

Si vous savez donc ce que vous cherchez, vous connaissez aussi ce que c'est que notre Pierre. Il faut que vous ayez la semence d'un sujet de même nature que celui que vous voulez produire et engendrer. Le témoignage de tous les Philosophes et la raison même, nous démontrent sensiblement que cette Teinture métallique n'est autre chose que l'Or extrêmement digeste, c'est-à-dire réduit et amené à son entière perfection : car si cette Teinture aurifique se tirait de quelque autre chose que de la substance de l'Or, il s'ensuivrait nécessairement qu'elle devrait teindre toutes les autres choses, ainsi qu'elle a accoutumé de teindre les Métaux : ce qu'elle ne fait pas. Il n'y a que le Mercure métallique seulement, lequel par la vertu qu'il a de teindre et perfectionner, devient actuellement Or ou Argent, parce qu'il était auparavant Or ou Argent en puissance : ce qui se fait lorsqu'on prend le seul et unique Mercure des Métaux, en forme de sperme cru et non encore mûr (lequel est appelé Hermaphrodite, à cause qu'il contient dans son propre ventre son mâle et sa femelle, c'est-à-dire son agent et son patient, et lequel, étant digéré jusqu'à une blancheur pure et fixe, devient Argent, et étant poussé jusqu'à la rougeur, se fait Or :) Car il n'y a seulement que ce qui est en lui d'homogène et de même nature qui se mûrit et se coagule par la coction : dont vous avez une marque finale très assurée lorsqu'il parvient à un suprême degré de rougeur, et que toute la masse résiste à la plus forte flamme du feu, sans qu'elle jette tant soit peu de fumée ou de vapeur et qu'elle devienne d'un poids plus léger : Après cela, il la faut derechef dissoudre par un nouveau menstrue du Monde ; en sorte que cette portion très fixe s'écoulant partout, soit reçue en son ventre, dans lequel ce Soufre fixe se réduit à une beaucoup plus facile fluidité et solubilité : et le Soufre volatil pareillement par le moyen d'une très grande chaleur magnétique du Soufre fixe, se mûrit promptement, etc. Car une Nature Mercuriale ne veut pas quitter l'autre : mais alors l'on voit que cet Or rouge ou blanc de la manière que nous avons dite ci-dessus, ou plutôt que l'Antimoine mûr, fixe et parfait, vient à se congeler au froid, au lieu qu'il se liquéfiera très aisément à la chaleur comme de la Cire, et qu'il deviendra très facile à résoudre dans quelque liqueur que ce soit, et se répandra dans toutes les parties de ce sujet en lui donnant couleur partout, de même qu'un peu de Safran colore beaucoup d'eau. Donc cette fixe liquabilité, jetée sur les Métaux fondus, se réduisant en forme d'eau dans une très grande chaleur, pénétrera jusqu'à la moindre partie d'iceux ; et cette eau fixe retiendra tout ce qu'il y a de volatil et le préservera de combustion. Mais une double chaleur de feu et de Soufre agira si fortement que le Mercure imparfait ne pourra aucunement résister ; et presque dans l'espace d'une demi-heure, on entendra un certain bruit ou pétillement, qui sera un signe évident que le Mercure a été surmonté et qu'il a mis au-dehors ce qu'il avait dans son intérieur, et que tout est converti en un pur métal parfait.

Quiconque donc a jamais eu quelque teinture, ou Philosophique ou particulière, il ne l'a pu tirer que de ce seul Principe : comme dit ce grand Philosophe natif de l'Alsace supérieure, notre compatriote allemand Basile Valentin, qui vivait en ma patrie il y a environ cinquante ans, dans son livre intitulé : *Le chariot Triomphal de l'Antimoine*, où traitant des diverses

Teintures que l'on peut tirer de ce même Principe, il décrit : « Que la Pierre de feu (faite d'Antimoine) ne teint pas universellement comme la Pierre des Philosophes, laquelle se prépare de l'essence du Soleil : moins encore que toutes les autres Pierres ; car la Nature ne lui a pas donné tant de vertu pour cet effet : mais elle teint seulement en particulier, savoir l'Étain, le Plomb et la Lune en Soleil. Il ne parle point du Fer ou du Cuivre, si ce n'est en tant qu'on peut tirer d'eux la Pierre d'Antimoine par séparation, et qu'une partie d'icelle n'en saurait transmuer plus de cinq parties, à cause qu'elle demeure fixe dans la Coupelle et dans l'Antimoine même, dans l'inquart et dans toutes les autres épreuves : là où, au contraire, cette véritable et très ancienne Pierre des Philosophes peut produire des effets infinis. Semblablement dans son augmentation et multiplication, la Pierre de feu ne peut pas s'exalter plus outre : mais toutefois l'Or est de soi pur et fixe. Au reste, le Lecteur doit encore remarquer qu'on trouve des Pierres de différente espèce, lesquelles teignent en particulier : car j'appelle Pierres toutes les poudres fixes et teignentes ; mais il y en a toujours quelqu'une qui teint plus efficacement et en plus haut degré que l'autre. La Pierre des Philosophes tient le premier rang entre toutes les autres. Secondement, vient la teinture du Soleil et de la Lune au rouge et au blanc. Après, la teinture du Vitriol et de Vénus, et la teinture de Mars, chacune desquelles contient aussi en soi la teinture du Soleil, pourvu qu'elle soit auparavant amenée jusqu'à une fixation persévérante. Ensuite, la teinture de Jupiter et de Saturne, qui servent à coaguler le Mercure : Et enfin, la teinture du Mercure même. Voilà donc la différence et les diverses sortes de Pierres et de Teintures : Elles sont néanmoins toutes engendrées d'une même semence, d'une même mère, et d'une même source : d'où a été aussi produit le véritable œuvre universel, hors lequel on ne peut trouver d'autre teinture métallique ; je dis même en toutes choses que l'on puisse nommer. Pour les autres Pierres, quelles qu'elles soient, tant les nobles que les non nobles et les viles, ne me touchent point ; et je ne prétends pas même en parler ni en écrire, parce qu'elles n'ont point d'autres vertus que pour la Médecine. Je ne ferai point mention non plus des Pierres animales et végétales, parce qu'elles ne servent seulement que pour la préparation des Médicaments et qu'elles ne sauraient faire aucun œuvre métallique, non pas même pour produire de soi la moindre qualité : de toutes lesquelles Pierres, tant minérales, végétales qu'animales, la vertu et la puissance se trouvent accumulées ensemble dans la Pierre des Philosophes. Les Sels de toutes les choses n'ont aucune vertu de teindre, mais ce sont les clefs qui servent pour la préparation des Pierres, qui d'ailleurs ne peuvent rien d'eux-mêmes : cela n'appartient qu'aux Sels des Métaux et des Minéraux. Je dis maintenant quelque chose : Si tu voulais bien entendre, je te donne à connaître la différence qu'il y a entre les Sels des Métaux, lesquels ne doivent pas être omis ni rejetés pour ce qui regarde les Teintures ; car dans la composition, nous ne saurions nous en passer, parce que dans eux on trouve ce grand Trésor, d'où toute fixation tire son origine, avec sa durée et son véritable et unique fondement.» Ici finissent les termes de Basile Valentin.

Toute la vérité Philosophique consiste donc en la racine que nous avons dit; et quiconque connaît bien ce Principe, savoir que tout ce qui est en haut, se gouverne entièrement comme ce qui est en bas : ainsi au contraire, celui-là sait aussi l'usage et l'opération de la clef Philosophique, laquelle, par son amertume pontique, calcine et réincrude toutes choses, quoique par cette réincrudation des corps parfaits, l'on trouverait seulement ce même sperme, qu'on peut avoir déjà tout préparé par la Nature, sans qu'il soit besoin de réduire le corps compact, mais plutôt ce sperme, tout mou et non mûr, tel que la Nature nous le donne, lequel pourra être mené à sa maturité.

Appliquez-vous donc entièrement à ce primitif sujet métallique, à qui la Nature a véritablement donné une forme de métal : mais elle l'a laissé encore cru, non mûr, imparfait et non achevé, dans la molle montagne duquel vous pourrez plus facilement fouir une fosse, et tirer d'icelle notre pure Eau pontique que la Fontaine environne, laquelle seule (à l'exclusion de toute autre Eau) est, de sa Nature, disposée pour se convertir en pâte avec sa propre farine et avec son ferment solaire; et après, de se cuire en ambroisie. Et encore que notre Pierre se trouve de même genre dans tous les sept Métaux, selon les dires des Philosophes qui assurent que les pauvres (savoir les cinq Métaux imparfaits) la possèdent aussi bien que les riches (savoir les deux parfaits Métaux), toutefois la meilleure de toutes les Pierres se trouve dans la nouvelle demeure de Saturne, qui n'a jamais été touchée; c'est-à-dire de celui dont le fils se présente, non sans grand mystère, aux yeux de tout le monde jour et nuit, et duquel le monde se sert en le voyant, et que jamais les yeux ne peuvent attirer par aucune espèce, afin qu'on voie, ou du moins qu'on croie, que ce grand Secret soit renfermé dans ce fils de Saturne, ainsi que tous les Philosophes l'affirment et le jurent; et que c'est le Cabinet de leurs Secrets, et qu'il contient en soi l'esprit du Soleil renfermé dans ses intestins et dans ses propres entrailles.

Nous ne saurions, pour le présent, décrire plus clairement notre œuf vitriolé, pourvu que l'on connaisse quelqu'un des enfants de Saturne, savoir: « L'Antimoine triomphant; le Bismuth ou Étain de glace fondant à la chandelle; le Cobaltum noircissant plus que le Plomb et le Fer; le Plomb qui fait les épreuves; le *Plombites* (matière ainsi appelée) qui sert aux peintres; le Zinck colorant, et qui paraît admirable, en ce qu'il se montre diversement, presque sous la forme du Mercure: Une matière métallique qui se peut calciner et vitrioliser par l'air, etc. » Quoique le serein Vulcain inévitable, cuisinier du genre humain, procrée de noirs parents, savoir du noir caillou et du noir Acier, puisse et ait la vertu de préparer les Remèdes les plus excellents, de chacune des matières ci-dessus mentionnées: mais notre Mercure volatil est bien différent de toutes ces choses.

Discours traduit de vers

C'est une Pierre et non Pierre,
En laquelle tout l'Art consiste;

*La Nature l'a faite ainsi,
Mais elle ne l'a pas encore menée à perfection.
Vous ne la trouverez pas sur la Terre, parce qu'elle n'y
    prend point croissance :
Elle croît seulement ès cavernes des Montagnes.
Tout cet Art dépend d'elle :
Car celui qui a la vapeur de cette chose,
À la dorée splendeur du Lion rouge.
Le Mercure pur et clair ;
Et qui connaît le Soufre rouge qui est en lui,
Il a en son pouvoir tout le fondement.*

CHAPITRE III : De la dissolution

Vu que le temps s'approche, auquel cette quatrième Monarchie viendra pour régner vers le Septentrion, laquelle sera bientôt suivie de la calcination du Monde, il serait à propos de commencer à découvrir clairement à tous en général la calcination ou solution Philosophique (qui est la Princesse souveraine en cette Monarchie Chimique) et dont la connaissance étant acquise, il ne serait pas difficile à l'avenir que plusieurs traitassent de l'Art de faire de l'Or, et d'obtenir en peu de temps tous les trésors les plus cachés de la Nature. Ce qui serait le seul et unique moyen capable de bannir de tous les coins du Monde cette faim insatiable que les Hommes ont pour l'Or, laquelle entraîne malheureusement le cœur de presque tous ceux qui habitent sur la Terre et de jeter à bas (à la gloire de Dieu) la statue du Veau d'or, que les grands et petits de ce siècle adorent. Mais comme toutes ces choses, aussi bien qu'une infinité d'autres secrets cachés, n'appartiennent qu'à un bon Artiste Élie, nous lui exposerons présentement ce que Paracelse a ci-devant dit : À savoir, que la troisième partie du Monde périra par le glaive, l'autre par la peste et la famine ; en sorte qu'à peine en restera-t-il une troisième part. Que tous les ordres (c'est-à-dire de cette Bête à sept têtes) seront détruits et entièrement ôtés du Monde. Et alors (dit-il) toutes ces choses retourneront en leur entier et premier lieu, et nous jouirons du siècle d'or : l'Homme recouvrera son sain entendement et vivra conformément aux mœurs des

Hommes, etc. Mais quoique toutes ces choses soient au pouvoir de celui que Dieu a destiné pour ces merveilles, cependant nous laissons par écrit tout ce qui peut être utile à ceux qui recherchent cet Art; et nous disons, suivant le sentiment de tous les Philosophes, que la vraie dissolution est la clef de tout cet Art : qu'il y a trois sortes de dissolutions : la première est la dissolution du corps cru, la seconde, de la terre Philosophique, et la troisième est celle qui se fait en la multiplication.

Mais d'autant que ce qui a déjà été calciné, se dissout plus aisément que ce qui ne l'a pas été, il faut nécessairement que la calcination et la destruction de l'impureté sulfurée et de la puanteur combustible précèdent avant toutes choses; il faut aussi, puis après, séparer toutes les eaux des menstrues, desquelles on pourrait s'être servi comme des aides en cet Art, afin que rien d'étranger et d'autre nature n'y demeure; et prendre cette précaution, que la trop grande chaleur externe ou autre accident dangereux ne fasse peut-être exhaler ou détruire la vertu intérieure générative et multiplicative de notre Pierre, comme nous en avertissent les Philosophes en la Tourbe, disant : Prenez garde principalement en la purification de la Pierre, et ayez soin que la vertu active ne soit point brûlée ou suffoquée, parce qu'aucune semence ne peut croître ni multiplier lorsque sa force générative lui a été ôtée par quelque feu extérieur. Ayant donc le sperme ou la semence, vous pourrez alors, par une douce coction, parfaire heureusement votre œuvre. Car nous cueillons premièrement le sperme de notre Magnésie; étant tiré, nous le putréfions; étant putréfié, nous le dissolvons; étant dissout, nous le divisons en parties; étant divisé, nous le purifions; étant purifié, nous l'unissons; et ainsi nous achevons notre œuvre.

C'est ce que nous enseigne en ces paroles l'auteur du très ancien Duel, ou du dialogue de la Pierre avec l'Or et le Mercure vulgaires. « Par le Dieu Tout-puissant et sur le salut de mon âme, je vous indique et vous découvre, ô Amateurs de cet Art très excellent, par un pur mouvement de fidélité et de compassion de votre longue recherche, que tout notre ouvrage ne se fait que d'une seule chose, et se perfectionne en soi-même, n'ayant besoin que de la dissolution et de la congélation : ce qui se doit faire sans addition d'aucune chose étrangère. Car comme la glace dans un vase sec, mise sur le feu, se change en eau par la chaleur, de même aussi notre Pierre n'a pas besoin d'autre chose que du secours de l'Artiste, qu'on obtient par le moyen de sa manuelle opération, et par l'action du feu naturel. Car encore qu'elle fût éternellement cachée bien avant dans la Terre, néanmoins elle ne s'y pourrait perfectionner en rien ; il la faut donc aider, non pas toutefois en telle sorte qu'il lui faille ajouter aucune chose étrange et contraire à sa nature, mais plutôt il la faut gouverner à la même façon que Dieu nous fait naître des fruits de la Terre pour nous nourrir, comme sont les blés, lesquels en après il faut battre et porter au moulin pour en pouvoir faire pain. Il en va ainsi en notre œuvre : Dieu nous a créé cet Airain, que nous prenons seulement ; nous détruisons son corps cru et crasse, nous tirons le bon noyau qu'il a en son intérieur, nous rejetons le superflu, et nous préparons une médecine de ce qui n'était qu'un venin. »

Vous pouvez donc connaître que vous ne sauriez rien faire sans la dissolution : car lorsque cette Pierre Saturnienne aura resserré l'Eau mercurielle et qu'elle l'aura congelée dans ses liens, il est nécessaire que, par une petite chaleur, elle se putréfie en soi-même et se résolve en sa première humeur, afin que son esprit invisible, incompréhensible et teignent, qui est le pur feu de l'Or, enclos et emprisonné dans le profond d'un Sel congelé, soit mis au-dehors, et afin que son corps grossier soit semblablement subtilisé par la régénération et qu'il soit conjoint et uni indivisiblement avec son esprit.

Discours traduit de vers

Résolvez donc votre pierre d'une manière convenable
Et non pas d'une façon sophistique,
Mais plutôt suivant la pensée des Sages,
Sans y ajouter aucun corrosif :
Car il ne se trouve aucune autre Eau
Qui puisse dissoudre notre Pierre,
Excepté une petite Fontaine très pure et très claire,
Laquelle vient à couler d'elle-même,
Et qui est cette humeur propre pour dissoudre.
Mais elle est cachée presque à tout le monde.
Elle s'échauffe si fort par soi-même
Qu'elle est cause que notre Pierre en sue des larmes :
Il ne lui faut qu'une lente chaleur externe ;
C'est de quoi vous devez vous souvenir principalement.
Mais il faut encore que je vous découvre une autre chose :

Que si vous ne voyez point de fumée noire au-dessus,
Et une blancheur au-dessous,
Votre œuvre n'a pas été bien fait,
Et vous vous êtes trompé en la dissolution de la Pierre,
Ce que vous connaîtrez d'abord par ce signe.
Mais si procédez comme il faut,
Vous apercevrez une nuée obscure,
Laquelle sans retardement ira au fond,
Lorsque l'esprit prendra la couleur blanche.

CHAPITRE IV :
Comment notre Sel est divisé en quatre Éléments selon l'intention des Philosophes

Parce que notre Pierre extérieurement est humide et froide et que sa chaleur interne est une huile sèche, ou un soufre et une teinture vive, avec laquelle on doit conjoindre et unir naturellement la quintessence, il faut nécessairement que vous sépariez l'une de l'autre toutes ces qualités contraires, et que vous les mettiez d'accord ensemble : ce que fera notre séparation, qui s'appelle, dans l'*Échelle Philosophique*, la séparation ou dépuration de la vapeur aqueuse et liquide d'avec les noires fèces, la volatilisation des parties rares, l'extraction des parties conjoignantes, la production des principes, la disjonction de l'homogénéité : ce qui se doit faire en des bains propres et convenables, etc.

Mais il faut auparavant digérer les Éléments en leur propre fumier : car sans la putréfaction, l'esprit ne saurait se séparer du corps, et c'est elle seule qui subtilise et cause de la volatilité. Et quand votre matière sera suffisamment digérée, en telle sorte qu'elle puisse être séparée, elle devient plus claire par cette séparation, et l'argent-vif devient en forme d'eau claire.

Divisez donc la Pierre et les quatre Éléments en deux parties distinctes, savoir en une partie qui soit volatile, et en une autre qui soit fixe. Ce qui est volatil est eau et air, et ce qui est fixe est terre et feu. De tous ces quatre Éléments, la Terre et l'Eau seulement paraissent sensiblement devant nos yeux ; mais non pas le Feu ni l'Air. Et ce sont là les deux substances Mercurielles, ou le double du Mercure de Trévisan, auquel les Philosophes, dans la Tourbe, ont donné les noms qui s'ensuivent.

1.	Le Volatil.	1.	Le Fixe.
2.	L'Argent-vif.	2.	Le Soufre.
3.	Le Supérieur.	3.	L'inférieur.
4.	L'Eau.	4.	La Terre.
5.	La femme.	5.	L'homme.
6.	La Reine.	6.	Le Roi.
7.	La femme blanche.	7.	Le serviteur.
8.	La Sœur.	8.	Le Frère.
9.	Beya.	9.	Gabric.
10.	Le Soufre volatil.	10.	Le Soufre fixe.
11.	Le Vautour.	11.	Le Crapaud.
12.	Le vif.	12.	Le mort.
13.	L'Eau-de-vie.	13.	Le noir plus noir que le noir.
14.	Le froid humide.	14.	Le chaud sec.
15.	L'âme ou l'esprit.	15.	Le corps.
16.	La queue du dragon.	16.	Le dragon dévorant sa queue.
17.	Le Ciel.	17.	La Terre.
18.	Sa Sueur.	18.	Sa cendre.
19.	Le Vinaigre très aigre.	19.	L'Airain ou le Soufre.

20. La fumée blanche.   20. La fumée noire.
21. Les nuées noires.   21. Les corps d'où ces nuées sortent, etc.

En la partie supérieure, spirituelle et volatile, réside la vie de la terre morte; et en la partie inférieure, terrestre et fixe, est contenu le ferment qui nourrit et qui fige la pierre; lesquelles deux parties sont d'une même racine, et l'une et l'autre se doivent conjoindre ensemble en forme d'eau.

Prenez donc la terre, et la calcinez dans le fumier de Cheval, tiède et humide, jusqu'à ce qu'elle devienne blanche et qu'elle apparaisse grasse. C'est ce Soufre incombustible qui, par une plus grande digestion, peut être fait un Soufre rouge; mais il faut qu'il soit blanc auparavant qu'il devienne rouge : Car il ne saurait passer de la noirceur à la rougeur qu'en passant par la blancheur, qui est le milieu : Et lorsque la blancheur apparaît dans le vaisseau, sans doute que la rougeur y est cachée. C'est pourquoi il ne faut pas tirer votre matière, mais il faut seulement cuire et digérer, jusqu'à ce qu'elle devienne rouge.

Discours traduit de vers

L'Or des Sages n'est nullement l'Or vulgaire,
Mais c'est une certaine eau claire et pure,
Sur laquelle est porté l'esprit du Seigneur;
Et c'est de là que toute sorte d'être prend et reçoit la vie.
C'est pourquoi notre Or est entièrement rendu spirituel :
Par le moyen de l'esprit il passe par l'alambic;
Sa terre demeure noire,

Laquelle toutefois n'apparaissait pas auparavant ;
Et maintenant elle se dissout soi-même
Et elle devient pareillement en eau épaisse,
Laquelle désire une plus noble vie
Afin qu'elle puisse se rejoindre à soi-même.
Car, à cause de la soif qu'elle a, elle se dissout et de
   dérompt,
Ce qui lui profite beaucoup :
Parce que si elle ne devenait pas eau et huile,
Ni se mêler avec elle, comme il advient alors :
En sorte que d'iceux n'est faite qu'une seule chose,
Laquelle s'élève en une entière perfection,
Dont les parties sont si fortement jointes ensemble
Qu'elles ne peuvent plus être séparées.

CHAPITRE V :
De la préparation de Diane
plus blanche que la neige

Ce n'est pas sans raison que les Philosophes appellent notre Sel, le lieu de Sapience : car il est tout plein de rares vertus et de merveilles divines : c'est de lui principalement que toutes les couleurs du monde peuvent être tirées. Il est blanc, d'une blancheur de neige en son extérieur ; mais il contient intérieurement une rougeur comme celle du sang. Il est encore rempli d'une saveur très douce, d'une vie vivifiante et d'une teinture céleste, quoique toutes ces choses ne soient pas dans les propriétés du Sel, parce que le Sel ne donne seulement qu'une acrimonie et n'est que le lien de sa coagulation ; mais sa chaleur intérieure est pure, un pur feu essentiel, la lumière de Nature, et une huile très belle et transparente, laquelle a une si grande douceur qu'aucun sucre ni miel ne la peut égaler, lorsqu'il est entièrement séparé et dépouillé de toutes ses autres propriétés.

Quant à l'esprit invisible qui demeure dans notre Sel, il est, à cause de la force de sa pénétration, semblable et égal au foudre, qui frappe fortement et auquel rien ne peut résister. De toutes ces parties du Sel unies ensemble et fixées en un être résistant contre le feu, il en résulte une teinture si puissante qu'elle pénètre tout corps en un clin d'œil, à la façon d'un foudre très véhément, et qu'elle chasse incontinent tout ce qui est contraire à la vie.

Et c'est ainsi que les Métaux imparfaits sont teints ou transmués en Soleil : car dès le commencement, ils sont Or en puissance, ayant tiré leur origine de l'unique essence du Soleil ; mais, par l'ire et malédiction de Dieu, ils ont été corrompus par sept diverses sortes de lèpre et de maladies : Et s'ils n'avaient pas été Or auparavant, notre teinture ne les pourrait jamais réduire en Or ; de même façon que l'Homme ne devient pas Or, encore bien qu'il avale une prise de notre teinture qui a le pouvoir de chasser du corps humain toutes les maladies.

On voit aussi par l'exacte anatomie des Métaux qu'ils participent en leur intérieur de l'Or, et que leur extérieur est entouré de mort et de malédiction. Car, premièrement, l'on observe en ces Métaux qu'ils contiennent une matière corruptible, dure et grossière, d'une terre maudite ; savoir, une substance crasse, pierreuse, impure et terrestre, qu'ils apportent dès leur minière. Secondement, une eau puante et capable de donner la mort. En troisième lieu, une terre mortifiée qui se rencontre dans cette eau puante ; et enfin une qualité vénéneuse, mortelle et furibonde. Mais quand les métaux sont délivrés de toutes ces impuretés maudites et de leur hétérogénéité, alors on y trouve la noble essence de l'Or, c'est-à-dire notre Sel béni, tant loué par les Philosophes, lesquels nous en parlent si souvent et nous l'ont recommandé en ces termes. *Tirez le Sel des Métaux sans aucune corrosion ni violence, et ce Sel vous pro-*

duira la Pierre blanche et la rouge. Item, *tout le secret consiste au Sel, du quel se fait notre parfait Élixir.*

Maintenant il paraît assez combien il est difficile de trouver un moyen de faire et avoir ce Sel, puisque cette Science jusqu'à ce jour n'a point encore été entièrement découverte à tous, et qu'à présent même il ne s'en trouve pas encore, de mille, un qui sache quel sentiment il doit avoir touchant le dire surprenant de tous les Philosophes sur cette seule, unique et même matière, qui n'est autre chose que de l'Or véritable et naturel, et toutefois très vil, qu'on jette par les chemins et qu'on peut trouver en iceux. Il est de grand prix et d'une valeur inestimable, et toutefois ce n'est que fiente; c'est un feu qui brûle plus fortement que tout autre feu, et néanmoins il est froid; c'est une eau qui lave très nettement, et néanmoins elle est sèche; c'est un marteau d'acier qui frappe jusque sur les atomes impalpables, et toutefois il est comme de l'eau molle; c'est une flamme qui met tout en cendres, et néanmoins elle est humide; c'est une neige qui est toute de neige, et néanmoins elle est humide; c'est une neige qui est toute de neige, et néanmoins qui se peut cuire et entièrement s'épaissir; c'est un oiseau qui vole sur le sommet des montagnes, et néanmoins c'est un poisson; c'est une Vierge qui n'a point été touchée, et toutefois qui enfante et abonde en lait; ce sont les rayons du Soleil et de la Lune, et le feu du Soufre, et toutefois c'est une glace très froide; c'est un arbre brûlé, lequel toutefois fleurit lorsqu'on le brûle et rapporte abondance de fruits; c'est une mère qui enfante, et toutefois ce n'est qu'un homme; et ainsi au contraire c'est un mâle, et néanmoins il fait office de femme ; c'est un métal très pesant, et toutefois il est plume, ou comme de l'alun de plume ; c'est aussi une plume que le vent emporte, et toutefois plus pesante que les Métaux : c'est aussi un venin plus mortel que le basilic même, et toutefois qui chasse toutes sortes de maladies, etc.

Toutes ces contradictions et autres semblables, et qui sont toutefois les propres noms de notre Pierre, aveuglent tellement ceux qui ignorent comment cela se peut entendre, qu'il y en a une infinité qui dénient absolument que cette chose soit véritable, quoique d'ailleurs ils croient avoir tout l'esprit le mieux tourné du monde. Ils s'en rapportent plutôt à un seul Aristote qu'à un nombre infini de fameux auteurs qui, depuis plusieurs siècles, ont confirmé toutes ces choses, et par les épreuves qu'ils en ont faites, et par les écrits qu'ils nous en ont laissés : jurant que toutes les paroles qu'ils ont avancées portaient vérité, ou qu'autrement ils voulaient en rendre compte au grand jour du Jugement. Mais quoique tout cela ne serve de rien, ceux qui possèdent la Science sont toujours méprisés : ce qui ne se fait pas sans un juste jugement de Dieu, qui d'autant mieux il a mis ce don précieux dans quelque vaisseau, d'autant plus il permet qu'on le considère comme une folie, afin que ceux qui en sont indignes le méprisent et le rejettent plutôt à leur propre perte et à leur propre dommage. Mais les Fils de la Science gardent avec crainte ce dépôt secret de la Providence, considérant que les paraboles, tant de l'Écriture Sainte que de tous les Sages, signifient bien autre chose que ne porte le sens littéral : C'est pourquoi suivant le commandement du Psalmiste, ils méditent jour et nuit sur leur matière et cherchent cette précieuse Pierre avec soin et avec peine, jusqu'à ce qu'ils a trouvent par leurs prières et leur travail. Car si Dieu (comme on n'en peut douter) ne donne point à connaître cette admirable Pierre (quoique terrestre seulement) à tous les Hommes de mauvaise volonté, à cause qu'elle est un petit crayon de cette sainte et céleste Pierre angulaire, quel sentiment devons-nous avoir de cette authentique et inestimable Pierre que tous les Anges et Archanges adorent ? Bien toutefois qu'il n'y ait aucun Homme qui ne se tienne assuré de l'acquérir sans peine, pourvu qu'étant régénéré il fasse profession de la Foi, qu'il la publie de bouche, qu'il n'en conçoive aucun doute et qu'il n'en forme point de contestation, il entrera dans la porte étroite du Paradis, avec tous les saints personnages du vieil et du nouveau Testament.

Quant à nous, nous savons très certainement que toute la Théologie et la Philosophie sont vaines sans cette huile incombustible. Car tout ainsi que les cinq Métaux imparfaits meurent dans l'examen du feu, s'ils ne sont teints et amenés à leur perfection par le moyen de cette huile incombustible (que les Philosophes nomment leur Pierre), de même les cinq Vierges folles qui, à l'avenue de leur Roi et leur Époux, n'auront point la véritable huile dans leurs lampes périront indubitablement. « Car le Roi comme il se voit en *Saint Matthieu*, Chap. 25. 41. 42. 43.) rangera à sa gauche ceux qui n'ont point l'huile de charité et de miséricorde et leur dira : Éloignez-vous de moi, maudits que vous êtes, allez au feu éternel qui est préparé au Diable et ses Anges. Car j'ai eu faim, et vous ne m'avez point donné à manger : j'ai eu soif, et vous ne m'avez point donné à boire : j'étais étranger, et vous ne m'avez point logé : j'étais nu, et vous ne m'avez point couvert : j'étais malade et prisonnier, et vous ne m'avez point visité. » Au contraire, tout ainsi que ceux qui s'efforcent sans cesse à connaître les merveilleux secrets de Dieu et demandent avec grand zèle au Père des Lumières qu'il les veuille illuminer, reçoivent enfin l'esprit de la Sagesse divine, qui les conduit en toute vérité et les unit par leur vive foi avec ce Lion vainqueur de la tribu de Juda, lequel seul délie et ouvre le Livre de la régénération, scellé aux sept sceaux dans chacun des Fidèles. De sorte qu'en lui naît cet Agneau qui, dès le commencement, fut sacrifié, qui seul est le Seigneur des Seigneurs, et qui attache le vieil Adam à la Croix de son humilité et de sa douceur, et réengendre un nouvel Homme par la semence du Verbe divin.

De même aussi voyons-nous une représentation fidèle de cette régénération en l'œuvre des Philosophes, dans lequel il y a ce seul Lion vert, qui ferme et ouvre les sept sceaux indissolubles des sept esprits métalliques, et qui tourmente les corps jusqu'à ce qu'il les ait entièrement perfectionnés par le moyen d'une longue et ferme patience de l'artiste. Car celui-là ressemble aussi à cet Agneau auquel, et non à d'autres, les sept sceaux de la Nature seront ouverts.

Ô Enfant de la Lumière ! qui êtes toujours victorieux par la vertu de l'Agneau divin, toutes les choses que Dieu a jamais créées serviront pour le bonheur temporel et éternel, comme nous en avons la promesse de la propre bouche de Notre-Seigneur Jésus-Christ, par laquelle il a voulu marquer de suite ces seize sortes de Béatitudes, qu'il a réitérées, *en S. Math.* chap. 5. *et en l'Apocal.* chap. 2. et 21. dans ces termes :

1. *Bienheureux sont les pauvres d'esprit; car le Royaume des Cieux est à eux.*
   À celui qui vaincra, je lui donnerai à manger de l'Arbre de vie, lequel est au Paradis de mon Dieu.
2. *Bienheureux sont ceux qui mènent deuil : car ils seront consolés.*
   Celui qui vaincra, ne sera point offensé par la mort seconde.
3. *Bienheureux sont les débonnaires : car ils habiteront la terre par droit d'héritage.*
   À celui qui vaincra, je lui donnerai à manger de la Manne qui est cachée, et lui donnerai un caillou blanc, et au caillou un nouveau nom écrit, que nul ne connaît, sinon celui qui le reçoit.
4. *Bienheureux sont ceux qui ont faim et soif de justice : car ils seront saoulés.*
   Celui qui aura vaincu, et aura gardé mes œuvres jusqu'à la fin, je lui donnerai la puissance des Nations. Et il les gouvernera avec une verge de fer, et seront brisées comme des vaisseaux du Potier. Comme j'ai aussi reçu de mon Père. Et je lui donnerai l'Étoile du matin.
5. *Bienheureux sont les miséricordieux : car miséricorde leur sera faite.*
   Celui qui vaincra, sera ainsi vêtu de vêtements blancs ; et je n'effacerai point son nom du Livre de vie, et je confesserai son nom devant mon Père et devant ses Anges.

6. *Bienheureux sont ceux qui sont nets de cœur : car ils verront Dieu.*
Celui qui vaincra, je le ferai être une colonne au Temple de mon Dieu, et il ne sortira plus dehors : et j'écrirai sur lui le nom de mon Dieu, et le nom de la Cité de mon Dieu, qui est la nouvelle Jérusalem, laquelle descend du Ciel de devers mon Dieu ; et mon nouveau nom.
7. *Bienheureux sont ceux qui procurent la paix : car ils seront appelés enfants de Dieu.*
Celui qui vaincra, je le ferais sortir avec moi en mon Trône : ainsi que j'ai aussi vaincu, et suis assis avec mon Père à son Trône.
8. *Bienheureux sont ceux qui sont persécutés par justice : car le Royaume des Cieux est à eux.*
Celui qui sera vainqueur, obtiendra toutes choses par un droit héréditaire ; et je serais son Dieu, et il sera mon fils.

Reprenons donc, mes frères, par la grâce de notre Dieu miséricordieux un esprit laborieux pour combattre un bon combat : car celui qui n'aura pas dûment combattu ne sera point couronné, parce que Dieu ne bous accorde point ses dons temporels qu'à force de sueur et de travail, selon le témoignage universel de tous les Philosophes, et de Hermès même, qui assure que, pour acquérir cette benoîte Diane et cette Lunaire blanche comme lait, il a souffert plusieurs travaux d'esprit, de même que chacun peut conjecturer. Car comme notre Sel au commencement est un sujet terrestre, pesant, rude, impur, chaotique, gluant, visqueux, et un corps ayant la forme d'une eau nébuleuse, il est nécessaire qu'il soit dissout, qu'il soit séparé de son impureté, de tous ces accidents terrestres et aqueux et de son ombre épaisse et grossière ; et surtout, qu'il soit extrêmement sublimé, afin que ce Sel cristallin des métaux, exempt de toutes fèces, purgé de toute sa noirceur, de sa putréfaction et de sa lèpre, devienne très, pur et souverainement clarifié, blanc comme neige, fondant et fluant comme Cire.

Discours traduit de vers

Le Sel est la seule et unique clef ;
Sans Sel notre Art ne saurait aucunement subsister.
Et quoique ce sel (afin que je vous en avertisse)
N'ait point apparence de Sel au commencement,
Toutefois, c'est véritablement un Sel, qui sans doute
Est tout à fait noir et puant en son commencement,
Mais qui, dans l'opération et par le travail,
Aura la ressemblance de la présure du Sang :
Puis après il deviendra tout à fait blanc et clair
En se dissolvant et se fermentant soi-même.

CHAPITRE VI :
Du mariage du serviteur rouge avec la femme blanche

Il y en a plusieurs qui croient savoir la manière de faire la Teinture des Philosophes : mais lorsqu'ils sont aux épreuves avec notre serviteur rouge, à peine croirait-on combien le nombre de ceux qui réussissent est très petit, et combien il s'en rencontre peu en tout le monde qui méritent le nom de véritables Philosophes. Car où est-ce qu'on peut trouver un Livre qui donne une suffisante instruction sur ce sujet, puisque tous les Philosophes l'ont enveloppé dans le silence et qu'ils l'ont ainsi voulu cacher exprès, de même que notre bien-aimé père l'a dit en manière de révélation aux inquisiteurs de cet Art, auxquels il n'a presque rien laissé d'excellent que ce peu de paroles : *Une seule chose, mêlée avec une eau Philosophique.*

Et il ne faut point douter que cette chose n'ait donné beaucoup de peine à quelques Philosophes, avant que de passer cette forêt, pour commencer leur première opération, comme nous en avons un exemple considérable en l'Auteur de l'*Arche-ouverte*, communément appelé le disciple du grand et petit paysan (qui possède les manuscrits de défunt son vénérable et digne précepteur, et qui a eu une parfaite connaissance de l'Art Philosophique il y a déjà trente ans), lequel nous a raconté ce qui arriva à son maître en ce point, c'est-à-dire en sa première opération, par laquelle il ne put de prime abord, quelque moyen ou industrie qu'il apportât, faire en sorte que les Soufres se mêlassent ensemble et fissent coït, parce que le Soleil nageait toujours au-dessus de la Lune. Ce qui lui donna un grand déplaisir et fut cause qu'il entreprit de nouveau plusieurs voyages fâcheux et difficiles, dans le dessein de s'éclaircir en ce point par quelqu'un qui serait peut-être possesseur de la Pierre, comme il lui arriva selon son souhait, en telle sorte qu'il ne s'est encore trouvé personne qui ait surpassé son expérience, car il connaissait effectivement la plus prochaine et la plus abrégée voie de cet œuvre, d'autant qu'en l'espace de trente jours il achevait le secret de la Pierre, au lieu que les autres Philosophes sont obligés de tenir leur matière en digestion premièrement pendant sept mois, et après, pendant dix mois continus.

Ce que nous avons voulu faire remarquer à ceux qui s'imaginent et se croient être grands Philosophes, et qui n'ont jamais mis la main aux opérations, afin qu'ils considèrent en eux-mêmes si quelque chose leur manque ; car avant ce passage, il arrive souventes fois que les Artistes présomptueux sont contraints d'avouer leur ignorance et leur témérité. Il s'en rencontre même quelques-uns, parmi les plus grands Docteurs et parmi les personnes de grand savoir, qui se persuadent que notre serviteur rouge digeste se doit extraire de l'or commun par le moyen d'une eau mercuriale, laquelle erreur le très savant Auteur de *l'ancien duel Chimique* a autrefois démontrée, en un discours qu'il a composé où il fait parler la Pierre de cette sorte : « Quelques-uns se sont tellement écartés loin de moi, qu'encore qu'ils aient su extraire mon esprit tingent qu'ils ont mêlé avec les autres métaux et minéraux, après plusieurs travaux je ne leur ai accordé que la jouissance de quelque petite portion de ma vertu, pour en améliorer les métaux qui me sont les plus prochains et les plus alliés ; mais si ces Philosophes eussent recherché ma propre femme et qu'ils m'eussent joint avec elle, j'aurais produit mille fois davantage de teinture, etc. »

Quant à ce qui regarde notre conjonction, il se trouve deux différentes manières de conjoindre, donc l'une est humide et l'autre sèche. Le Soleil a trois parties de son eau, sa femme en a neuf, ou le Soleil en a deux et la femme en a sept. Et tout ainsi que la semence de l'homme est en une seule fois toute infuse dans la matrice de la femme qui se ferme en un moment jusqu'à l'enfantement, de même, dans notre œuvre, nous conjoignons deux eaux, le Soufre de l'or, et l'âme et le corps de son Mercure : le Soleil et la Lune, le mari et la femme, deux semences, deux argents-vifs, et nous faisons de ces deux notre Mercure vif, et de ce Mercure la Pierre des Philosophes.

Discours traduit de vers

Après que la terre est bien préparée,
Pour boire son humidité,
Alors prenez ensemble l'Esprit, l'âme et la vie,
Et les donnez à la terre.
Car qu'est-ce que la terre sans semence ?
C'est un corps sans âme.
Vous remarquerez donc et vous observerez

*Que le Mercure est ramené à sa mère
De laquelle il a pris son origine;
Jetez-le donc en icelle, et il vous sera utile:
La semence dissoudra la terre,
Et la terre coagulera la semence.*

CHAPITRE VII : Des degrés du feu

Dans la coction de notre Sel, la chaleur externe de la première opération s'appelle élixation, et elle se fait dans l'humidité ; mais la tiédeur de la seconde opération se parachève dans la sécheresse, et elle est nommée assation. Les Philosophes nous ont désigné ces deux feux en cette sorte : *Il faut cuire notre Pierre par élixation et assation.*

Notre béni ouvrage désire d'être réglé conformément aux quatre saisons de l'année. Et comme la première partie, qui est l'Hiver, est froide et humide ; la seconde, qui est le Printemps, est tiède et humide ; la troisième, qui est l'Été, est et chaude et sèche ; et la quatrième, qui est l'Automne, est destinée pour cueillir les fruits : De même le premier régime du feu doit être semblable à la chaleur d'une poule qui couve ses œufs pour faire éclore ses poulets, ou comme la chaleur de l'estomac qui cuit et digère les viandes qui nourrissent le corps, ou comme la chaleur du Soleil lorsqu'il est au signe du Bélier ; et cette tiédeur dure jusqu'à la noirceur, et même jusqu'à ce que la matière devienne blanche. Que si vous ne gardez point ce régime et que votre matière soit trop chauffée, vous ne verrez point la désirée tête du corbeau ; mais vous verrez malheureusement une prompte et passagère rougeur semblable au pavot sauvage, ou bien une huile rousse surnageante, ou que votre matière aura commencé de se sublimer ; que si cela arrive, il faut nécessairement retirer votre composé, le dissoudre et l'imbiber de notre lait virginal, et commencer derechef votre digestion avec plus de précaution jusqu'à ce que tel défaut n'apparaisse plus. Et quand vous verrez la blancheur, vous augmenterez le feu jusqu'à l'entier dessèchement de la Pierre, laquelle chaleur doit imiter celle du Soleil, lorsqu'il passe du Taureau dans les Gémeaux; et après la dessiccation, il faut encore prudemment augmenter votre feu, jusqu'à la parfaite rougeur de votre matière, laquelle chaleur est semblable à celle du Soleil dans le signe du Lion.

Discours traduit de vers

Prenez bien garde aux avertissements que je vous ai donnés,
Pour le régime de votre feu doux,
Et ainsi vous pourrez espérer toutes sortes de prospérités
Et participer quelque jour à ce trésor;
Mais il faut que vous connaissiez auparavant
Le feu vaporeux suivant la pensée des Sages,
Parce que ce feu n'est pas Élémentaire,
Ou matériel et autre semblable;
Mais c'est plutôt une eau sèche tirée du Mercure:
Ce feu est surnaturel,
Essentiel, céleste et pur,
Dans lequel le Soleil et la Lune sont conjoints.
Gouvernez ce feu par le régime d'un feu extérieur,
Et conduisez votre ouvrage jusqu'à la fin.

CHAPITRE VIII :
De la vertu admirable
de notre Pierre salée et aqueuse

Celui qui aura reçu tant de grâces du Père des lumières, que d'obtenir en cette vie le don inestimable de la Pierre Philosophale, peut non seulement être assuré qu'il possède un trésor de si grand prix, que tout le monde ensemble et tous les Monarques mêmes qui l'habitent de toutes parts ne le sauraient jamais payer, mais encore il doit être persuadé qu'il a une marque très évidente de l'amour que Dieu lui porte et de la promesse que la Sagesse divine (qui donne un tel don) a faite en sa faveur de lui accorder pour jamais une éternelle demeure avec elle et une parfaite union d'un mariage céleste, laquelle nous souhaitons de tout notre cœur à tous les Chrétiens ; car c'est le centre de tous les trésors, suivant le témoignage de Salomon, *au 7. De la Sag.*, où il dit : « J'ai préféré la Sagesse au Royaume et à la Principauté, et je n'ai point fait état de toutes les richesses en comparaison d'icelle. Je n'ai pas mis en parallèle avec elle aucune pierre précieuse ; car tout l'Or n'est qu'un sable vil à son égard, et l'Argent n'est que de la boue. Je l'ai aimée par-dessus la santé et la beauté du corps et je l'ai choisie pour ma lumière, les rayons de laquelle ne s'éteignent jamais. Sa possession m'a donné tous les biens imaginables, et j'ai trouvé qu'elle avait dans sa main des richesses infinies, etc. »

Quant à notre Pierre Philosophale, l'on y peut assez

commodément remarquer toutes ces merveilles, premièrement le sacré mystère de la très sainte Trinité, l'œuvre de la Création, de la rédemption, de la régénération, et l'état futur de la félicité éternelle.

Secondement, notre Pierre chasse et guérit toutes sortes de maladies quelles qu'elles soient, et conserve un chacun en santé, jusqu'au dernier terme de sa vie, qui est lorsque l'esprit de l'homme, venant à s'éteindre à la façon d'une chandelle, s'évanouit doucement, et passe dans la main de Dieu.

En troisième lieu, elle teint et change tous les métaux en Argent et en Or, meilleurs que ceux que la Nature a coutume de produire : et par son moyen, les pierres et tous les cristaux les plus vils peuvent être transformés en pierres précieuses. Mais parce que notre intention est de changer les métaux en Or, il faut qu'ils soient auparavant fermentés avec de l'Or très bon et très pur, car autrement les métaux imparfaits ne pourraient pas supporter sa trop grande et suprême subtilité, mais il arriverait plutôt de la perte et du dommage dans la projection. Il faut aussi purifier les métaux imparfaits et impurs si l'on veut en tirer du profit. Une dragme d'Or suffit pour la fermentation au rouge, et une dragme d'Argent pour la fermentation au blanc : et il ne faut pas se mettre en peine d'acheter de l'Or ou de l'Argent pour faire cette fermentation, parce qu'avec une seule très petite partie l'on peut en après augmenter de plus en plus la teinture, en telle sorte qu'on pourrait charger des navires entiers du métal précieux qui proviendrait de cette confection. Car si cette médecine est multipliée et qu'elle soit derechef dissoute et coagulée par l'eau de son Mercure blanc ou rouge, de laquelle elle a été préparée, alors cette vertu teingente augmentera à chaque fois de dix degrés de perfection, ce que l'on pourra recommencer autant de fois que l'on voudra.

Le Rosaire dit : « Celui qui aura une fois parachevé cet Art, quand il devrait vivre mille milliers d'années, et chaque jour, nourrir quatre mille hommes, néanmoins il n'aurait point d'indigence. »

L'Auteur de l'*Aurore apparaissante* dit : « C'est elle qui est la fille des Sages, et qui a en son pouvoir l'autorité, l'honneur, la vertu et l'empire, qui a sur sa tête la couronne fleurissante du Royaume, environnée des rayons des sept brillantes Étoiles, et comme l'épouse ornée par son mari, elle porte écrit sur ses habits en lettres dorées Grecques, Barbares et Latines : Je suis l'unique fille des Sages, tout à fait inconnue aux fous. Ô heureuse Science, ô heureux savant ! car quiconque la connaît, il possède un trésor incomparable, parce qu'il est riche devant Dieu et honoré de tous les hommes, non pas par usure, par fraude, ni par de mauvais commerces, ni par l'oppression des pauvres, comme les riches de ce monde font gloire de s'enrichir, mais par le moyen de son industrie et par le travail de ses propres mains. »

C'est pourquoi ce n'est pas sans raison que les Philosophes concluent qu'il faut expliquer les deux Énigmes suivantes de la Teinture blanche, ou rouge, ou de leur Urim et Thumin :

Discours traduit de vers

La Lune

Ici est née une divine et Auguste Impératrice,
Les Maîtres, d'un commun consentement, la nomment leur fille.
Elle se multiplie soi-même, et produit un grand nombre d'enfants
Purs, Immortels, et sans tache.
Cette Reine a de la haine pour la mort et pour la pauvreté;
Elle surpasse par son excellence l'or, l'argent, et les pierres précieuses.
Elle a plus de pouvoir que tous les remèdes quels qu'ils soient.
Il n'y a rien en tout le monde qui lui puisse être comparé,
À raison de quoi nous rendons grâces à Dieu, qui est ès Cieux.

Le Soleil

Ici est né un Empereur tout plein d'honneurs,
Il n'en peut jamais naître un plus grand que lui,
Ni par Art, ni par Nature,
Entre toutes les choses créées.
Les Philosophes l'appellent leur fils,
Qui a le pouvoir et la force de produire divers effets.
Il donne à l'homme tout ce qu'il désire de lui.
Il lui octroie une santé persévérante,
L'or, l'argent, les pierres précieuses,
La force, et une belle et sincère jeunesse.

Il détruit la colère, la tristesse, la pauvreté, et toutes les langueurs.
Ô trois fois heureux celui qui a obtenu de Dieu une telle grâce.

RÉCAPITULATION

Mon cher frère et fils Inquisiteur de cet Art, reprenons dès le commencement toutes les choses qui te seront principalement nécessaires, si tu désires que ta recherche soit aidée et suivie d'un bon succès.

Premièrement et avant toutes choses, tu dois fortement t'imprimer en la mémoire que sans la miséricorde de Dieu tu es tout à fait malheureux, et plus misérable que le Diable même, au pouvoir duquel sont tous les damnés, parce que t'ayant donné une âme immortelle, veuilles ou ne veuilles pas, tu dois vivre toute une éternité, ou avec Dieu parmi les Saints dans un bonheur inconcevable, ou avec Satan parmi les damnés dans des tourments qu'on ne peut exprimer. C'est pourquoi adore Dieu de tout ton cœur, afin qu'il veuille te sauver pour toute l'éternité; emploie toutes tes forces pour suivre les saints commandements, qui sont la règle de ta vie, comme le Sauveur nous l'a enjoint par ces paroles: *Cherchez premièrement le Royaume de Dieu et toutes les autres choses vous seront données.* Par ce moyen vous imiterez les Sages nos prédécesseurs, et vous observerez la méthode dont ils se sont servis pour se mettre en grâce auprès de ce redoutable Seigneur (devant lequel Daniel le Prophète a vu un mille millions d'assistants et un grand nombre de myriades qui le servaient). De même que ce très Sage Salomon nous a fidèlement indiqué le chemin qu'il a gardé pour obtenir la véritable Sagesse par le moyen de cette doctrine qui est la meilleure et qu'il nous faut entièrement imiter. « J'ai été (dit-il) un enfant doué de bonnes qualités, et parce que j'avais reçu une bonne éducation, je me trouvai avoir atteint l'âge d'adolescence dans une vie sans crime et sans reproche : mais après que j'eus reconnu que j'avais encore de moindres dispositions qu'aucun autre homme pour devenir vertueux si Dieu ne m'accordait cette grâce (et que cela même était Sapience de savoir de qui était ce don), je m'en allai au Seigneur je le priai et lui dis de tout mon cœur : Ô Dieu de mes Pères, et Seigneur de miséricorde, qui avez fait toutes choses par votre parole, et qui, par votre Sagesse avez constitué l'homme pour dominer sur toutes les créatures que vous avez faites, pour disposer toute la terre en justice, et pour juger en équité de cœur : donnez-moi, je vous prie, la Sagesse, qui environne sans cesse le trône de votre divine Majesté, et ne me rejetez point du nombre de vos enfants : Car je suis votre serviteur et le fils de votre servante ; je suis homme faible et de petite durée, et encore trop incapable en intelligence de jugement et des lois, etc. »

En cette manière tu pourras aussi plaire à Dieu, pourvu que ce soit là ta principale étude ; puis après, il te sera licite et même convenable que tu songes au moyen de t'entretenir honnêtement pendant cette vie, de sorte que tu vives non seulement sans être à charge à ton prochain, mais encore que tu aides aux pauvres selon que l'occasion s'en présentera. Ce que l'Art des Philosophes donne très facilement à tous ceux auxquels Dieu permet que cette science, comme une de ses grâces particulières, soit connue : Mais il n'a pas coutume de le faire à moins qu'il n'y soit excité par de ferventes prières et par la sainteté de vie de celui qui demande cette insigne faveur, et il ne veut pas même accorder immédiatement la connaissance de cet Art à quelque personne que ce soit, mais toujours par des dispositions moyennes, savoir par les enseignements et par le travail des mains, auxquels il donne entièrement sa bénédiction, s'il en est invoqué de bon cœur; au lieu que quand on ne le prie pas, il en arrête l'effet, soit en mettant obstacle aux choses commencées, soit en permettant qu'elles finissent par un mauvais événement.

Au reste, pour acquérir cette science, il faut étudier, lire et méditer, afin que tu puisses connaître la voie de la Nature, que l'Art doit nécessairement suivre. L'étude et la lecture consistent dans les bons et véritables Auteurs qui ont en effet expérimenté la vérité de cette science, et l'ont communiquée à la postérité, et auxquels il y a de la certitude de croire dans leur Art: Car ils ont été hommes de conscience et éloignés de tous mensonges, encore bien que, pour plusieurs raisons, ils aient écrit obscurément. Pour toi, tu dois rapporter ce qu'ils ont enveloppé dans l'obscurité avec les opérations de la Nature, et prendre garde de quelle semence elle se sert pour produire et engendrer chaque chose; par exemple, cet arbre-ci, ou cet arbre-là ne se fait pas de toutes sortes de choses, mais seulement d'une semence ou d'une racine qui soit de son même genre. Il en va de même de l'Art des Philosophes, lequel pareillement a une détermination certaine et assurée, car il ne teint rien en or ou en argent, que le genre Mercurial métallique, lequel il condense en une masse malléable et qui souffre le marteau, persévérante au feu, laquelle soit colorée d'une couleur très parfaite, et qui, en communiquant sa teinture, nettoie et sépare du métal toutes les choses qui ne sont pas de sa nature: il s'ensuit donc que la teinture pareillement est du genre Mercurial métallique destiné pour la perfection de l'or, et qu'il faut tirer son origine, sa racine et sa vertu séminaire du même sujet, duquel sont produits les corps métalliques vulgaires qui souffrent et qui s'étendent sous le marteau. Je te décris clairement en ce lieu la matière de l'Art, laquelle, si tu ne comprends pas encore, tu dois soigneusement t'appliquer à la lecture des Auteurs, jusqu'à ce qu'enfin toutes choses te soient devenues familières.

Après avoir jeté un ferme et solide fondement sur la doctrine des véritables et légitimes possesseurs de la Pierre, il faut venir aux opérations manuelles, et à une due préparation de la matière qui requiert que toutes les fèces et superfluités soient ôtées par notre sublimation, et qu'elle acquière une essence cristalline, salée, aqueuse, spiritueuse, oléagineuse, laquelle, sans addition d'aucune chose hétérogène et de différente nature, et sans aucune diminution et aucune perte de sa vertu séminale générative et multiplicative, doit être amenée jusqu'à un égal tempérament d'humide et de sec, c'est-à-dire du volatil et du fixe, et suivant le procédé de la Nature, élever cette même essence par le moyen de notre Art jusqu'à une entière perfection, afin qu'elle devienne une Médecine très fixe, qui se puisse résoudre dans toute humeur comme aussi dans toute chaleur aisée, et qu'elle devienne potable, en sorte néanmoins qu'elle ne s'évapore pas, comme font ordinairement les remèdes vulgaires, lesquels manquent toujours de cette principale vertu qu'ils doivent avoir pour remédier, parce que, comme impuissants et imparfaits, ou ils sont élevés par la chaleur, ou ils ne le sont pas : que s'ils sont élevés, ce ne sont peut-être que certaines eaux subtiles distillées, c'est-à-dire des esprits, si légères et si faciles à s'élever, que, par la chaleur du corps, laquelle elles augmentent jusqu'à causer frémissement, elles sont aussitôt sublimées et portées en haut, montant à la tête et là cherchant une sortie (de même que l'esprit de vin a coutume de faire en ceux qui sont ivres), et l'évaporation ne s'en pouvant faire à cause que le crâne est fermé, elles s'efforcent de sortir impétueusement, de la même manière qu'il a coutume d'arriver en la distillation artificielle, lors quelquefois que les esprits ramassés et devenus puissants font rompre le vaisseau qui les contient. Que si les remèdes vulgaires ne se peuvent élever, ce sont peut-être des sels qui sont privés de tout suc de vie à cause d'un feu très violent, et ne peuvent que très peu remédier à une maladie langoureuse : car comme une lampe ardente se nourrit d'huile et de graisse, laquelle étant consommée s'éteint : de même aussi la mèche qui entretient la vie se sustente d'un baume de vie succulent et huileux, et se mouche par le moyen des plus excellents remèdes, comme on fait communément une chandelle par une mouchette ; et parce que notre Médecine très assurément est composée du Soleil et de ses rayons mêmes, l'on peut conjecturer combien elle a de vertu par-dessus tous les autres médicaments, puisque le seul Soleil dans toute la Nature allume et conserve la vie ; car sans Soleil toutes choses gèleraient et rien ne croîtrait en ce monde ; les rayons du Soleil font verdoyer et croître toutes choses : et le Soleil donne vie à tous les corps sublunaires, les fait pousser, végéter, mouvoir et multiplier, ce qui se fait par l'irradiation vivifiante du Soleil. Mais cette vertu solaire est mille fois plus forte, plus efficace et plus salutaire dans son véritable fils, qui est le sujet des Philosophes, car là où il est engendré, il faut auparavant que les rayons du Soleil, de la Lune, des Étoiles et de toutes les vertus de la Nature se soient accumulés en ce lieu magnétique par l'espace de plusieurs siècles, et qu'ils se soient comme renfermés ensemble dans un vase très clos et serré, lesquels puis après, étant empêchés de sortir, réprimés et rétrécis, se changent en cet admirable sujet et engendrent d'eux-mêmes l'or du vulgaire ; ce qui marque assez combien son origine est remplie de vertu, puisqu'il triomphe entièrement de toute la violence du feu quel que ce puisse être, en sorte qu'il ne se trouve rien dans tout le monde de plus parfait après notre sujet ; et si on le trouvait dans son dernier état de perfection, fait et composé par la Nature, qu'il fût fusible comme de la cire ou du beurre, et que sa rougeur et sa diaphanéité et clarté parût au-dehors, ce serait là véritablement notre benoîte Pierre : ce qui n'est pas. Néanmoins la prenant dès son premier principe, on la peut mener à la plus haute perfection qu'il y ait par le moyen de ce souverain Art Philosophique, fondamentalement expliqué dans les Livres des Anciens Sages.

DIALOGUE
Qui découvre plus amplement la préparation de la Pierre Philosophale

Vous avez vu par les Traités précédents que l'Assemblée des Alchimistes et Distillateurs, qui disputaient fortement de la Pierre des Philosophes, fut interrompue par un orage imprévu, comme ils furent dispersés et divisés en plusieurs différentes Provinces sans avoir pris aucune détermination certaine, et comme chacun d'eux est demeuré sans conclusion. Ce qui a donné lieu à un nombre infini de Sophistications et de procédés trompeurs et erronés, parce que cette malheureuse tempête ayant empêché une finale décision de tous leurs différends, un chacun d'eux a resté dans l'opinion imaginaire qu'il s'était figurée, laquelle il a suivie après dans ses opérations. Une partie de ces docteurs Chimistes, qui avaient assisté à cette Assemblée, avaient lu les écrits des véritables Philosophes qui nous proposent tantôt que le Mercure, tantôt que le Soufre, tantôt que le Sel est la matière de leur Pierre. Mais parce que ces Sophisticateurs ont mal entendu la pensée des Anciens et qu'ils ont cru que l'argent-vif, le Soufre et le Sel vulgaires étaient les choses qu'il fallait prendre pour la confection de la Pierre, et après avoir été dispersés en plusieurs endroits de la terre, ils en ont fait les épreuves de toutes les façons imaginables. Quelqu'un d'entre eux a remarqué dans Geber cette maxime digne de considération : « Les Anciens, parlant du Sel, ont conclu que c'était le savon des Sages, la clef qui ferme et ouvre, et qui ferme derechef et personne n'ouvre ; sans laquelle clef ils disent qu'aucun homme dans ce monde ne saurait parvenir à la perfection de cet œuvre, c'est-à-dire s'il ne sait calciner le Sel après l'avoir préparé, et alors il s'appelle Sel fusible. » De même qu'il a lu en un autre Auteur que, *Celui qui connaît le Sel et sa dissolution, sait le secret caché des anciens Sages*. Cet Alchimiste se persuada par ces paroles qu'il fallait travailler sur le Sel commun, dont il apprit à préparer un esprit subtil, avec lequel il dissolvait l'or du vulgaire, et en tirait sa couleur citrine et sa teinture, laquelle il s'étudiait de joindre et unir aux métaux imparfaits, afin que par ce moyen ils se changeassent en or : mais tous ces travaux n'eurent aucun succès, quelque peine qu'il y pût prendre. Ce qu'il devait déjà savoir du même Geber, lorsqu'il dit : « Que tous les corps imparfaits ne se peuvent aucunement perfectionner par le mélange avec les corps que la Nature a rendus simplement parfaits, parce que, dans le premier degré de leur perfection, ils ont seulement acquis une simple forme pour eux, par laquelle ils étaient perfectionnés par la Nature, et que comme morts ils n'ont aucune perfection superflue qu'ils puissent communiquer aux autres, et ce pour deux raisons : la première à cause que, par ce mélange d'imperfection, ils sont rendus imparfaits, vu qu'ils n'ont pas plus de perfection qu'ils en ont besoin pour eux-mêmes ; et la dernière, à cause que par cette voie leurs principes ne peuvent pas se mêler intimement et en toutes les plus petites parties, d'autant que les corps ne se pénètrent point l'un l'autre, etc. » Après cela, cette autre sentence de Hermès tomba dans la pensée de notre Artiste, savoir que *le Sel des métaux est la Pierre des Philosophes.* Il concluait donc en lui-même que le Sel du vulgaire ne devait pas être la chose dont les Philosophes entendaient parler, mais qu'il la fallait extraire des métaux. C'est pourquoi il se mit à calciner les métaux avec un feu violent, à les dissoudre en des eaux-fortes, les corroder, les détruire, préparer les Sels : il inventait pour son dessein plusieurs manières de dissoudre les métaux, pour les faire fondre aisément, et telles autres infinies opérations vaines et superflues : mais il ne put jamais par tous ces moyens venir à la fin de son désir. Ce qui le faisait encore douter touchant les Sels et les matières dont nous avons parlé, en sorte qu'il ne cessait de regarder dans les livres des uns et des autres Philosophes. Il feuilletait toujours, espérant de rencontrer quelque passage formel touchant la matière, et il fit tant qu'il découvrit cet axiome : *Notre Pierre est Sel, et notre Sel est une terre, et cette terre est vierge.* S'arrêtant à peser profondément ces paroles, il lui sembla tout à coup que son esprit était fort éclairé, et il commençait à reconnaître que ses travaux précédents n'avaient point réussi selon son souhait, à cause que, jusqu'à présent, il avait manqué de ce Sel virginal, et qu'on ne saurait en aucune façon avoir ce Sel vierge sur la terre, ni sur sa superficie universelle, parce que tout le dessus de la terre est couvert d'herbes, de fleurs et de plantes, dont les racines, par leurs fibres, attireraient et suceraient le Sel vierge d'où elles prendraient leur croissance, et ainsi tout ce Sel serait privé de sa virginité et se trouverait comme imprégné. Il s'étonnait encore d'où provenait sa première stupidité de ce qu'il n'avait pu comprendre plus tôt ces choses dans les Livres des Philosophes qui en parlent si clairement, comme dans *Morien* qui dit: Notre eau croît dans les montagnes et dans les vallées. Dans *Aristote*: Notre eau est sèche. Dans *Danthyn*: Notre eau se trouve dans les vieilles étables, les retraits et les égouts puants. Dans *Alphidius*: Notre Pierre se rencontre en toutes les choses qui sont au monde, et partout, et elle se trouve jetée dans le chemin, et Dieu ne l'a point mise à un haut prix pour l'acheter, afin que les pauvres aussi bien que les riches la puissent avoir. Hé quoi! (pensait-il en soi-même) ce Sel n'est-il pas marqué manifestement en tous ces endroits? Il est véritablement la pierre et l'eau sèche, qui se peut trouver en toutes choses, et dans les cloaques mêmes; d'autant que tous corps sont composés de lui, se nourrissent de lui, et s'augmentent par son moyen, et par leurs corruptions, se résolvent en lui, et aussi parce qu'une grande quantité de ce Sel gras cause la fertilité. Ce que les plus ignorants laboureurs possèdent mieux que nous qui sommes doctes, lorsque pour refaire les lieux qui sont stériles à cause de la sécheresse, ils se servent d'un fumier pourri et d'un Sel gras et enflé, considérant très bien qu'une terre maigre ne peut pas être fertile. La Nature a aussi découvert à quelques-uns que la maigreur d'une terre sans humeur se pouvait améliorer semblablement par un Sel de cendres; c'est pour cela qu'en quelques endroits les laboureurs prennent du cuir, qu'ils coupent en pièces, le brûlent et en jettent [a cendre sur des terres maigres pour leur donner la fertilité comme on fait en Denbighshire qui est une province d'Angleterre : Nous avons encore un ancien témoignage de cet usage dans Virgile. Ce que les Philosophes nous ont déclaré lorsqu'ils ont écrit que leur sujet était la force forte de toute force, et c'est à vrai dire, le Sel de la terre qui se montre tel : Car où est-ce qu'on trouve jamais une force et une vertu plus épouvantables que dans le Sel de la terre, savoir le nitre, qui est un foudre à l'impétuosité duquel rien ne peut résister ?

Notre Alchimiste par cette considération et autres semblables, croyait déjà avoir atteint le but de la vérité et se réjouissait grandement en lui-même de ce qu'entre un mille million d'autres lui seul était parvenu à une connaissance si haute et si relevée ; il faisait déjà mépris des plus savants, voire même presque de tous les autres hommes, de ce qu'ils croupissaient toujours dans le bourbier de l'ignorance, et qu'ils n'étaient pas encore montés comme lui jusqu'au faîte de la plus fine Philosophie, et que là ils n'étaient pas devenus riches d'eux-mêmes, puisqu'il y avait une infinité de trésors cachés dans le Sel vierge des Philosophes ; après, il se mettait en l'esprit que pour acquérir ce Sel de virginité, il fouillerait jusque sous le fondement des racines, en un certain lieu de terre grasse, pour en extraire une terre vierge qui n'eût point encore été imprégnée ; établissant mal à propos cette maxime que, *pour obtenir l'eau vive de Sel nitre, il fallait fouir dans une fosse profondément jusqu'aux genoux*, laquelle rêverie il ne se contenta pas seulement de poursuivre par son labeur, mais encore il la rendit publique par un discours qu'il fit imprimer, dans lequel il soutenait que c'était la véritable pensée de tous les Philosophes. Il s'aheurtait si fortement à cette opinion vaine et imaginaire qu'il dépensait tout son bien, de sorte qu'il se vit réduit en grande pauvreté et accablé de douleurs et d'ennui, déplorant la perte irréparable de son argent, de son temps, et de ses peines. Ce dommage fut accompagné de soins fâcheux, d'angoisse, d'inquiétude et de veilles, lesquelles augmentant de jour en jour, il se résolut enfin de retourner au lieu où il avait été auparavant pour fouir profondément cette terre qu'il avait cru être la terre philosophique, et il continua de vomir ses injures et ses imprécations jusqu'à ce qu'il fût surpris de sommeil, dont il avait été privé quelque jour par tant de chagrin et de tristesse ; étant plongé dans ce profond sommeil, il vit paraître en songe une grande troupe d'hommes tous rayonnants de lumière, l'un desquels s'approcha de lui et le reprit de cette sorte. Mon Ami, pourquoi est-ce que vous vomissez tant d'injures, de malédictions et d'exécrations contre les Philosophes qui reposent en Dieu ? Cet Alchimiste, tout étonné, répondit en tremblant : Seigneur, j'ai lu en partie leurs Livres, où j'ai vu qu'on ne pouvait imaginer de louanges qu'ils ne donnassent à leur Pierre, laquelle ils élèvent jusqu'aux Cieux. Ce qui a excité en moi un extrême désir de mettre la main à l'œuvre, et j'ai opéré en toutes choses selon leurs écrits et leurs préceptes, afin d'être participant à leur Pierre : mais je reconnais que leurs paroles m'ont trompé, vu que, par ce moyen, j'ai perdu tous mes biens.

La Vision. Vous leur faites tort, et c'est injustement que vous les accusez d'imposture, car tous ceux que vous voyez ici sont gens bien heureux; ils n'ont jamais écrit aucun mensonge; au contraire ils ne nous ont laissé que la pure vérité, quoique en des paroles cachées et occultes, afin que de si grands mystères ne fussent pas connus par les indignes, car autrement il en naîtrait de grands maux et désordres dans le monde; vous deviez interpréter leurs écrits non pas à la lettre, mais selon l'opération et la possibilité de la Nature; vous ne deviez pas entreprendre auparavant les opérations manuelles, qu'après avoir posé un solide fondement par vos ferventes prières à Dieu, par une assidue lecture et par une étude infatigable; et vous deviez remarquer en quoi les Philosophes s'accordent tous, savoir en une seule chose, qui n'est autre que Sel, Soufre, et Mercure Philosophiques.

L'Alchimiste. Comment saurait-on s'imaginer que le Sel, le Soufre et le Mercure ne puissent être qu'une seule et même chose, puisque ce sont trois choses distinctes?

La Vision. C'est maintenant que vous faites voir que vous avez la cervelle dure et que vous n'y entendez rien; les Philosophes n'ont seulement qu'une chose, qui contient corps, âme et esprit: ils la nomment Sel, Soufre et Mercure, lesquels trois se trouvent en une même substance, et ce sujet est leur Sel.

L'Alch. D'où est-ce qu'on peut avoir ce Sel?

La Vision. Il se tire de l'obscure prison des métaux; vous pouvez avec lui faire des opérations admirables et voir toutes sortes de couleurs; comme aussi transmuer tous les vils métaux en or, mais il faut auparavant que ce sujet soit rendu fixe.

L'Alch. Il y a déjà longtemps que je me romps l'esprit pour travailler à ces opérations métalliques, sans y avoir jamais rien pu trouver de semblable.

La Vision. Vous avez toujours cherché dans les métaux qui sont morts, et qui n'ont pas en eux la vertu du Sel Philosophique, comme vous ne pouvez pas faire que le pain cuit vous serve de semence, non plus que vous ne sauriez engendrer un poulet d'un œuf cuit; mais si vous désirez faire une génération, il faut que vous vous serviez d'une semence pure, vive et sans avoir été gâtée; puisque les métaux du vulgaire sont morts, pourquoi donc cherchez-vous une matière vivante parmi les morts ?

L'Alch. L'or et l'argent ne peuvent-ils pas être vivifiés derechef par le moyen de la dissolution ?

La Vision. L'or et l'argent des Philosophes sont la vie même et n'ont point besoin d'être vivifiés; on les peut même avoir pour rien; mais l'or et l'argent vulgaires se vendent bien chèrement, et ils sont morts, et demeurent toujours morts.

L'Alch. Par quel moyen peut-on avoir cet or vif ?

La Vision. Par la dissolution.

L'Alch. Comment se fait cette dissolution ?

La Vision. Elle se fait en soi-même et par soi-même, sans y ajouter aucune chose étrangère, car la dissolution du corps se fait en son propre sang.

L'Alch. Tout le corps se change-t-il entièrement en eau ?

La Vision. À la vérité il se change tout, mais le vent porte aussi dans son ventre le fils fixe du Soleil, lequel est ce poisson sans os qui nage dans notre mer Philosophique.

L'Alch. Toutes les autres eaux n'ont-elles pas cette même propriété ?

La Vision. Cette eau Philosophique n'est pas une eau de nuées ou de quelque fontaine commune ; mais c'est une eau salée, une gomme blanche, et une eau permanente, laquelle, étant conjointe à son corps, ne le quitte jamais, et quand elle a été digérée pendant l'espace de temps qui lui est nécessaire, on ne l'en peut plus séparer. Cette eau est encore la substance réelle de la vie en la Nature, laquelle a été attirée par l'aimant de l'or, et qui se peut résoudre en une eau claire par l'industrie de l'Artiste : ce que nulle autre eau du monde ne saurait faire.

L'Alch. Cette eau ne donne-t-elle point de fruits ?

La Vision. Puisque cette eau est l'arbre métallique, on y peut enter un petit rejeton ou un petit rameau Solaire, lequel, s'il vient à croître, fait que, par son odeur, tous les métaux imparfaits lui deviennent semblables.

L'Alch. Comment est-ce qu'on procède avec elle ?

La Vision. Il faut la cuire par une continuelle digestion, laquelle se fait premièrement dans l'humidité, puis après dans la sécheresse.

L'Alch. Est-ce toujours une même chose ?

La Vision. En la première opération, il faut séparer le corps, l'âme et l'esprit, et derechef les conjoindre ensemble : que si le Soleil s'est uni à la Lune, pour lors l'âme de soi se sépare de son corps, et ensuite retourne de soi à lui.

L'Alch. Peut-on séparer le corps, l'âme et l'esprit ?

La Vision. Ne vous mettez point en peine sinon de l'eau et de la terre feuillée ; vous ne verrez point l'esprit, car il nage toujours sur l'eau.

L'Alch. Qu'entendez-vous par cette terre feuillée ?

La Vision. N'avez-vous point lu qu'il paraît en notre mer Philosophique une certaine petite Île ? il faut mettre en poudre cette terre ; et puis elle deviendra comme une eau épaisse mêlée avec de l'huile, et c'est là notre terre feuillée, laquelle il vous faut unir par un juste poids avec son eau.

L'Alch. Quel est ce juste poids ?

La Vision. Le poids de l'eau doit être pluriel, et celui de la terre feuillée blanche ou rouge doit être singulier.

L'Alch. Ô Seigneur, votre discours dans ce commencement me semble trop obscur.

La Vision. Je ne me sers point d'autres termes et d'autres noms que de ceux que les Philosophes ont inventés et qu'ils nous ont laissés par écrit. Et toute cette troupe de personnes bienheureuses que vous voyez, ont été pendant leur vie de véritables Philosophes. Une partie desquels étaient grands Princes, et l'autre des Rois ou des Monarques puissants, qui n'ont point eu honte de mettre la main à l'œuvre, pour rechercher par leur travail et par leurs sueurs les secrets de la Nature et dont ils nous ont écrit la vérité. Lisez donc diligemment leurs Livres et ne les injuriez plus dorénavant : mais remarquez leurs très doctes traditions et maximes ; fuyez toutes Sophistiqueries et tous les Alchimistes trompeurs, et enfin vous jouirez du miroir caché de la Nature.

La Vision ayant achevé ce discours, s'évanouit en un instant, l'Alchimiste s'éveillant aussitôt, lequel, considérant en lui-même ce qui s'était passé, ne savait ce qu'il en devait juger ; mais parce que toutes les paroles de la Vision lui avaient resté dans la mémoire, il s'en alla promptement dans sa chambre pour les mettre par écrit. Après, il lut avec attention les Livres des Philosophes, il reconnut par leur lecture ses lourdes fautes passées et ses premières folies. Ayant ainsi découvert le véritable fondement de plus en plus, pour conserver le souvenir il le mit en Rythmes Allemandes, comme il s'ensuit.

Discours traduit de vers

On trouve une chose en ce monde,
Qui est aussi partout et en tout lieu ;
Elle n'est ni terre, ni feu, ni air, ni eau,
Toutefois elle manque d'aucune de ces choses ;
Néanmoins elle peut devenir feu,
Air, eau et terre,
Car elle contient toute la Nature
En soi, purement et sincèrement ;
Elle devient blanche ou rouge, elle est chaude ou froide.
Elle est humide et sèche, et se diversifie de toutes les
façons.
La troupe des Sages l'a seulement connue
Et la nomme son Sel.

*Elle est tirée de leur terre,
Et elle a fait perdre quantité de fous.
Car la terre commune ne vaut ici rien,
Ni le Sel vulgaire en aucune façon,
Mais plutôt le Sel du monde,
Qui contient en soi toute vie.
De lui se fait cette Médecine,
Qui vous garantira de toute maladie.
Si donc vous désirez l'Élixir des Philosophes,
Sans doute cette chose doit être métallique,
Comme le Nature l'a fait,
Et l'a réduit en forme métallique,
Qui s'appelle notre magnésie,
De laquelle notre Sel est extrait ;
Quand vous aurez donc cette même chose,
Préparez-la bien pour votre usage,
Et vous tirerez de ce Sel clair
Son cœur qui est très doux.
Faites-en aussi sortir son âme rouge,
Et son huile douce et excellente.
Et le sang du Soufre s'appelle,
Le Souverain bien dans cet ouvrage ;
Ces deux substances vous pourront engendrer
Le souverain trésor du Monde.
Maintenant, comment est-ce que vous devez préparer
    ces deux substances
Par le moyen de votre Sel de terre,
Je n'ose pas l'écrire ouvertement,
Car Dieu veut que cela soit caché ;
Et il ne faut en aucune façon donner aux pourceaux
Une viande faite de marguerites précieuses.
Toutefois, apprenez de moi avec grande félicité,*

Que rien d'étranger ne doit entrer en cet œuvre ;
Comme la glace par la chaleur du feu
Se convertit en sa première eau,
Il faut aussi que cette Pierre
Devienne eau soi-même.
Elle n'a besoin que d'un bain doux et modéré,
Dans lequel elle se dissout par soi,
Au moyen de la putréfaction.
Séparez-en l'eau,
Et réduisez la terre en huile rouge,
Qui est cette âme de couleur de pourpre.
Et quand vous aurez obtenu ces deux substances,
Liez-les doucement ensemble,
Et les mettez dans l'œuf des Philosophes
Clos hermétiquement.
Et vous les placerez sur un Athanor,
Que vous conduirez selon l'exigence et la coutume de tous les Sages,
En lui administrant un feu très lent
Tel que la poule donne à ses œufs pour faire éclore ses poussins ;
Pour lors l'eau, par un grand effort,
Attirera en soi tout le Soufre,
En sorte qu'il n'apparaîtra plus rien de lui,
Ce qui toutefois ne peut pas durer longtemps.
Car par la chaleur et la siccité
Il s'efforcera derechef de se rendre manifeste,
Ce qu'au contraire la froide Lune tâchera d'empêcher.
C'est ici que commence un grand combat entre ces deux substances,
Durant lequel l'une et l'autre montent en haut où elles s'élèvent par un admirable moyen.

Elle ne laisse pas néanmoins de voler derechef en haut,
Et après qu'elles ont continué longtemps ces mouve-
    ments et circulations,
Elles demeurent enfin stables en bas
Et s'y liquéfient alors avec certitude
Dans leur premier chaos très profondément.
Et puis toutes ces substances se noircissent,
Comme fait la suie dans la cheminée ;
Ce qui se nomme la tête de corbeau,
Lequel n'est pas une petite marque de la grâce de Dieu.
Quand donc cela sera ainsi advenu, vous verrez en bref
Des couleurs de toutes les manières,
La rouge, la jaune, la bleue et les autres,
Lesquelles néanmoins disparaîtront bientôt toutes.
Et vous verrez après de plus en plus
Que toutes choses deviendront vertes, comme feuilles et
    comme l'herbe.
Puis enfin la lumière de la Lune se fait voir ;
C'est pourquoi il faut alors augmenter la chaleur,
Et la laisser en ce degré ;
Et la matière deviendra blanche comme un homme
    chenu, dont le teint envieilli ressemble à de la glace,
Elle blanchira aussi presque comme de l'argent.
Gouvernez votre feu avec beaucoup de soin,
Et ensuite vous verrez dans votre vaisseau
Que votre matière deviendra tout-à-fait blanche comme
    de la neige ;
Et alors votre Élixir est achevé pour l'œuvre au blanc ;
Lequel avec le temps deviendra rouge pareillement.
À raison de quoi augmentez votre feu derechef,
Et il deviendra jaune ou de couleur de citron partout.
Mais à la parfin il deviendra rouge comme un rubis.

*Alors rendrez grâces à Dieu notre Seigneur,
Car vous aurez trouvé un si grand trésor,
Qu'il n'y a rien en tout le monde qu'on lui puisse comparer pour son excellence.
Cette Pierre rouge teint en or pur
L'étain, l'airain, le fer, l'argent et le plomb,
Et tous les autres corps métalliques que ce soient.
Elle opère et produit encore beaucoup d'autres merveilles.
Vous pourrez, par son moyen, chasser toutes les maladies qui arrivent aux hommes.
Et les faire vitre jusqu'au terme préfix de leur vie.
C'est pourquoi rendez grâces à Dieu de tout votre cœur,
Et avec elle donnez volontiers secours et aide à votre prochain
Et employez l'usage de cette Pierre à l'honneur du Très-Haut,
Lequel nous fasse la grâce de nous recevoir en son Royaume des Cieux.
Soit gloire, honneur et vertu à jamais au Saint, Saint, Saint Sabaoth Dieu tout-puissant, lequel seul est sage et éternel, le Roi des Rois, et le Seigneur des Seigneurs, qui est environné d'une lumière inaccessible, qui seul a l'immortalité, qui a empêché la violence de la mort, et qui a produit et mis en lumière un esprit impérissable. Ainsi soit-il.*

FIN

IDÉE
D'UNE NOUVELLE SOCIÉTÉ DE PHILOSOPHES

PRÉFACE

Après avoir couru longtemps les mers inconnues de la Philosophie des Anciens, nous voici par la miséricorde de Dieu, heureusement arrivés au port. Mais puisque ce n'est pas sans une vue particulière de la Providence que nous avons évité les écueils d'une si périlleuse navigation, nous ne croyons pas pouvoir mieux satisfaire à tout ce que Dieu exige de nous, qu'en lui consacrant les trésors infinis qu'il a bien voulu mettre entre nos mains, et les employant à sa gloire et au service du prochain. En effet, quand une fois on se voit en possession des plus grands biens qu'on peut souhaiter en terre, où doit-on porter ses désirs qu'au Ciel? Ce sont donc les sentiments que nous inspirent la raison et le soin, de notre propre salut, la reconnaissance même ne nous y engage pas moins fortement : mais quand nous n'aurions ni l'un, ni l'autre de ces motifs, la charité seule suffirait car enfin dans des temps aussi misérables que ceux ou nous vivons, et où tout le monde Chrétien gémit, pour ainsi dire, sous l'esclavage de l'impiété, ne serait-ce pas un crime, que de cacher et tenir renfermé un dépôt que nous n'avons reçu du Ciel, que pour le soulagement des pauvres et la consolation des misérables, dont tout le monde est rempli. Animés de ces nobles désirs, loin nous borner à une seule partie de la Terre, nous résolûmes incontinent de la parcourir toute entière, afin qu'en tous lieux, et principalement dans la Chrétienté, les personnes affligées se ressentissent du bienfait que la bonté divine, qui est la source de tout bien, nous avait accordé, et que par tout chacun de nous pût travailler à réparer les Églises abattues, et rétablir les lieux saints désolés, en y faisant des fondations assurées.

Tels ont été d'abord nos projets; mais hélas, nous nous sommes bientôt aperçus que nous ne les pouvions pas exécuter, sans y trouver mille contradictions; et la malice des hommes a même été si loin, que pour mon particulier je me suis vu plus d'une fois en danger de ma propre vie, sans parler des malheurs qui menaçaient notre République, si je songeais à passer outre.

Contraints donc de suivre d'autres pensées et de chercher d'autres moyens pour venir à bout de nos fins : et après une mûre délibération, rien ne m'a paru de plus sûr que d'établir entre nous une certaine Société de Philosophes, dont aucun à la vérité ne fût connu en particulier, mais qui néanmoins en général se rendît célèbre, et se répandît ainsi en peu de tems par tous les Royaumes, afin qu'il n'y en eût point, où il ne se trouvât quelqu'un des Associés qui y fût, pour ainsi dire, un sage et libéral dispensateur du précieux trésor de la Science Hermétique.

C'est dans cette vue qu'après avoir demandé les lumières du saint Esprit, j'ai crû premièrement devoir coucher par écrit certains Statuts et Règlements de cette nouvelle Cabale, qui continssent la manière dont se devraient gouverner ceux qui y seraient agrégés. En second lieu, pour en venir au fait, j'ai moi-même choisi des personnes à mon gré qui en fussent comme les fondateurs : Enfin en faveur de ceux-là, aussi bien que de ceux qu'on peut espérer d'admettre dans la suite, j'ai composé quelques Traités sur cette Science, où j'ai mis ce que ma propre expérience m'en a appris, afin que par cette voie ceux de cette compagnie qui seraient dans les lieux les plus éloignés, pussent s'instruire.

En effet, s'ils veulent un peu les méditer, j'espère qu'ils y reconnaitront aisément le point essentiel et ce qui fait comme le fondement de notre Philosophie secrète ; c'est-à-dire le sujet ou la matière sur laquelle on doit travailler. C'est cette matière que je souhaite que chacun des Patrons déclare tout d'abord à ceux qu'il associera. Pour ce qui est du reste de la Théorie et de la Pratique on le leur doit laisser acquérir, par l'étude, par la lecture, et par les opérations mêmes ; et ils en viendront aisément à bout, si ce n'est que Dieu, qui pénètre le fond des cœurs, qui connaît les desseins, la malice, et jusqu'où vont les pensées des hommes, ne permette qu'il se répande dans leur esprit une certaine obscurité, qui comme un voile les empêche d'apercevoir ce qui est plus clair que le plein midi, leur cachant par là ce que peuvent les causes naturelles, ou du moins leur en suspendant la connaissance pour un temps, et jusqu'à ce qu'ils se soient convertis.

Or de ces Traités que j'ai composé, j'ai souffert qu'on en ait imprimé quelques-uns. Quant aux autres qui expliquent un peu plus au long la doctrine des premiers Principes ; où je n'ai pas voulu les donner au Public, ou si quelques-uns, ont paru je les ai supprimés aussitôt, estimant qu'il serait plus convenable et plus utile d'en différer l'Édition en un autre temps.

Cependant afin que ce retardement n'apportât point de préjudice à notre Société naissante, j'ai jugé à propos de communiquer par lettres aux plus Anciens, ce que ces écrits contenaient de meilleur, le tout d'un style facile et épistolaire; et j'ai ordonné qu'on en fit aussitôt part aux autres Associés, selon les Statuts et Règlements qui vont suivre.

STATUT DES PHILOSOPHES INCONNUS

Chapitre I : Division de toute la Compagnie

Article I
De quel pays doivent être les Associés

Cette Compagnie ne doit pas être bornée par une Contrée, une Nation, un Royaume, une Province, en un mot par un lieu particulier, mais elle doit se répandre par toute la terre habitable, et principalement partout où JÉSUS-CHRIST est adoré, où règne sa Loi, où la vertu est connue, et ou la raison est suivie ; car un bien universel ne doit pas être enferme dans un petit lieu réservé, au contraire il doit être porté par tout où il se rencontre des sujets propres à le recevoir.

Article II
En quels Corps particuliers on les peut diviser

De peur néanmoins qu'il n'arrive de la confusion d'une si vaste étendue de pays, nous avons trouvé bon de diviser toute la Compagnie en Colonies, les Colonies en Troupes, les Troupes en Assemblées, et que ces Corps particuliers soient tellement distribuez que chacun ait son lieu marqué, et sa Province déterminée. Par exemple, que chaque Colonie se renferme dans un Empire, et que là il n'y ait qu'un seul Chef, qu'une Troupe se borne dans une Province y et que les Assemblées ne s'étendent point plus loin que dans un canton de pays limité. Si donc il arrive qu'il se présente une personne pour être associe avec nous, qui ne soit pas d'un pays stable, et que l'on connaisse, qu'on l'oblige d'en choisir un, où il établisse son domicile, de peur qu'il ne se trouve à même temps dans deux Colonies, Troupes ou Assemblées.

Article III
Le nombre des Associés

Au reste pour ce qui est dix nombre des Associés, dans chaque Colonie, Troupe ou Assemblée, il n'est ni facile ni utile de le prescrire, par les raisons qu'on verra ci-après. La Providence y pourvoira puisqu'en effet c'est uniquement la gloire et le service de Dieu qu'on s'est proposé pour but dans toute cette Institution. Ce qu'on peut dire en général, c'est qu'il s'en faut rapporter là-dessus à la prudence de ceux qui associeront, lesquels selon le temps, le lieu et les nécessités présentés admettront plus ou moins de personnes dans leur Corps. Ils se souviendront seulement que la véritable Philosophie ne s'accorde guère avec une multitude de personnes, et qu'ainsi il sera toujours plus sûr de se retrancher au petit nombre. Le plus ancien ou le premier de chaque Colonie, Troupe ou Assemblée, aura chez lui le Catalogue de tous les Associés, dans lequel seront les noms et le pays de ceux de son Corps, avec l'ordre de leur Réception, pour les raisons que nous dirons tantôt.

Chapitre II : Des qualités, de ceux qu'on doit recevoir

Article I
De quelle Condition et Religion ils doivent être

Il n'est nullement nécessaire que ceux qu'on recevra dans cette Compagnie soient tous d'une même Condition, Profession ou Religion. Ce qui sera requis en eux, c'est surtout qu'ils révèrent J. C., qu'ils aiment la vertu, et qu'ils aient l'esprit propre pour la Philosophie, il n'en faudra pas davantage, pourvu qu'ils soient dotés d'ailleurs des qualités d'un honnête homme. Car n'ayant point d'autre fin que d'aider tous les pauvres de la République Chrétienne, et de donner du soulagement à tous les affligés du genre humain, en quelque lieu, et de quelque condition qu'ils soient : Les Associés d'une médiocre naissance, y pourront aussi bien réussir, que ceux qui seraient d'une qualité plus relevée. Ce serait donc au détriment du Christianisme qu'on les bannirait de notre Corps, vu principalement que ces sortes de personnes, sont d'ordinaire plus portés à pratiquer les Vertus morales, que ceux qui sont les plus constitués en dignité.

Pour ce qui est de ceux qui ne seraient pas de la Religion Romaine, il n'y a pas sujet de craindre qu'ils abusent dans la suite des trésors que la Philosophie leur aura mis entre les mains, et qu'ils s'en servent pour faire la guerre aux Catholiques, et renverser le saint Siège Apostolique. Car il n'est pas probable que Dieu permette qu'ils conduisent à une heureuse fin ce grand Ouvrage, dont notre Philosophie découvre les principes, s'ils n'ont auparavant purgé leur cœur de toutes sortes de mauvaises intentions : ils ne seront point éclairés sur les mystères de la Pierre des Philosophes, s'ils ne cessent d'être aveuglés dans les mystères de la Foi. S'il s'en trouvait pourtant qui sous un faux prétexte de zèle et de Religion se déclarassent contre le Christianisme, et sur tout contre la Religion Romaine, ou qu'on ne les admette point du tout, ou qu'on les congédie du Corps, après même qu'on les y aurait admis.

Article II
On n'y admettra point de Religieux

Quoi qu'il soit indifférent, comme je le viens de dire, de quelle condition soient les Associés ; je souhaite pourtant, qu'on n'en prenne jamais parmi les Religieux, ou gens engagés par des Vœux monastiques, surtout de ces Ordres, qu'on appelle Mendiants, si ce n'est dans une extrême disette d'autres personnes propres à notre Institut. Que la même Loi soit pour les Esclaves, et toutes personnes qui sont comme consacrés aux services et aux volontés des Grands. Car la Philosophie demande des personnes libres, et qui soient maîtres d'eux-mêmes, qui puissent travailler quand il leur plaira, et qui sans aucun empêchement puissent employer leur temps et leurs biens, pour enrichir la Philosophie de leurs nouvelles découvertes.

Article III
Rarement les Souverains

Or entre les personnes libres les moins propres à cette sorte de Vacation, ce sont les Rois, les Princes et autres Souverains. On doit juger le même de certaines petites gens que la naissance a mis à la vérité un peu au-dessus du commun, mais que la fortune laisse dans un rang inférieur. Car ni les uns ni les autres ne nous sont guère propres, à moins que certaines vertus distinguées qui brillent dans toute leur conduite, tant en public qu'en particulier, ne les sauvent de cette exception. La raison de cela, c'est qu'il ne se peut guère faire que l'ambition ne soit la passion dominante de ces sortes d'États ; Or par tout où ce malheureux principe a lieu, l'on n'y agit plus par les motifs d'une piété et d'une charité Chrétienne.

Il faut encore donner la même exclusion à tous les misérables, et gens destitués de toutes sortes de biens mais pour une raison différente, c'est qu'il serait à craindre que dans la suite des temps, la pauvreté et le manque de tout, ne les contraignît de rendre un secret qui dans toute la nature n'a rien qui le puisse valoir, que la possession même de l'ouvrage qu'il enseigne de faire.

Article IV
Qu'on regarde surtout leurs mœurs

En général que personne de quelque état ou condition qu'il puisse être, ne prétende point entrer dans cette Compagnie, s'il n'est véritablement homme de bien : il serait fort à souhaiter qu'il fît profession du Christianisme, et qu'il en pratiquât les vertus, qu'il eût une Foi scrupuleuse, une ferme espérance, une ardente charité ; que ce fut un homme de bon commerce, honnête dans les conversations, égal dans l'adversité et dans la prospérité ; enfin dans lequel il ne parût aucune mauvaise inclination, de peur que les personnes par lesquelles son prétendrait aider au salut des autres, ne servissent eux-mêmes à leur perte. Qu'on se garde par-dessus toutes choses de gens adonnés au vin où aux femmes ; car Harpocrate lui-même garderai-il sa liberté parmi les verres, et quand c serait Hermès, serait-il sage au milieu des femmes ? Or quel désordre que ce qui doit faire la récompense de la plus hauts vertu, devint le prix d'un infâme plaisir.

Article V
Que ce soit gens qui aient de la curiosité naturelle

Ce n'est pas assez que les mœurs soient irréprochables, il faut en outre dans nos Prosélytes un véritable désir de pénétrer dans les secrets de la Chimie, et une curiosité qui paraisse venir du fond de l'âme, de savoir non pas les fausses recettes des Charlatans, mais les admirables Opérations de la science Hermétique, de peur qu'ils ne viennent peu-à peu à mépriser un Art, dont ils ne peuvent pas tout-à-coup connaître l'excellence. Ceci après tout ne doit pas s'entendre de cette manière, que dès qu'un homme est curieux, et autant que le sont la plupart des Alchimistes, il soit aussitôt censé avoir ce qu'il faut pour être agrégé parmi nous, car jamais la curiosité ne fut plus vive que dans ceux qui ayant été prévenus de faux principes, donnent dans les Opérations d'une Chimie Sophistique; d'ailleurs, il n'en fût jamais de plus incapables et de plus indignes d'entrer dans le sanctuaire de nos vérités.

Article VI
Le silence, condition essentielle

Pour conclusion, qu'à toutes bonnes qualités on joigne un silence incorruptible, et égal à celui qu'Harpocrate savait si bien garder. Car, si un homme ne sait se taire, et ne parler que quand il faut, jamais il n'aura le caractère d'un véritable et parfait Philosophe.

*Chapitre III : De la manière de recevoir
ceux que l'on associera*

Article I
L'origine des Patrons

Quiconque une fois aura été admis au nombre de nos Élus, il pourra lui-même à son tour en recevoir d'autres, et alors il deviendra leur Patron. Qu'il garde dans le choix qu'il en doit faire les Règles précédentes, et qu'il ne fasse rien sans que le Patron, par lequel il avait été lui-même agrégé, en soit averti, et sans qu'il y consente.

Article II
La forme de la réception

Si donc quelqu'un, attiré par la réputation que s'acquerra cette Compagnie, souhaitait d'y être admis, et si pour cet effet il s'attachait à quelqu'un de ceux qu'il soupçonnerait en être, celui-ci commencera par observer diligemment les mœurs et l'esprit de son postulant, et le tiendra durant quelque temps en suspens, sans l'assurer de rien, jusqu'à ce qu'il ait eu des preuves suffisantes de sa capacité, si ce n'est que sa réputation fût bien établie, qu'on n'eût aucun lieu de douter de sa vertu, et des autres qualités qui lui sont requises.

En ce cas, l'Associé proposera la chose à celui qui lui avait à lui-même servi de Patron; il lui exposera nettement, sans déguisement et sans faveur, ce qu'il aura reconnu de bien et de mal, dans celui qui demande ; mais en lui cachant en même temps sa personne, sa famille, son nom propre, à moins que le postulant n'y contente, et que même il ne vienne à le demander instamment, instruit qu'il aura été de la défense expresse, qu'on a sans cela de le nommer dans la Société.

Car c'est une des constitutions des plus sages de la Compagnie, que tous ceux qui en seront, non seulement soient inconnus aux étrangers, mais qu'ils ne se connaissent pas même entre eux, d'où leur est venu le Nom de *Philosophes inconnus*. En effet, s'ils en usent de la sorte, il arrivera que tous se préserveront plus facilement des embûches et des pièges qu'on a coutume de dresser aux véritables Philosophes, et particulièrement à ceux qui auraient fait la Pierre, lesquels, sans cette précaution deviendraient peut-être, par l'instinct du Démon en proie à leurs propres amis, et toute la Société courrait risque de se voir ruinée en peu de temps. Mais au contraire en prenant ces mesures, quand il se trouverait parmi elle quelque traître, ou quelqu'un qui, sans qu'il y eut de sa faute, fût assez malheureux pour avoir été découvert : comme les autres, qui, par prudence sont demeurés inconnus, ne pourront être déférés, ni accusés, ils ne pourront aussi avoir part au malheur de leur Associé, et continueront sans crainte leurs études et leurs exercices. Que si après ces avis quelqu'un est assez imprudent que de se faire connaître, qu'il ne s'en prenne qu'à lui-même, s'il s'en trouve mal dans la suite.

Article III
Devoirs des patrons

Afin que l'ancien Patron, qui est sollicité par le Patron futur de donner son contentement pour l'immatriculation de son nouveau Prosélyte, ne le fasse pas à la légère, il doit auparavant faire plusieurs questions à l'Associé qui lui en parle, et même pour peu qu'il puisse douter de sa sincérité, l'obliger par serment de lui promettre de dire les choses comme elles sont. Qu'après cela on propose la chose à l'Assemblée ; c'est-à-dire, à ceux de ses Associés qui lui seront connus, et qu'on suive leurs avis là-dessus.

Article IV
Privilège des chefs généraux

Le Chef, ou le plus ancien d'une Colonie, non d'une Troupe, ou d'une Assemblée, sera dispensé de la Loi susdite, aussi bien que de plusieurs autres choses de la même nature. Si cependant il arrivait que le nombre des Associés venant à diminuer, on fût obligé de ne plus faire qu'une Troupe de toute la Colonie ; alors le Chef général perdra son privilège, en quoi l'on doit s'en rapporter à sa propre conscience. Après sa mort aussi personne ne lui succédera, jusqu'à ce que la multitude des Associés n'ait obligé de les diviser en plusieurs Troupes.

Article V
De la Réception

Tout cela fait, et le consentement donné en ladite

forme, le nouveau postulant sera reçu en la manière que je vais dire.

Premièrement, on invoquera les lumières du Saint Esprit, en faisant célébrer à cette intention une Messe solennelle, si le lieu et la religion de celui que l'on doit recevoir le permettent ; si la chose ne se peut faire en ce temps, qu'on la diffère à un autre, selon qu'en ordonnera celui qui reçoit.

Ensuite que celui qu'on va recevoir promette de garder inviolablement les Statuts susdits, et sur toutes choses qu'il s'engage à un secret inviolable, de quelque manière que les choses puissent tourner, et quelque événement bon ou mauvais, qu'il en puisse arriver.

De plus, il promettra de conserver la fidélité, et qu'il aimera toujours tous ceux qu'il viendra à connaître des ses Associés, comme ses propres frères. Qu'enfin si jamais il se voit en possession de la Pierre, il s'engagera, même par serment, si son Patron l'exige ainsi, (sur quoi, comme dans toutes les autres Lois de la Réception, il faudra avoir égard à la qualité et au mérite de ceux qu'on recevra) qu'il en usera selon que le prescrivent les constitutions de la Compagnie.

Après cela, celui qui lui aura servi de Patron en recevant ses promesses, lui fera les siennes à son tour au nom de toute la Société et de ses Associés ; il l'assurera de leur amitié, de leur fidélité, de leur protection, et qu'ils garderont en sa faveur tous les Statuts, comme il vient de promettre de les garder à leur égard. Ce qui étant fini, il lui dira tout bas et à l'oreille, et en langage des Sages, le nom de la *Magnésie* ; c'est-à-dire de la vraie et unique matière de laquelle se fait la Pierre des Philosophes.

Il sera néanmoins plus à propos de lui en donner auparavant quelque description énigmatique, afin de l'engager adroitement de le déchiffrer de lui-même; que s'il reconnaît qu'il désespère d'en venir à bout, le il lui donnera courage, en lui aidant peu-à-peu, mais de telle manière néanmoins, que ce soit de lui-même qu'il découvre le mystère.

Article VI
Du Nom que doit prendre le nouvel Associé

Le nouveau frère Associé prendra un nom Cabalistique, et si faire se peut commodément, tiré par anagramme de son propre nom, ou des noms de quelqu'un des anciens Philosophes; il le déclarera à son Patron, afin qu'il l'inscrive au plutôt dans le Catalogue ou journal de la Société: ce qui sera fait par quelqu'un des Anciens, qui prendra soin de le faire savoir, tant au chef Général de chaque Colonie, qu'au particulier de chaque Troupe ou Assemblée.

Article VII
Ce qu'il doit donner par écrit à son patron

Outre cela, si le Patron juge qu'il soit expédient, il exigera, pour engager plus étroitement le nouvel Associé, une Cédule écrite de sa main, et souscrite de son nom Cabalistique, qui fera foi de la manière dont les choses se sont passées, et du serment qu'il a fait; réciproquement le nouveau frère Associé pourra aussi obliger son Patron de lui donner son signe et nom Cabaliste au bas d'un des Exemplaires de ces Statuts, par lequel il témoignera à tous ceux de la Compagnie qu'il l'a associé dans leur nombre.

Article VIII
Les Écrits qu'il doit recevoir de lui

Quand le temps le permettra, on donnera la liberté au nouveau frère de transcrire les présents Statuts, aussi bien que le Table des signes et caractères Cabalistiques, qui servent à l'Art, avec son interprétation. Afin que quand par hasard il se rencontrera avec quelqu'un de la Compagnie, il puisse le reconnaître et en être reconnu, en le faisant les interrogations mutuelles sur l'explication de ces caractères. Enfin, il pourra prendre aussi la Liste des noms Cabalistiques des Agrégés, que son Patron lui communiquera en lui cachant leurs noms propres, s'il les savait.

Pour ce qui est de nos autres écrits particuliers que le Patron pourrait avoir chez lui, il sera encore obligé de les faire voir et procurer à son nouveau Confrère, ou tous à la fois, ou par partie, selon qu'il le pourra, et jugera à propos; sans jamais cependant y mêler rien de faux ou qui soit contraire à notre Doctrine; car un Philosophe peut bien dissimuler pour un temps, mais il ne lui est jamais permis de tromper. Le Patron ne sera point tenu de faire ces sortes de communications, ou plus amplement ou plus vite qu'il ne voudra; davantage, il ne pourra même rien communiquer, qu'il n'ait éprouvé celui qu'il vient de recevoir, et qu'il ne l'ait reconnu exact Observateur des Statuts, de peur que ce nouvel Agrégé ne vienne à se séparer du Corps, et découvrir des mystères qui doivent être particuliers; quant aux lumières qu'un chacun aura puisé d'ailleurs, il lui sera libre ou de le cacher, ou d'en faire part.

Article IX
Devoirs du nouvel Associé

Il ne reste plus rien présentement, sinon exhorter ce nouvel Associé de s'appliquer avec soin, soit à la lecture de nos Livres, et de ceux des autres Philosophes approuvés, ou seul en particulier ou en compagnie de quelqu'un de ses Confrères; soit à mettre lui-même la main à la pratique, sans laquelle toute la spéculation est incertaine.

Qu'il se donne garde surtout de l'ennui qui accompagne la longueur du travail, et que l'impatience d'avoir une chose qu'il attend depuis si longtemps, ne le prenne point. Il doit se consoler sur ce que tous les Associés travaillent pour lui, comme lui-même doit aussi travailler pour eux, sans quoi il n'aurait point de part à leur découverte; fondé sur ce que le repos et la science parfaite sont la fin et la récompense du travail, comme la gloire l'est des combats quand le Ciel veut bien nous être propice; et sur ce qu'enfin la paresse et la lâcheté ne sont suivies que d'ignorance et d'erreurs.

Chapitre IV : Statuts et Règlements communs pour tous les Confrères

Article I
Anniversaire de la Réception

Tous les Ans, à jour pareil de sa Réception, chaque Associé qui sera Catholique Romain, offrira à Dieu le saint Sacrifice de la Messe en actions de grâces, et pour obtenir de Saint Esprit le don de Science et de Lumières. Tout Chrétien en général ou tout autre de quelque secte qu'il puisse être, fera la même chose à sa manière ; que si on s'oubliait pourtant de le faire, on ne doit pas en avoir de scrupule, car ce Règlement n'est que de conseil et non pas de précepte.

Article II
Qu'on ne se mêle point de Sophistications

Qu'on s'abstienne de toutes opérations Sophistiques sur les métaux de quelques espèces qu'elles puissent être. Qu'on n'ait aucun commerce avec tous les Charlatans et donneurs de Recettes ; car il n'y a rien de plus indigne d'un Philosophe Chrétien qui recherche la vérité, et qui veut aider ses frères, que de faire profession d'un Art qui ne va qu'à tromper.

Article III
On peut travailler à la chimie commune

Il sera permis à ceux qui n'ont point encore l'expérience des choses qui se font par le feu, et qui ignorent par conséquent l'Art de distiller de s'occuper à faire ces opérations sur les Minéraux, les Végétaux et les Animaux, et d'entreprendre même de purger les Métaux, puisque c'est une chose qui nous est quelquefois nécessaire : mais que jamais on ne se mêle de les allier les uns aux autres, encore moins de se servir de cet alliage ; parce que c'est chose mauvaise, et que nous défendons principalement à nos frères et Associés.

Article IV
On peut détromper ceux qui seraient dans une mauvaise voie

On pourra quelquefois aller dans les Laboratoires de la Chimie vulgaire, pourvu que ceux qui y travaillent ne soient pas en mauvaise réputation. Comme aussi se trouver dans les Assemblées de ces mêmes gens, raisonner avec eux, et si l'on juge qu'ils soient dans l'erreur, s'efforcer de la leur faire apercevoir, au moins par des arguments négatifs tirés de nos écrits ; et le tout, s'il se peut, par un pur esprit de charité, et avec modestie, afin qu'il ne se fasse plus de folles dépenses.

Mais en ces occasions, qu'on se souvienne de ne point trop parler ; car il suffit d'empêcher l'aveugle de tomber dans le précipice, et de le remettre dans le bon chemin. On n'est pas obligé de lui servir de guide dans la suite : loin de cela, ce serait quelquefois mal faire, surtout si l'on reconnaît que la lumière de l'esprit lui manque, et qu'il ne fait pas de cas de la vertu.

Article V
Donner envie d'entrer dans Société

Que si entre ceux qui se mêlent de la Chimie, il se trouve quelque honnête homme, qui ait de la réputation, qui aime la sagesse et la probité, et qui s'attache à la science Hermétique, par curiosité et non par avarice; il n'y aura pas de danger de l'entretenir des choses qui se pratiquent dans notre Société, et des mœurs de nos plus illustres Associés; afin que si quelqu'un était appelé du Ciel et destiné pour cet emploi, il lui pût par telle occasion venir en pensée de se faire des nôtres, et remplir sa destinée.

Dans ces entretiens, cependant, on ne se déclarera point Associé, jusqu'à ce qu'on ait reconnu dans cette personne les qualités dont nous avons parlé, et qu'on ait pris avis et consentement de son Patron, car autrement ce serait risquer de perdre le titre de Philosophe inconnu; ce qui est contre nos statuts.

Chapitre V : Du Commerce
que les Associés doivent avoir entre eux

Article VI
Se voir de temps en temps

Ceux des Confrères qui se connaîtront, de quelque manière que cela puisse être, et de quelque Colonie ou Troupe ou Assemblée qu'ils soient, pourront se joindre et réunir ensemble pour conférer, quand et autant de fois qu'ils le trouveront à propos, dans certains jours et lieux assignés. Là on s'entretiendra des choses qui regardent la Société, on y parlera des lectures particulières qu'on aura faites, de ses méditations et opérations ; afin d'apprendre les uns des autres, tant en cette matière qu'en toute autre science. Le tout, à condition que rien ne s'y passera contre la sobriété, et que vivant ensemble, soit dans les Auberges, ou autres lieux où ils prendront leurs repas ; ils y laisseront toujours une grande estime d'eux et de leur conduite. Or quoique ces Assemblées puissent être d'une grande utilité, on n'en impose cependant aucune obligation.

Article II
S'entretenir par Lettres

Il sera aussi permis d'avoir commerce par Lettres les uns avec les autres, à la manière ordinaire ; pourvu que jamais on n'y mette par écrit le nom et la nature de la chose essentielle qui doit être cachée. Les Associés ne souscriront point ces Lettres autrement que par leurs noms Cabalistiques ; pour le dessus il faudra y mettre le même, et ensuite ajouter une enveloppe sur laquelle on écrira l'adresse, en se servant du nom propre de celui à qui l'on écrit. Si l'on craint que ces Lettres soient interceptées, on se servira de chiffres, ou de caractères hiéroglyphiques, ou de mots allégoriques.

Ce commerce de Lettres peut s'étendre jusqu'à ceux des Associés qui seraient dans les lieux les plus éloignés du monde, en se servant pour cela de leurs Patrons, jusqu'à ce qu'on ait reçu les éclaircissements dont on peut avoir besoin, sur les difficultés qui naissent dans nos recherches Philosophiques.

Article III
Manière de s'entre corriger

Si l'on vient à remarquer que quelqu'un des Associés ne garde pas les Règles que nous venons de prescrire, ou que ses mœurs ne seraient pas aussi irréprochables que nous le souhaitons, le premier Associé, et surtout son Patron, l'avertira avec modestie et charité ; et celui qui sera ainsi averti, sera obligé d'écouter ces avis de bonne grâce et avec beaucoup de docilité : s'il n'en use pas ainsi, il ne faut pas tout d'un coup lui interdire tout commerce avec les autres ; mais seulement on le dénoncera à tous les Confrères que l'on connaîtra de son Assemblée, ou Troupe ou Colonie, afin qu'à l'avenir on soit sur la réserve avec lui, et qu'on n'ait pas la même ouverture qu'auparavant. Il faut néanmoins s'y conduire avec sagesse, de peur que venant à s'apercevoir qu'on le veut bannir, il ne nuise aux autres : mais que jamais on ne lui fasse part de la Pierre.

Chapitre VI : De l'usage de la Pierre

Article I
Celui qui aura fait l'œuvre en donnera avis

Si quelqu'un des Confrères est assez heureux pour conduire l'œuvre à sa fin, d'abord il en donnera avis, non pas de la manière que nous avons prescrit ci-dessus qu'on écrirait, mais par une Lettre sans jour et sans date, et s'il se peut, écrire d'une main étrangère, qu'il adressera à tous les Chefs et Anciens des Colonies, afin que ceux qui ne pourront voir cet Associé fortuné, soient excités par l'espérance d'un bonheur semblable, et animés par-là à ne pas se dégoûter du travail qu'ils auront entrepris.

Il sera libre à celui qui possédera ce grand trésor, de choisir parmi les Associés, tant connus, qu'inconnus, ceux auxquels il voudra faire part de ce qu'il a découvert : autrement il se verrait obligé de le donner à tous, même à ceux auxquels la Société n'a point encore l'obligation ; en quoi il s'exposerait, ainsi que toute la Compagnie, à de très grands périls.

Article II
Il en fera part à ceux qui le viendront trouver

On obligera surtout cet heureux Associé par un décret qu'on gardera plus inviolablement que tous les autres, de faire part de ce qu'il aura trouvé d'abord à son propre Patron, à moins qu'il n'en soit indigne, ensuite à tous les autres Confrères connus ou inconnus, qui le viendront trouver, pourvu qu'ils fassent connaître qu'ils ont gardé exactement tous les Règlements ; qu'ils ont travaillé sans relâche ; qu'ils sont gens secrets, et incapables de faire jamais aucun mauvais usage de la grâce qu'on leur accordera.

En effet, comme il serait injuste que chacun conspirât à l'utilité publique, si chaque particulier n'en marquait en temps et lieu sa reconnaissance ; aussi serait-il tout-à-fait déraisonnable de rendre participants d'un si grand bonheur les traîtres, les lâches et ceux qui craignent de mettre la main à l'œuvre.

Article III
Manière de le faire

La méthode pour communiquer ce secret, sera laissée entièrement à la disposition de celui qui le possède ; de sorte qu'il lui sera libre, ou de donner une petite portion de la Poudre qu'il aura faite, ou d'expliquer clairement son procédé, ou seulement d'aider par ses conseils ceux de ses compagnons, qu'il saura travailler à la faire. Le plus expédient sera de se servir de cette dernière méthode ; afin qu'autant qu'il se pourra, chacun ne soit redevable qu'à lui-même, et à sa propre industrie, d'un si grand trésor.

Pour à ceux qui par une semblable voie, s'en trouveraient enrichis, ils n'auront pas le pouvoir d'en user de la sorte à l'égard de leurs autres Confrères, non pas même de leur propre Patron, s'ils n'en ont du moins demandé la permission auparavant à celui de qui ils auront été instruits ; car le secret est la moindre reconnaissance qu'ils lui doivent. Et celui-ci même ne le permettra pas aisément, mais seulement à ceux qu'il en trouvera dignes.

Article IV et dernier
De l'emploi qui en doit être fait

Enfin, l'usage et l'emploi d'un si précieux trésor doit être réglé de la manière qui suit.

Un tiers sera consacré à Dieu, c'est-à-dire sera employé à bâtir de nouvelles Églises, à réparer les anciennes, à faire des Fondations, et à d'autres semblable Œuvres pieuses, comme serait par exemple la propagation de la Foi, pourvu qu'elle se fasse sans verser de sang humain; car la vérité de la Religion Chrétienne, ne s'établit pas par les armes, mais par de bonnes raisons : JÉSUS-CHRIST n'a point envoyé ses Apôtre prêcher l'Évangile l'épée à la main, mais il a seulement voulu qu'ils fussent remplis su Saint Esprit, et qu'ils eussent le don des Langues pour le faire entendre de tous les Peuples.

Un autre tiers sera distribué aux pauvres, aux personnes opprimées, et aux affligées de quelque manière qu'elles le soient.

Enfin la dernière partie restera au Possesseur, de laquelle il pourra faire ses libéralités, en aider ses parents et ses amis, mais de telle sorte qu'il ne contribue point à nourrir leur ambition, mais seulement autant qu'il est nécessaire pour qu'ils glorifient Dieu, qu'ils le servent la Patrie, et qu'ils fassent en paix leur salut. Qu'il se souvienne que dans un soudain changement de fortune rarement on sait garder de la modération ; et même que jusque dans les Aumônes qu'on fait aux pauvres, si on ne les fait que par vanité, l'on peut trouver occasion de se perdre.

Fin des Statuts et Règles de la Société Cabalistique
des Philosophes inconnus

LETTRES DE MICHEL SENDIVOGIUS

Ou de J. J. D. I.

(C'est-à-dire, Jean Joachim Destinguel d'Ingrofont)

Communément appelé

COSMOPOLITE

Sur la Théorie et la Pratique de la Pierre Philosophale

PREMIER TRAITÉ :
De l'Art général de changer les Métaux les uns dans les autres

PREMIÈRE LETTRE

À Monsieur T. **** nouvel Associé dans la Compagnie des Philosophes inconnus.

Il le congratule de son Association, lui envoie les Statuts, et lui promet de l'aider dans l'étude de cette Science.

Monsieur,

Vos Lettres m'ont fait un fort grand plaisir, aussi bien que celles de Briscius qui vous a servi de Patron, et qui depuis longtemps est notre Associé : car elles m'ont appris avec une joie que je ne puis exprimer, que vous ayez été reçu dans notre Compagnie, laquelle j'ai grande envie depuis longtemps de voir établie en France.

Ce même Briscius m'a parlé de vos mœurs en termes si avantageux, et vôtre manière d'écrire tout-à-fait polie soutient si bien tout ce qu'il me dit de votre esprit, que je ne puis que je n'espère un bon succès de tout ce qu'il a fait.

C'est dans cette vue que je vous envoyé volontiers les Statuts de notre Société en Latin, comme vous me les avez demandé et je vous prie d'observer vulgairement tout ce qu'ils contiennent, et de recommander à ceux qui vous suivront de faire la même chose.

Vous souhaitez que je vous donne de plus grandes lumières sur la Chimie, que celles que vous avez reçu de votre Patron ; je le ferai, je vous le promets ; mais sachez pourtant qu'il est nécessaire, que vous travailliez de vous-même, lisant, méditant et opérant sans cesse pour ajouter de vôtre propre chef tout ce qui manque à ce que l'on vous a appris.

Au reste cela ne vous sera pas bien difficile, puisque vous avez la clef, et qu'il n'y a plus qu'à ouvrir la porte pour entrer, dans le sanctuaire de nos vérités.

Mais afin que vous y ayez encore, moins de peine, je vous ferai connaître d'abord les écueils contre lesquels vous pourrez faire naufrage, et je vous expliquerai les termes ambigus qui me pourraient tromper. Que si en lisant vous trouvez quelques difficultés, sur lesquelles, vous me vouliez consulter, je vous promets que je ne vous cacherai ni ne vous dissimulerai aucun de nos Secrets ; et il ne vous manquera que cette sorte de science expérimentale, qui ne s'apprend qu'à l'œil et par la manipulation.

Car dans tous les Arts, et surtout dans le nôtre, il y a certaines choses que des paroles ne peuvent bien expliquer, et où l'on a ordinairement plus besoin de voir une démonstration manuelle et une expérience confirmée, pour savoir ce dont on ne trouve que rarement une occasion commode, et qui puisse répondre aux souhaits des Philosophes.

Je vous prie de prendre en bonne part ces petits avertissements, que prend la liberté de vous donner celui qui est,

    Monsieur, Vôtre très humble Serviteur,

    MICHEL SENDIVOGIUS.

À Bruxelles, le 9 Février 1646

LETTRE II : Il enseigne quels sont les bons Livres

Ce n'est pas sens grande raison, mon cher Monsieur, que parmi un si grand nombre de Livres, tant des anciens, que des modernes, vous demandez le choix qu'il en faut faire. Car à la vérité il y en a très peu de fidèles, et s'il y en a quelques-uns, ils sont obscurs, embarrassés, et pleins de contradictions apparentes, quoi qu'en effet tous disent la même chose, et n'enseignent qu'une même vérité, mais en termes hiéroglyphiques, cachés et mystérieux, selon la coutume de la Cabale. Car cet Art est tout Cabalistique ; et ce serait un grand abus que de le traiter, en sorte qu'il pût être appris par les faux Philosophes et les Sophistes.

Vous pourrez donc, dans le grand nombre des Livres qui se trouvent, vous attacher à ceux que je vais vous nommer, laissant tous les autres comme inutiles ; puisque possédant une fois le petit Poisson nommé

Rémora, qui est très rare pour ne pas dire unique dans cette grande Mer, vous n'aurez plus besoin de pêcher, mais seulement de songer à la préparation, à l'assaisonnement, et à la cuisson de ce petit Poisson.

Les principaux Auteurs entre les Anciens, sont HERMÈS, dont tous les Ouvrages sont de très grande conséquence pour l'intelligence de notre œuvre, mais surtout deux de ses Livres. Au premier, ses Commentateurs ont donné pour Titre : *Le passage de la Mer rouge* ; et ils ont appelé le second : *L'abord de la Terre promise*. Ces Livres sont très rares, et ne se trouvent peut être nulle part dans l'Europe, que Constantinople, chez certains nommés Martiens, où je les ai lu et transcris d'un bout à l'autre pour le secours de ma mémoire.

Parmi les Modernes, vous avez Paracelse, dont les Écrits sont autant de lumières. Mais si vous pouviez recouvrer son Codicille, qui est appelé, *Le Psautier Chimique*, ou *Manuel de Paracelse*, vous auriez trouvé toute la doctrine de la Science Chimique, tous les mystères de la Physique démonstrative, et de la plus secrète Cabale.

Ce Livre n'est pas si rare que ceux dont je viens de parler, car il se trouve dans la Bibliothèque du Vatican à Rome ; et je l'ai vu ailleurs en plusieurs endroits, chez les Cabalistes et Curieux de notre Arts : il n'est cependant pas commun, et on ne le rencontre pas partout. C'est pourquoi je l'ai copié aussi pour mon usage et je vous en enverrai un exemplaire, si ce n'est que je vous dirai dans la suite tout ce qu'il contient, et d'une méthode même plus claire que la sienne. Il ne faut pas aussi négliger le *Traité des Teintures* du même Auteur.

En troisième lieu, Raymond Lulle est un de ceux que vous devez le plus souvent avoir en main, et entre tous ses Ouvrages, lisez surtout son *Vade-mecum*, et son Dialogue appelle *Lignum vitæ*, ou Arbre de vie, *son Testament*, et son *Codicille*, quoi que ces deux derniers Ouvrages de même que plusieurs autres de cet Auteur, aussi bien que ceux de Geber et d'Arnaud de Villeneuve, soient remplis d'une infinité de fausses Recettes, et tous pleins de fixions inutiles, et d'erreurs sans nombre, dont moi-même j'aurais peine à tirer la vérité.

On a joint et ramassé ensemble quantité d'autres Auteurs anciens, dont une partie est assez bonne, mais dont la plus grande partie est trompeuse et ne vaut rien. Il y a encore une infinité d'autres Ouvrages sans nom et sans réputation, qui pourtant ont été traduits en d'autres Langues, et dont on ne peut bien juger parce qu'on y a inséré, mille fautes en les traduisant.

Entre les Écrivains du moyen âge, le bon Zachaire, et Bernard Comte de la Marche Trévisane, Roger Bacon, et un certain Anonyme, qui a fait un ramas des Sentences des Philosophes, et dont le Livre s'appelle le *Rosaire des Philosophes*, me paraissent contenir, une bonne doctrine. Pour ceux de ces derniers temps, je n'en estime aucun de fidèle, sinon Jean Fabre, François de Nation, dans ses Livres de la dernière Édition, les premiers étant pleins de fautes. L'Auteur de la *Physique restituée*, a quelque chose de bon, mais mêlé de plusieurs faux préceptes, et de sentiments trompeurs.

Que si vous voulez avoir tout d'un coup une pleine et entière connaissance de la Chimie, *notre nouvelle Lumière Chimique, avec le Traité du Soufre, et le Dialogue du Mercure*, vous doivent suffire puisqu'il n'y manque rien. Ayez donc ces Livres y lisez-les non pas une fois mais cent. En certains endroits vous y trouverez quelques passages, des Anciens mis comme hors d'œuvre et d'autres qui paraissent contradictoires. Ce que j'ai fait à dessein ; car en d'autres Livres, vous verrez le tout concilié. Servez-vous-en donc, Adieu.

À Bruxelles, le 9 Mars 1646

LETTRE III : *Il lui promet de le satisfaire sur ses doutes*

Monsieur, j'ai reçu le cahier que vous m'avez envoyé de Pagesien, comme vous le nommez, traitant de toutes les parties de l'Art. On m'a aussi rendu à même temps celui où sont vos difficultés sur cet Ouvrage et celles que vous avez rencontrées dans la lecture de *notre nouvelle Lumière Chimique*. J'ai lu l'un et l'autre avec attention. Le premier Traité, quoi qu'erroné dans les principes, ne laisse pas de marquer que l'Auteur a beaucoup de génie. Pour vos doutes, ils me font connaître la subtilité et la pénétration de vôtre esprit. Je ferai ce que vous souhaitez de moi là-dessus, et je vous écrirai dans les Lettres suivantes mon sentiment d'un style dogmatique, puisque vous le voulez ainsi. J'y mettrai des preuves familières de ce que j'avancerai, je répondrai aux principales objections et quand il en sera besoin, je donnerai des exemples de tout, tirés de nos propres Ouvrages. Adieu.

À Bruxelles le 12e de Mars 1646

LETTRE IV : *Le Soufre et le Mercure sont les Principes de la Pierre, mais non pas les communs*

Monsieur, je vous promettais dans ma dernière de vous dire mon sentiment sur la doctrine du Pagesien. Je vais donc dans celle-ci, Sedans les suivantes que je vous écrirai le plus souvent qu'il me sera possible, examiner ce qu'elle a de bon et de mauvais. À la place de ses fausses maximes, j'en substituerai de bonnes, et j'éclaircirai celles où il a laissé quelque obscurité.

Vous saurez donc que ce Pagesius suivant la méthode des Anciens, a très bien divisé son Traité en deux Chapitres. Dans se premier il parle des productions naturelles, et sur tout de celles, des Minéraux. Dans le second, il explique celles qui se font par Art, et particulièrement la pratique de la Pierre des Philosophes, par le moyen de laquelle on fait de l'Or et de l'Argent.

Tout ce que contient le premier Chapitre est assez bon ; mais son style est si resserré et si raccourci qu'il est assez difficile de prendre, en le lisant, une connaissance suffisante des principes naturels des choses, et sans qu'il reste bien des doutes.

Le second a une vérité; c'est sur ce qui regarde les principes de la Pierre, du moins les généraux. Il dit que c'est, 1° un Mercure, mais diffèrent de celui qui est actuellement minéral; et il veut qu'il n'ait point encore été déterminé à aucune des familles des mixtes inférieurs, c'est-à-dire, des Végétaux, des Minéraux, ou des Animaux. 2°. Il joint à ce Mercure un Soufre que n'est pas le commun, combustible et puant; mais un autre qui ait une forme spécifique et déterminée, laquelle il puisse imprimer et communiquer audit Mercure par voie de fermentation. Tout cela est bien.

Mais presque tout le reste ne vaut rien, comme nous le verrons dans la suite. Adieu.

À Bruxelles le dix-huitième de Mars 1646

LETTRE V : Ce Mercure se tire d'une substance chaude et humide

Monsieur, l'Ordre demande que nous examinions l'article premier du second Chapitre du Livre de Pagesien, dans lequel, il s'applique à la recherche de la Fontaine Mercurielle. Il passe pour certain et pour indubitable chez tous les Philosophes, que le Mercure est le véritable et prochain principe de tous les Minéraux, mais principalement des Métaux : et que ce Mercure est une vapeur chaude et humide. C'est ce que nous enseignerons plus au long, quand nous aurons fait avec notre Pagesien.

Il ne faut donc plus s'arrêter à chercher ce Mercure dans une Fontaine humide et Froide ou dans une Eau purement élémentaire (comme dit fort bien cet Auteur) mais il le faut tirer d'un corps et d'une substance humide et chaude à cause de la domination de l'air congelé. Telle est notre matière, comme vous ne l'ignorez pas à présent, d'où il vous sera facile de juger de l'erreur dans lequel est le Pagesien en ce point.

Mais pour ne lui pas ôter la gloire qui lui est due, il faut avouer que je n'ai vu jusqu'à présent personne qui ait approché de plus près du but, puisque cette substance qu'il indique, convient avec la vraie et naturelle substance qui contient le véritable Mercure, du moins dans les qualités générales ; qu'elle a presque tous les caractères marqués par les Philosophes par lesquels on connaît leur Mercure, et la source d'où il est tiré. En voilà assez sur le premier article. Adieu.

Le 23ᵉ de Mars 1646

LETTRE VI : *Il se tire par la distillation*

Monsieur, suivons le Pagesien. Le second article de son premier Chapitre tâche d'établir l'extraction du Mercure, et sa préparation, qu'il fait plus mystérieuse qu'elle ne l'est en effet. Il se fonde sur l'autorité de Raymond Lulle qu'il n'a pas bien entendu, ou sur les préceptes de quelques autres Philosophes qu'il applique mal. Il prétend qu'il ne faut prendre que la dixième partie de sa magnésie, qui est celle qui monte d'abord par la distillation, et qui seule doit être utile comme étant seule la substance Mercurielle. Pour les neuf autres parties qui viennent ensuite en continuant la distillation, il les rejette comme inutiles. Il ajoute que cette dixième partie gardée, doit être enfin, remise sur la terre restante après la distillation achevée, (laquelle terre il appelle sottement le sel et le soufre du Mercure) jusqu'à ce qu'enfin par plusieurs, réitérées cohobations, inhumations, digestions et sublimations qu'il décrit, ces deux substances soient unies.

Mais il se trompe grossièrement. Car ce que les Auteurs nous disent de la dixième partie contenant l'Esprit et des inhumations qu'il en faut faire dans sa propre terre, se doit rapporter à toute autre chose qu'à la préparation et extraction, du Mercure, comme je ferai voir ailleurs.

Il ne faut point d'autres règles pour l'extraction et préparation du Mercure, que la simple distillation de la magnésie et par laquelle l'Esprit et l'huile sont élevés ensemble, jusqu'à ce que les résidences soient séchés, que la séparation de l'Esprit d'avec l'huile soit faite, et que la rectification de cet Esprit réitérée plusieurs fois, soit achevée. Mais je me réserve à parler de toutes ces, choses ; plus au long dans la Pratique. Adieu.

À Bruxelles, le 30 Mars

LETTRE VII : Il explique en quoi confise l'homogénéité que doit avoir le Dissolvant avec l'Or

Monsieur, s'ensuivent les trois et quatrièmes articles de l'écrit du Pagesien, l'un desquels assigne la minière, d'où se tire le Soufre Philosophique requis à l'œuvre. Il parle juste sur ce point ; car ce Soufre n'a point d'autre minière que l'Or et l'Argent. L'autre article enseigne l'art de tirer ce Soufre des entrailles, pour ainsi dire des susdits Métaux. Et en cela, il est encore dans l'erreur.

En effet, il se sert pour cela d'un Dissolvant qui est hétérogène à l'Or, ou d'une autre nature que lui, et qui par conséquent ne peut rien faire sur lui que de violent. Ce Dissolvant est une huile tirée par défaillance du Mercure commun sublimé plusieurs fois avec le Sel armoniac et cela est contre l'intention de la Nature, qui veut que l'Or et l'Argent, pour qu'ils soient propres à l'œuvre, soient dissous dans une eau douce et bénigne qui leur soit homogène par homogénéité de principe (comme parle la Cabale) non pas par homogénéité de chose principiée, ou déjà déterminée, comme le pensent faussement quelques personnes, qui ne sont pas moins dans l'erreur que le Pagesien. C'est-à-dire, que ce Dissolvant doit être de même nature, que cette matière ou substance de laquelle Immédiatement furent faits l'Or et l'Argent, avant qu'ils se fussent endurcis en Or ou Argent (car il y a plusieurs degrés subordonnés dans la composition des Mixtes, comme on le verra dans la suite). Et ainsi l'on ne doit pas croire qu'il soit nécessaire que le

Dissolvant doive, être de la même nature que l'Or et l'Argent, tels qu'ils sont actuellement.

Or il n'y a nulle substance dans la Nature qui puisse avoir une telle homogénéité de principe avec l'Or et l'Argent, que notre Mercure tiré de la magnésie que vous connaissez présentement, parce que c'est une vapeur chaude et humide qui n'est point encore déterminée sous une des trois espèces des Mixtes inférieurs, savoir des Minéraux, des Végétaux et des Animaux, et qui par conséquent est d'une composition plus simple d'un degré, au moins que n'est l'Or ou l'Argent, ou tout autre Mixte naturel.

Toute autre chose, et même le Mercure du vulgaire dont se sert le Pagesien y sont déjà réduits et spécifiés sous une de ces trois familles. Et ainsi quoi qu'il semble, avoir beaucoup de qualités symboliques avec l'Or et l'Argent, il leur est pourtant tout à fait hétérogène parce qu'il a une nature et une différence spécifique comme eux en ont une, mais qui n'est pas la même que la leur, en quoi consiste l'hétérogénéité.

C'est donc notre Mercure, et non le vulgaire qui doit servir de Dissolvant à l'Or et à Argent, pour en tirer leur Soufre : Et c'est-là un des erreurs du Pagesien. Adieu.

À Bruxelles, le deuxième d'Avril 1646

LETTRE VIII : *Il réfute un certain procédé d'un Philosophe*

Monsieur, le cinquième article veut que pour la confection de l'œuf Philosophique, on prenne une once à peu prés de Soufre d'Or ou d'Argent, avec une très petite quantité de son Mercure. Il prétend que ses esprits après plusieurs distillations et cohobations, dissolvent de telle manière le dit Soufre, l'ouvrant et le digérant, qu'ils en font sortir toute l'humidité ce qui est contre toutes sortes de raisons. Ainsi en prétendant faire le jaune mystérieux de l'œuf, il ne produit qu'un monstre. Car il soutient que pour faire ce Jaune, il faut séparer plusieurs fois le Soufre d'Or ou d'Argent ; qu'il faut aussi ôter le blanc de cet œuf, qui est la chose fermentable, c'est-à-dire, son Mercure et son humidité naturelle nécessaire pour la génération. Et après tout cela, il croit pouvoir faire éclore le Poulet Philosophique, ou la Caille Cabalistique.

Il n'est pas nécessaire d'examiner ici la fausseté de ces imaginations du Pagesien puisque le plus ignorant peut de lui-même les apercevoir. Adieu.

À Bruxelles, ce cinquième Avril 1646

LETTRE IX : *Que Feu extérieur doit être toujours égal*

Monsieur, le sixième article de votre Auteur parle de la cuisson de l'œuf et du régime du feu, dont il distingue quatre degrés, lesquels, il soutient fortement devoir toujours aller en augmentant mais en vérité cela sent guère son Philosophe, s'il l'entend du feu actuel comme apparemment il le pense. C'est ce qui me fait changer de sentiment à son égard : car j'avais crû d'abord qu'il vous avait insinué des erreurs dans les premiers articles pour cacher la vérité, et pour plus adroitement vous tromper. Mais présentement je vois bien et avec douleur, est entièrement dans ces sentiments là et que c'est-là l'interprétation qu'il donne aux passages des Philosophes.

Tout Homme un peu habile et expérimenté sait que les quatre degrés du feu, dont parlent les Philosophes, se rapportent au feu virtuel ou central du levain même, qui devant dans la suite surmonter ceux qui lui sont supérieurs en proportion et volume, et l'emporter par-dessus les qualités naturelles du Mercure, doit faire cela peu à peu, et par quatre degrés de force différente qu'il acquiert successivement, et qui sont désignez dans lui par les quatre principales couleurs. Mais comme le Feu actuel extérieur, ne fait qu'exciter l'autre, c'est pour cela qu'il doit être continuel, et d'un degré très lent et égal. Voilà encore des erreurs du Pagesien. Adieu.

À Bruxelles, l'onzième Avril 1646

LETTRE X : *Que la fin de l'Art, c'est de perfectionner la Nature*

Monsieur, après avoir examiné l'œuvre du Pagesien, il ne reste plus qu'à vous mettre dans le bon chemin et vous exposer tout le fonds de la Science Hermétique, laquelle aussi-bien que votre Auteur, nous diviserons en deux parties. La première traitera de la Nature. La seconde de l'Art. Le tout est conforme aux principes de la Cabale, lesquels d'abord furent inspirés par Dieu même à nos premiers Pères, et qui depuis sont venus jusqu'à nous, non point par écrit, mais par tradition. En effet que peut on se proposer de plus à propos dans cette Science, que de perfectionner la Nature, puisqu'après tout, c'est-là l'unique fin de l'Art ? Or est-il que l'Art ne peut la perfectionner qu'en l'imitant ni l'imiter qu'en connaissant ses manières d'agir. Donc il faut premièrement montrer quelles sont les opérations de la Nature, et ensuite de quelle manière l'Art les peut perfectionner. Le premier point a deux membres, dont le premier sera employé à parler de la première création de toutes choses. Le second parlera des productions naturelles qui se font tous les jours. L'un et l'autre sont également nécessaires à savoir à un Philosophe qui, s'applique à connaître la vérité parce que de même que l'Art imite la Nature, ainsi la Nature imite la création ; avec cette seule différence, que la création ne présuppose rien d'existant : la Nature au contraire présuppose les principes simples et l'Art, suppose, aussi les siens, mais composés et pour parler ainsi, déjà principiés.

Il résulte donc, pour finir cette Lettre, que la connaissance parfaite de l'Art dépend de celle de la Nature, tant de celle qui a réglé la première production du Monde, que de celle qui fait encore, a présent les diverses générations. Que cela nous serve de préambule d'ores en avant nous, allons entrer, en matière. Adieu.

À Bruxelles le 15ᵉ Avril 1646

LETTRE XI : *Que la Création s'est faite par solution et coagulation et que la Nature et l'Art doivent imiter*

Monsieur, il est certain et reçu pour très véritable, non pas chez les Païens, mais chiez les Chrétiens, qu'il est un premier Auteur qui a crée dans le temps et de rien ce Monde matériel : (car c'est de celui-là seul que je parle, et non pas de l'intellectuel qui en fut comme l'idée.) Ils ne tiennent pas cependant que tout ce que nous y voyons, soit sorti immédiatement de la main du Créateurs mais ils veulent qu'il ait d'abord créé certaine matière première dont rien du tout ne lui fourni l'idée même et que de cette matière par voie de séparation, aient été tirés des corps simples, qui ayant ensuite été mêlés les uns avec les autres par voie de composition, servirent à faire ce que nous voyons.

Il paraît par là que par un effet admirable de la Providence, la Création a servi dès le premier moment de modèle à la Nature et à l'Art, puisque dans toutes choses que l'une produit, et que l'autre veut perfectionner, il faut (comme il est arrivé alors) que l'opération commence par la solution, et qu'elle finisse par la coagulation.

Il paraît encore que dans la Création, il y a eu une espèce de subordination, si bien que les Êtres les plus simples ont servi de principes pour la composition des suivants et ceux-ci des autres, sans, que pourtant il soit nécessaire d'admettre dans ces composés diverses, formes distinguées les unes des autres, qui puissent se séparer : Car la dernière forme qui constitue le Mixte, contient éminemment les premières formes des corps simples, qui ne peuvent la quitter.

Or de savoir, combien de degrés il y a eu, dans cette subordination de principes, c'est ce qui ne se peut pas dire aisément. L'École n'en admet que trois, à savoir la création de la Nature, la séparation des Éléments, et la composition des Mixtes. Mais la Cabale, qui a reçu ses lumières de Dieu même, et qui seule a bien compris le premier Chapitre de la Genèse, admet à la vérité trois degrés différents, qui répondent à ceux qu'établit l'École : Savoir, 1o. La production d'une matière première que rien n'a précédée. 2o. La division de cette matière en Éléments et enfin, moyennant ces Éléments, la fabrique et composition des Mixtes. Mais outre cela, elle fait encore bien d'autres subdivisions, que nous allons expliquer par ordre. Adieu.

À Bruxelles, le 21ᵉ Avril 1646

LETTRE XII : À proprement parler, il n'y a qu'un seul premier Élément

Monsieur, premièrement donc, Dieu créa la matière de rien, non pas informe, comme le prétendent sottement les faux Philosophes, mais sous la forme (pour m'exprimer ainsi) d'une Eau primitive, qui seule a été proprement le premier Élément et le premier Principe.

C'est de là que plusieurs Philosophes non sans raison, n'ont établi qu'un seul premier Élément, auquel ils donnent les deux propriétés primitives, qui sont d'agir et de souffrir, auxquelles répondent trois Actes primitifs : À savoir, *l'Hyle* ou le Corps ; *l'Archée*, ou l'Âme ; et *l'Azoth* médiateur entre l'un et l'autre : c'est cet Azoth ou Esprit Universel, qui leur tient comme la place d'un serviteur. Et enfin ils ont assigné à ce premier Élément les quatre qualités, comme les premiers instruments de toute action et passion. C'est-là le premier degré fondamental de la Genèse. Adieu.

À Bruxelles, le vingt huitième Avril 1646

LETTRE XIII : La distribution des quatre premières qualités

Monsieur, en second lieu. Par une distillation mystérieuse Dieu sépara cette Eau primitive en quatre parties et régions, qu'on a appelle *les Éléments*, quoi qu'à proprement parler ils ne soient pas tant des Éléments, que des parties d'un Élément. Mais cependant parce qu'ils différent un peu du premier, on leur peut donner le nom d'Éléments faits par un Élément. Or ces Éléments sont dotés chacun de leurs qualités dans un degré fort intense, comme l'on parle.

À raison de ces qualités, chaque Élément a ses propriétés. L'une des principales, c'est leur sympathie et leur antipathie. Car comme quelques unes de leurs qualités sont contraires, de là il arrive qu'ils sont dans un continuel combat. Dans ce combat, ils perdent toujours quelques parties; et quand de ces parties ils s'en trouvent plusieurs ensemble qui ont une même qualité, ou du moins sympathisante, il se fait de cela un nouvel être comme par une seconde génération, et ce nouvel être participe à la Nature du Mixte et de l'Élément.

Le tout ainsi expliqué, l'on voit pourquoi ces Éléments sont appelés *Principes servant, à la constitution des Corps*. On voit encore que nul Mixte ne peut être résolu jusqu'à dans ces Éléments, sinon par la toute puissance de Dieu, parce que les dernières formes ne peuvent être comme ramenées dans la première: De même il ne se peut faire que tous les Éléments s'unissent immédiatement dans un seul Mixte, à cause de la répugnance de leurs qualités, qui ont besoin d'un certain milieu pour s'unir.

Prenez garde que j'ai dit que, tous les Éléments ne s'unissent pas car, je sais bien que quelques uns s'unissent, à savoir voir ceux dont les qualités dominantes ne sont pas opposées, comme nous, allons le voir, en expliquant le second degré de la Création. Adieu.

À Bruxelles le 3e Mai 1646

LETTRE XIV : La formation des Cieux de la Quintessence des Éléments

Monsieur, en troisième lieu. Dieu a tiré comme la quintessence de ces Éléments, c'est-à-dire, que par une rectification mystérieuse, il en a séparé les parties les plus pures. Et c'est de ces choses qu'il a fait les Cieux et les Astres, non point par voie de composition ou de coagulation, ce qui marquerait un mélange, contraire à ce qui s'est fait, mais par voie de concrétion et de condensation.

Car les Cieux ont été faits des plus pures parties de l'Eau : quelques-uns des Astres, des plus pures parties de l'Air : les autres, de la partie la plus claire du Feu ; et ses derniers enfin, des parties de la Terre les plus subtiles et les plus polies.

Cette hypothèse se démontre par la seule lumière naturelle. Car il n'y a point de Paysan si peu versé dans la connaissance de la Nature, qui ne voie que la Lune est opaque ; qu'elle n'a point de lumière par elle-même, qu'elle l'emprunte du Soleil et que par conséquent cette Planète tient fort de la Terre, la Terre étant le seul des Éléments qui soit opaque.

Au contraire, on voit que le Soleil est lumineux ; et par conséquent qu'il est d'une nature de feu, vu particulièrement que c'est lui qui communique la lumière et la chaleur aux autres corps. Car la lumière est une propriété qui sort de son essence, et qui toujours l'accompagne, quoi qu'elle ne paroisse pas toujours, à cause de l'interposition des corps opaques. De là vient que pour exprimer le Feu, on se sert quelquefois du mot de *Lumière* : comme au contraire, celui de Feu désigne à son tour la Lumière, comme dans la Genèse, où la création du *Feu* est exprimée par celle de la Lumière.

La même hypothèse se confirme encore par les corps faits de la quintessence de l'Air. Ce sont de certaines Étoiles pâles, et qui paraissent des corps transparents, recevant leur lumière du Soleil, à peu près comme un verre qui en est pénétré, ou comme l'air même dont ils ont été faits.

Ajoutez à tout cela, que si l'on n'admet pas cette sorte de génération des corps célestes, on ne peut dire pourquoi un même Astre a tantôt des influences chaudes, et tantôt des froides, selon les approches et les aspects des Planètes, dont les qualités sont différentes, ni comment ils peuvent produire dans les corps inférieurs tant de divers changements. Mais dans cette opinion la chose est aisée, puisque les qualités des Éléments peuvent procéder aisément des Éléments mêmes et se faire sentir, partout où elles se trouvent.

Enfin vous pourrez voir plus de preuves encore de cette vérité dans notre Harmonie, que nous avons mis entre les mains de Bréchius pour être imprimée, et où tout ceci est démontré bien amplement.

Mais une des choses qui mérite plus nos réflexions, c'est ce qu'on remarque dans les Corps célestes comme par exemple, que chacun d'eux se meut sans cesse d'un mouvement égal, diffèrent néanmoins de celui d'un autre Astre : afin que tous ensemble venants par là à faire comme différentes figures, et à se trouver en divers aspects, ils jettent sur les Corps d'ici-bas des influences, par lesquelles ils se trouvent concourir aux actions de la Nature, aux mouvements, aux générations et corruptions, tant universelles, que particulières, lesquelles enfin font la variété des Temps et des Saisons les durées des choses, et plusieurs autres effets.

Et ici finit la solution ou séparation de la matière. Parlons de la composition ou coagulation ; laquelle (comme nous l'avons déjà insinué) suppose l'union de plusieurs parties diverses et ce sera la notre matière prochaine. Adieu.

De Bruxelles, le 9e Mai 1646

LETTRE XV : L'origine des trois Principes Chimiques

Monsieur, quatrièmement donc, Dieu de ces premiers Principes en fit des seconds, qu'on peut appeler *Principes principiés*, ou *Mixtes supérieurs*, parce, qu'ils tiennent comme le milieu entre les Éléments, et les derniers Mixtes.

Les seconds Principes sont, 1°. le Soufre, qui est une substance composée de feu et d'air mêlés et unis par l'extrémité de la chaleur, qui est une qualité commune à l'un et à l'autre, 2°. Le Mercure, qui est fait d'air et d'eau unis par l'humidité, (qualité qui se rencontre dans tous les deux.) 3°. Le Sel composé d'eau, et de terre par un agent qui leur est commun, savoir la froideur. Or ces seconds Principes ont des propriétés qu'on peut diviser en communes et en particulières.

Les communes sont, qu'ils servent comme de milieu pour rassembler dans les Mixtes deux extrémités opposées : c'est-à-dire, que par leur moyen les Éléments de qualités antipathiques dominantes s'unissent dans un même Mixte de l'une des trois familles. Car quoi qu'il semble que cette union eût pu se faire, moyennant les qualités symboliques ; cependant il était peu conforme à la manière d'agir de la Nature, et aux lois que Dieu lui a imposées, que ces contraires se trouvassent ensemble dans les derniers Mixtes, sans s'être vus auparavant ailleurs et avoir fait quelque alliance dans des Corps qui fussent moins composés.

Ajoutez que tant de divers tempéraments, et des constitutions aussi différentes qu'on en voit dans les Mixtes, n'eussent pu se faire sans cette espèce de médiation, au moins elles n'eussent pu durer longtemps. Les propriétés particulières seront expliquées dans la Lettre suivante. Adieu.

À Bruxelles, 15ᵉ Mai 1646

LETTRE XVI : *Leurs propriétés particulières*

onsieur, ces propriétés particulières des susdits Principes, sont différentes et elles méritent bien que, l'on y fasse attention.

Celles du Soufre, son d'être le siège de la chaleur naturelle, sa nourriture et son entretien : de recevoir immédiatement en soi les influences chaudes et sèches des Astres, et ensuite de les communiquer aux Corps dans, lesquels il se trouve, de contenir les odeurs et la teinture de toutes choses, et de recevoir les actions qui en viennent dans le mélange des Mixtes.

Celles du Sel sont d'être dans les Corps la source de toute coagulation et de disposition à se coaguler ; car c'est lui qui serre et ramasse ensemble en forme solide les autres Principes : d'ouvrir les choses les plus dures, lorsqu'il est appliqué selon la quantité du Mercure, et qu'il vient à remuer les Sels dans lesquels consiste le lien des parties homogènes du Composé, en quoi il est aidé par l'action et la force qu'il reçoit des Sels étrangers : de contenir la saveur et le goût des choses qui en ont, de la leur communiquer, et de la recevoir de dehors.

En effet, quand une fois les parties de quelque Animal que ce soit, viennent à perdre leur Sel, elles perdent à même temps leur saveur : car c'est lui qui pique et qui est piqué dans tous les mouvements de l'appétit. Une des ces propriétés encore, c'est de recevoir les influences chaudes et humides.

Celles du Mercure sont d'être le siège de l'humidité

radicale, de l'entretenir et de le nourrir dans tout, de recevoir toutes les influences froides et humides de souffrir les impressions des Corps dans lesquels dominent ces qualités, de les communiquer aux autres parties du Corps où il est, de résoudre le Sel et ainsi d'aider à la solution de tout ce qui est solide.

Voilà quelles sont les propriétés des seconds Principes, ou Principes principiés. Nous passerons dans la suite plus loin. Adieu.

À Bruxelles, le 21e Mai 1646

LETTRE XVII : Ce que c'est que le sperme de la Nature, et le menstrue du Monde

onsieur, cinquièmement. De ces trois Principes Dieu en a formé deux autres, qu'on peut appeler encore Principes principiés, ou seconds Mixtes, parce qu'ils se font d'autres Principes. Ce sont, 1°. Le sperme de la Nature 2°. le menstrue du Monde. Or comme ces deux Principes subalternes retiennent les propriétés de ceux dont ils sont faits, aussi en gardent-ils le nom, savoir de Soufre, et de Mercure. Le sperme s'appelle le Soufre et le menstrue Mercure. Mais outre les susdites propriétés, ils en ont encore acquis de nouvelles par ce nouvel état.

Car le Soufre qui auparavant était échauffé, à cause de la chaleur naturelle qu'il contenait, par le mélange qui se fait de lui avec le Sel, devient coagulatif et fixatif ; et c'est pour cela qu'il est appelé par les Philosophes, le Soufre vif. De même le Mercure, qui dans son origine est froid, ici (à cause de son union avec l'Air congelé, lequel lui est apporté par le Sel) dévient chaud et humide et beaucoup mieux digéré ; et c'est ce qui le fait nommer le Mercure Vif.

Les propriétés qui suivent la forme nouvelle de ces deux Mixtes, sont comme celles ci-dessus, ou communes ou particulières. Les communes sont, qu'ils soient des Mixtes subalternes du second ou moyen ordre.

Les particulières sont premièrement du Soufre, de contenir en soi les semences tant primitives, que celles de la seconde classe, dont je parlerai dans la suite, non pas qu'elles soient toutes dans lui confusément, mais distinctes et avec ordre, selon la nature et condition des lieux, dans lesquels comme dans les reins de la Nature, et dans les vaisseaux spermatiques, il a reçu sa dernière digestion, et sa détermination spécifique avec la force de se multiplier ; et c'est pour cela qu'il est appelé le Sperme de la Nature.

C'est encore ce même Soufre vif qui introduit les semences dans une matrice proportionnée, et là les dispose pour faire leurs offices pour la génération : d'où vient qu'on lui attribue l'énergie de la faculté masculine, comme s'il était une racine qui attirait l'Esprit Mercuriel du menstrue. Qualité qui lui a encore fait donner le nom d'Aimant, d'Acier et autres semblables.

Secondement, les propriétés singulières du Mercure, sont de contenir le Mercure dont j'ai parlé ci-dessus, mais plus cuit et digéré, et dans une disposition prochaine à recevoir les actions des semences et la fermentation, afin qu'il soit changé et coagulé selon leur exigence ; et enfin qu'il se convertisse avec les aliments dans la substance de tout ce qui prend nourriture, comme s'il en était une naturelle lui-même. Voilà d'où lui est venu le nom de Menstrue du Monde. Adieu.

À Bruxelles, le premier de juin 1646

LETTRE XVIII : *Ce que c'est que l'Esprit Universel*

Monsieur, sixièmement. Ces deux derniers Principes ont servi à Dieu à en faire un dernier, qui retient aussi le nom de *Mercure*, quoi qu'il ait en soi les trois Principes susdits, qui sont conjoints avec lui physiquement et inséparablement. Mais parce que les marques du Mercure sont dans celui-ci celles qui dominent et qui apparaissent le plus aux sens, à savoir que l'humidité aqueuse et certaines parties subtiles de terre intimement jointes avec l'eau, cela est cause qu'on l'appelle plutôt Mercure que Sel ou Soufre.

Néanmoins selon les divers degrés de digestion qu'il acquiert, il change de nom, de nature et de propriétés : Car par exemple, s'il passe jusqu'à la digestion du Soufre vif, il devient Soufre véritable ; et alors il en portera le nom. Mais tandis qu'il demeure dans l'état et dans le tempérament du Mercure, il n'est point nommé autrement que Mercure. Voilà pourquoi le Mercure est appelé Hermaphrodite et Protée, parce qu'on dit de lui qu'il est mâle et femelle, et plusieurs autres choses semblables.

Ses propriétés sont premièrement, d'être le dernier des Principes principiés, ou de ceux qui se font d'autres Principes : d'où vient qu'il est la matière prochaine, dans laquelle tant dans la première que dans la dernière génération, se font et se multiplient tous les Mixtes moyennant l'action des semences, tant universelles que particulières ; le tout par voie de fermentation, et selon la diversité des natures et des semences.

Secondement, de donner aux choses conçues et produites, nourriture et accroissement de sa propre substance même d'où vient qu'il est appelé par les Philosophes, *la mère et la matrice des choses*. Il a encore divers noms selon les fonctions différentes, qu'il exerce, et selon qu'il est l'agent ou patient : mais le principal et qui sera celui par lequel je le marquerai dans la suite, est celui *d'Esprit Universel ;* parce que quoi qu'il ait corps et âme, cependant comme ce corps est très subtil presque tout spirituel, il mérite mieux d'être nommé Esprit que Corps : et parce que son âme ou sa partie active, ne paraît point aux sens, elle s'appelle plutôt Esprit qu'Âme.

Après tout ce que nous avons dit jusqu'ici, pour repasser un peu sur tant de vérités, il faut avouer que véritablement tous ces Principes principiés sont plus composés, que les Principes principiants qui sont les Éléments ; mais, ils ne laissent pas pourtant d'être mis entre les Corps simples, et cela avec justice. En effet ils sont de condition pareille aux Éléments, en ce que nul Cops ne peut être résout en ces Principes principiés, non plus que dans ses premiers Éléments, si auparavant il n'a comme dépouillé cette forme qui le faisait être tel Mixte et en telle famille, et s'il n'a été réduit en cette même simplicité qu'il avait avant sa coagulation.

Quoi que puissent dire au contraire les faux Chimistes, ils n'ont pour se détromper qu'à faire réflexion que ce qu'ils soutiennent a quelque chose de contradictoire. Car ils assurent que les facultés moyennes de leurs trois Principes, Sel, Soufre et Mercure, se trouvent après la résolution les mêmes en espèce qu'elles étaient dans les Corps dont ils ont été tirés, sans autre différence, sinon qu'ils croient qu'ils ont acquis un plus grand degré de force dans ceux-là que dans ceux-ci. Mais il est impossible que ces facultés soient les mêmes, si ces trois Principes ne retiennent la formé substantielle des Corps où ils étaient ; parce que ces facultés dont ils étaient alors participants, sont des accidents inséparables de ces Corps, lesquelles demeurant ainsi, prouvent évidemment que la forme substantielle de ces Corps est demeurée aussi. Car prenez garde, s'il vous plaît, que si lesdits Principes ne pouvaient être réduits à leur simplicité première, alors leur forme substantielle serait réduite à rien, ou bien elle demeurerait suspendue hors de son sujet : ce qui naturellement ne peut être. Elle n'est pas réduite à rien, puisque ses accidents subsistent selon eux : il faut donc que ces trois Éléments l'aient encore. Et ainsi ces Principes ne sont pas réduits à la dernière simplicité.

Vous m'objecterez qu'une génération ne se peut

faire sans destruction de la forme ancienne, puisque la génération d'une chose est la destruction de l'autre dans les Mixtes : mais cela ne fait rien contre moi, parce que dans le même moment que la vieille forme souffre corruption, une nouvelle s'introduit, qui est en composition de même degré que le Mixte inférieur qui se produit, et non jamais plus simple ou moins composée. Le sujet de cette forme ancienne n'en est donc pas dépouillé, et l'on ne peut pas dire qu'il y ait eu un moment où ce Mixte soit déchu de son degré décomposition, et qu'il soit retourné à une forme substantielle complète, plus simple que la première. Condition cependant qui serait nécessaire pour établir cette annihilation de la vieille forme, que nous nions.

J'ai dit, à une forme complète, parce qu'il y a quelques formes substantielles incomplètes : comme par exemple, les âmes raisonnables, lesquelles séparées de leurs sujets et de leurs matières, perdent quelques degrés de leur composition.

Quoi que pourtant la séparation parfaite desdits Principes ne se fasse, point, il ne faut pas nier qu'il n'y en ait quelqu'une d'impropre et d'imparfaite. L'expérience nous le montre tous les jours dans les distillations, dans lesquelles des substances répondantes auxdits Principes, sortent en même nombre qu'eux, mais en ordre rétrogradé. Davantage même, il est nécessaire : que cela arrive puisque autrement ce serait en vain qu'on chercherait le Soufre de l'Or et de l'Argent, nécessaire pour faire la Pierre. Adieu.

À Bruxelles, ce 6ᵉ Juin 1646

LETTRE XIX. *Origine des semences primitives, pour la production des espèces*

Monsieur, en Septième et dernier lieu. De ce Principe Dieu a fait immédiatement les Mixtes des trois Familles, animale, végétale et minérale, quelque infinité qu'il puisse y avoir en chacune ; et le tout en cette manière.

Dudit Esprit Universel, ou d'une portion d'icelui, cuite et digérée jusqu'à la tempérie du Soufre, il a fait en chaque Famille une quantité innombrable de petites semences, ou de ferments de diverses espèces, qu'il a distribué tant dans l'Air, que dans l'Eau et dans la Terre, à peu prés selon que le Trésor inépuisable de sa Sagesse lui en a fourni les idées, J'appelle ces semences, *Semences primitives*. De quelques-unes d'icelles, (car il y en a plusieurs comme en réservé, et qui ne travaillent point,) unies encore avec ledit Esprit Universel, mais digéré seulement, et cuit jusqu'à la tempérie du Mercure, il a formé des individus, avec, une diversité de sexe, masculin et féminin. Dans un de ces sexes, il a comme fait germer les semences secondes et particulières, propres à multiplier son espèce : Et dans l'autre, il a mis le menstrue, ou *l'Hyle* particulier aussi qui est comme le principe matériel et passif de son espèce. Car outre une infinité de propriétés dont il a enrichi chaque individu, il leur a surtout donné celles de se multiplier, par l'entremise du mâle et de la femelle.

Mais afin que cela s'entende encore mieux, il faut savoir que Dieu a établi qu'il y eût deux, manières de multiplication, l'une première et principale, et l'autre comme par substitution. C'est de quoi le parlerai dans la Lettre suivante. Adieu.

À Bruxelles, le neuvième de Juin 1646

LETTRE XX : *Multiplication des individus de chaque espèce par des secondes semences*

Monsieur, la Multiplication primitive et principale, est celle qui se, fait par la force et l'action des semences, primitives dont j'ai ci-dessus parlé. La multiplication seconde et subordonné, et laquelle je prétends ici marquer est celle qui se fait par la force et l'action des Semences particulières, procédant immédiatement de chaque individu. L'une et l'autre à ses termes et ses fins où elle tend.

Le premier terme, c'est de multiplier simplement la semence et le menstrue : c'est-à-dire, que par la semence qui agit sur l'Esprit Universel, il est converti dans une autre semence pareille à celle qui converti : Et par le menstrue, dans un autre menstrue de même nature que le premier.

Le second terme ou la seconde fin, c'est de multiplier l'espèce : c'est-à-dire, que par cette multiplication ce n'est plus dans la semence ou dans le menstrue qu'est changé l'Esprit Universel, mais dans l'individu d'une espèce, selon l'exigence de la semence particulière ou primitive qui agit ; et par cette double action s'achève la génération parfaite.

Outre cela, il y a encore un troisième terme de

cette force multipliante, par laquelle l'individu produit est perfectionné, nourri, augmenté, selon son état et sa nature : ce qui se fait non pas par l'action de la semence, mais par l'odeur ou la vertu active de la forme substantielle, qui agit encore sur le même Esprit Universel. Mais ce terme ne regarde pas la génération.

Ces trois termes ou ces trois modes de la multiplication, se font par mâle et femelle mais de différente manière ; car le premier et le troisième s'exercent disjonctivement, c'est-à-dire, sans qu'il y ait concours de deux distingués qui agissent l'un sur l'autre : d'où vient qu'à proprement parler on ne devrait pas dire que ce fut action de mâle et de femelle. En effet, les fonctions du mâle et de la femelle sont ou singulières ou communes. Les communes sont de s'accoupler et se joindre. Les singulières sont du mâle, pour contenir en soi le sperme ; de la femelle pour contenir en soi le menstrue, pour recevoir le sperme et la semence du mâle ; et quand elle l'a reçu, pour lui former ledit menstrue, tant pour la conception de ce nouvel individu, que pour sa nutrition.

Maintenant pour revenir à nos deux sortes de multiplications : elles conviennent toutes deux et leurs trois termes aussi, c'est-à-dire leurs fins, aux trois Familles des Mixtes inférieurs. Mais quoi qu'en pense la Philosophie vulgaire, il est pourtant vrai que ce n'est pas de la même matière. Car la multiplication primitive est le propre des Minéraux et c'est par elle qu'ils se multiplient tous les jours dans la terre : Elle se trouve encore dans les Végétaux, puisque c'est en cette sorte qu'il s'en produit plusieurs, mais moins et plus rarement que des Minéraux surtout, s'il s'agit de Végétaux, parfaits, et non de ceux qui ne sont que comme les excréments de ce genre d'Êtres. Mais pour dans les Animaux on ne l'y voit guère, parce que les Animaux parfaits ne viennent que rarement et presque jamais par cette voie de génération.

La seconde multiplication et subordonnée appartient proprement aux Animaux. Elle est aussi ordinaire dans les Végétaux, mais pas tant que dans les Animaux et jamais sans le secours de l'Art, on ne la voit dans le genre Minéral.

De plus il est à remarquer que ce n'est pas aux mêmes conditions et avec les mêmes circonstances, que ces deux sortes de multiplication s'exercent dans ces trois règnes ; il y a bien de la diversité, selon les différentes propriétés de chaque Famille. Ce sera le sujet de la Lettre suivante. Adieu.

À Bruxelles, le 15ᵉ Juin 1646

LETTRE XXI : *Différence de la génération, selon les trois ordres d'Êtres*

Monsieur, la première différence est en ce qui concerne le mâle et la femelle, qui dans lesdites Familles ne sont pas de la même. Car dans la Famille Animale Dieu ayant donné aux Animaux parfaits la faculté de se mouvoir, par laquelle ils peuvent engendrer et exercer leurs autres fonctions, il a aussi voulu donner à chacune de leur espèces un mâle et une femelle déterminée.

Or comme dans le genre Végétal et dans le Minéral il n'y a point de faculté motrice, et que les individus de ces deux Familles ne peuvent pour cela se mouvoir ni se joindre ensemble, Dieu ne leur a donné qu'une femelle, qui se trouve partout, et s'approprie également à tous les deux. Cette femelle n'est semblable en espèce ni à l'une ni à l'autre de ces Familles ; mais elle convient avec elles en genre seulement lequel est celui qui est immédiatement au-dessus d'elles, à savoir le genre Mixte subalterne.

Cette femelle est donc notre Esprit Universel. C'est pourquoi autant qu'il y a de semences primitives en chaque région des Éléments, et autant qu'il se retrouve d'individus dans ces deux familles, autant y a-t-il de mâles : au lieu que pour tous il n'y a qu'une seule femelle.

La seconde différence consiste dans la diversité des fonctions de l'un et de l'autre sexe, laquelle est grande dans ces trois Familles, principalement en ce regarde la fonction commune de la copulation. Car les Animaux de leur propre mouvement, et par la seule impulsion de l'Archée, sans l'industrie de l'Art s'approchent l'un de l'autre lorsque certain appétit naturel qui leur a été donné pour les exciter à cela les y porte. De là vient qu'ils ont reçu de la Nature des instruments propres pour se joindre et pour engendrer, lesquels son distingués dans le mâle et la femelle

Quoi que les Végétaux semblent faire en quelque façon la même chose, lorsqu'ils produisent des fruits mûrs qui tombent dans la matrice de leur femelle, ils ont pourtant besoin, pour que cela se fasse sûrement du secours de l'Art.

Pour les Minéraux, il est vrai que quand à ce qui regarde la multiplication primitive, ils s'unissent sans le secours de l'Art. Mais dans la seconde multiplication, laquelle touche de plus près les Philosophes, la main de l'Artiste y est nécessaire, et sont opération doit y intervenir. De là vient que ni les Végétaux, ni les Minéraux, n'ont point d'instruments destinés à la conjonction ni à la génération : l'Eau leur sert comme de matrice à la femelle, et la Terre leur tient lieu de son ventre.

Il y a encore quelque diversité dans les offices particuliers : mais parce que cette connaissance ne sert de rien à notre affaire, je l'omets pour abréger le temps, et pour passer au reste à la première fois. Adieu.

À Bruxelles, le 21ᵉ Juin 1646

LETTRE XXII : *Suite du sujet de la précédente*

Monsieur, la troisième différence se prend du côté de l'Esprit Universel et de la disposition ou préparation qu'il doit avoir lors de la multiplication. Pour la primitive et ses propres termes, il n'y a nulle difficulté, car on n'y requiert aucune autre disposition de l'Esprit Universel, que les degrés de digestion décrits ci-dessus ; parce que dans cette espèce de multiplication il y a cela de commun aux trois Familles : que si l'Esprit Universel est arrivé jusqu'à la tempérie du Soufre, lorsqu'il se joint aux semences primitives il s'assimile à elles, et se change en semence : Que s'il n'est qu'au degré du Mercure, il sert alors à multiplier l'espèce ; c'est-à-dire y qu'il se fermente, et est changé dans un individu d'une espèce, selon l'exigence de la détermination de la semence primitive qui agit sur lui.

Mais, si l'on regarde la seconde multiplication, son effet et ses termes, la préparation que doit y avoir l'Esprit Universel est bien différente dans les trois Familles : Car dans les Animaux, il en requiert une autre que les précédentes, pour que les trois termes susdits de cette multiplication s'accomplissent en eux. Cette préparation c'est d'être digéré par l'Animal même dans ses entrailles. C'est pour cette raison que Dieu a ordonné que les Animaux respirassent. Par là l'Esprit Universel est attiré de l'air où il est en abondance dans le corps, dudit Animal. Y étant, il s'y digère il y prend l'odeur la teinture et la nature de la forme substantielle : et enfin une petite portion de cet Esprit, pour accomplir l'effet du premier terme de cette multiplication, se remue avec la semence, et se change ensuite en semence même.

Pour l'effet du second terme, il se mêle dans les entrailles de la femelle avec l'humidité du menstrue ; et à la fin, il se change en lui.

Enfin pont l'effet du troisième, il se mêle avec les aliments, il les dissout, il est transmué par eux et le tout ensemble se trouve à la fin converti en en chyle, en sang et dans la substance de l'Animal.

Dans les Végétaux, il demande une digestion, végétable pour l'effet de l'un et de l'autre terme. Elle se fait dans le cœur du Végétal; et à cette fin, Dieu a créé une magnésie dans toutes les Plantes, que le vulgaire appelle, *la moelle de la Plante*. Cette magnésie attire de la terre le susdit Esprit, où il réside en abondance: car par la continuelle agitation des vents, il est poussé dans ses pores.

Dans les Minéraux, il ne faut à cet Esprit Universel autre préparation spécifique, que de le séparer de la magnésie, et le purger; car ainsi il devient propre à l'effet du premier terme, mais par le second et le troisième la digestion métallique lui suffit. Adieu.

À Bruxelles, le 26ᵉ Juin 1646

LETTRE XXIII : *Suite du sujet de la précédente encore*

Monsieur, la quatrième différence se prend de l'effet du troisième terme, qui n'est pas le même dans toutes les trois Familles. Car dans les Animaux et les Végétaux, s'il se rapporte au premier acte, il augmente la quantité par extraposition; parce que ni la semence, ni le sang, ni autres choses semblables, qui sont plutôt des instruments des actions vitales que des parties du vivant, ou tout au plus qui n'en sont que des parties étrangères, ne prennent pas accroissement comme celles du vivant même. S'il se rapporte au second acte, la quantité et la masse s'augmentent par intussusception et à même temps la qualité ou la vertu intérieure croît en intention.

Mais dans les Minéraux, s'il se rapporte au premier

terme, il augmente leur volume et leur quantité ; et cependant leur vertu intérieure croît encore en intension : Que s'il se rapporte au second terme, loin d'augmenter la quantité, il la diminue, et avec cela, il ne laisse pas de faire croître encore la vertu intérieure.

La cinquième différence se prend du côté de la fin de la formation, qui est fort diverse dans lesdites Familles. Car dans les Animaux et les Végétaux pour l'effet de l'une et l'autre multiplication, le premier et le dernier terme ne reçoivent qu'une simple perfection d'assimilation, parce que le ferment acquiert toutes les qualités, et les patries même de la forme fermentante, c'est-à-dire de la semence ou du menstrue. Le second terme ne finit pas dans la simple assimilation, parce que le serment y acquiert certaine qualité, outre la forme du levain c'est-à-dire de la semence ; marque de cela, c'est que l'on ne peut pas dire, par exemple, que la semence de l'Homme soit l'Homme même.

Dans les Minéraux, l'un et l'autre terme aboutit à la simple assimilation, parce que le ferment du la semence a actuellement toutes les qualités formelles qu'il imprime à la chose qui est fermentée. La raison est, que toutes les parties des substances homogènes telles que sont presque tous les Minéraux, et particulièrement les Métaux, sont de la même nature que leur Tout : mais ils produisent cette forme dans les deux premiers termes de la multiplication différemment modifiée, et cela par accident, à cause de la différente disposition du Mercure, lequel ils s'assimilent dans différents termes.

Nous avons parlé jusqu'ici de la première génération; et par ce que nous en avons dit, vous pouvez savoir à présent ce que c'est que la Trinité Physique dans l'unité, et l'unité dans cette Trinité, vous pouvez encore avoir remarqué la fécondité entre-deux, le Quadrangle dans le Triangle, le Centre dans la Circonférence, et la Circonférence dans le Centre; la quadrature du Cercle, et le Cercle carré; le nombre de Sept tirant son origine du Triangle et du Quarré, et une décade naissante du Triangle et du Septénaire, avec d'autres Emblèmes de la Cabale, que je n'ai que faire ni d'expliquer, ni d'appliquer ici. Passons à la seconde génération. Adieu.

À Bruxelles, le 3ᵉ Juin 1646

LETTRE XXIV : *Dans quel ordre les Principes dont on a montré jusqu'ici l'origine, sont mis en action pour faire les secondes générations*

Monsieur, toutes choses ayant été ainsi créés et chacune douée de ses propriétés disposées et situées en ordre et dans un lieu propre, Dieu leur, imposa, une Loi que l'on appelle d'un nom barbare, la *Nature naturante*.

Cette Loi fut : Que ces choses ne demeurassent pas oisives ni inutiles; mais qu'elles fussent en action continuelle, selon que l'exigeait leur forme et qu'elles souffrissent (quand l'occasion s'en présenté) les impressions des causes étrangères. Par là les Corps supérieurs agissent sur ceux qui tiennent le milieu : ceux-ci sur les inférieurs, c'est-à-dire, sur les Mixtes des trois Familles, et enfin les derniers sur les espèces qui se trouvent en chaque Famille. Il n'y a pas jusqu'aux individus de ces Familles qui n'aient action les uns contre les autres, chacun à sa manière ; et tout cela se fait de la sorte, afin que parmi les Mixtes il parût toujours de nouvelles productions jusqu'à la fin des siècles, afin que les choses produites se multipliassent, et afin que celles qui dépériraient fussent réparées.

Tel a été l'ordre de la Providence, de peur que le Monde ne vînt à finir avant son moment marqué par la corruption successive toutes choses.

Outre cette Loi universelle, il en a encore été établi une autre dans chaque espèce pour sa conservation et sa multiplication. Nous l'appelons avec l'École, *la Nature naturée*. Par son aide la correspondance n'est pas seulement, entretenue entre les causes supérieures et les subalternes ; mais cette Nature y contribue encore autant qu'elle le peut, selon ses forces. Celui qui la gouverne, qui est *l'Archée*, s'accommodant à l'exigence des causes universelles, qui sont le Ciel et les Astres, fait que les Éléments produisent et multiplient, chaque jour le Soufre et le Mercure : ceux-ci le sperme et le menstrue du Monde : ceux là l'Esprit Universel, par le moyen, duquel les semences, et les menstrues de chaque Famille, aussi bien que leurs individus, sont multipliés ce qui enfin augmente et multiplie l'espèce, mais à la réserve des Minéraux, où cela ne se peut faire sans le secours de l'Art. Voilà une brève exposition de la seconde, génération. Adieu.

À Bruxelles, le troisième Juillet 1646

LETTRE XXV : Comment l'Art peut perfectionner la Nature

Monsieur, avant que de parler des règles de l'Art et de ses préceptes, il faut montrer en peu de mots, ce qu'il peut faire et ce qu'il prétend selon les Principes expliqués jusqu'ici. La fin donc de l'Art en général et son unique but c'est de perfectionner la Nature et les productions naturelles ; et il le fait en deux manières.

Premièrement, en aidant la Nature ou faisant qu'elle conduise jusqu'à leur perfection entière les choses qu'elle produit, par quelque espèce de production que ce soit. L'Art lui sert d'aide en ce point en faisant que la chose se fasse comme si l'action de la Nature n'était point du tout empêchée ni troublée par rien. Exemple, faute d'une Poule pour couver un œuf, le Poulet ne naîtrait pas en certains temps et en certains lieux : L'Art y supplée par une chaleur artificielle, qui fait la même chose que ferait la Poule. Il y a plusieurs autres exemples de cette sorte, où la Nature venant à défaillir, l'Art survient, qui souvent même hâte ses productions, et fait qu'elles paraissent plutôt qu'elles n'auraient fait, si la Nature seule s'en était mêlée. Mais, ces ingénieuses opérations de l'Art ne regardent pas quelques ouvrages sur les Métaux, parce qu'elles ont moins de lieu dans le Règne Minéral, que dans les deux autres Familles.

Secondement en ajoutant à ce que peut faire la Nature c'est-à-dire, que l'Art prend d'ouvrage de la Nature, où la Nature le laisse, et qu'il l'élève à une bien plus haute perfection qu'il n'eût pu être porté par la Nature même ce qui se fait derechef en deux manières.

La première sans changer l'espèce, mais seulement en augmentant la force intérieure de la chose. Car outre le degré de perfection destiné à chaque Être, Dieu en a encore laissé de possibles une infinité d'autres, surtout dans le genre Végétal et Minéral et cependant jamais la Nature n'y pourra arriver sans le secours de l'Art, ainsi qu'il a été montré ci-dessus. Cette vérité se concevra mieux par un exemple. Le pain est bien meilleur quand on y a ajouté du levain pour le fermenter et pour aider à ce que pouvait la Nature : ou bien, une vigne qui a crû dans un méchant lieu et stérile, ne portera pas de bons raisins, mais, il n'en sera pas de même si on la transplante et qu'on l'expose à un bon sol ; car pour lors, par quelque chose quelle reçoit au dedans d'elle, sa force croît avec la bonté de son fruit.

Or cette manière de perfectionner la Nature convient surtout aux Minéraux, et c'est le premier terme de la multiplication minérale dont je parlais tantôt : car il s'exécute par la multiplication de la semence, et jamais autrement.

Au reste, il faut bien se donner de garde de prendre l'augmentation de la vertu spécifique pour la réunion, d'une vertu éparse et répandue en plusieurs sujets. Car, par exemple, l'Esprit de Vin (et il en faut juger de même, des autres choses) se trouvant par la distillation dégagé de beaucoup de parties de Tartre et d'Eau, semble être devenu plus puissant, et avoir acquis une force toute nouvelle, quoique pourtant la distillation n'ait point fait croître sa vertu ; mais elle a seulement fait que ses parties, qui étaient fort séparées les unes des autres, sont plus unies ensemble, et plus comprimées, parce qu'on a ôté les parties hétérogènes et excrémentiels qui n'étaient pas de la substance du Vin, mais qui étaient localement confondues avec lui. J'avoue bien que par là cet Esprit de Vin produit des effets qui surpassent le terme de sa force ordinaire ; mais je soutiens qu'il n'a point acquis un degré de vertu au-dessus de son espèce : comme si l'on prétendait que la vertu de cela pût faire quelque chose au-dessus de ses forces naturelles, et multiplier son espèce. Mais plutôt c'est faute de faire attention à ceci, que la plupart dès Philosophes tombent dans l'erreur ; car par mille opérations, ils donnent l'estrapade aux Métaux et aux Minéraux, desquels en ce point il faut en juger de même que du Vin : Ces abusés croient par là exalter leur vertu, leur faire produire des effets surnaturels et multiplier leur espèce ; mais jamais ils n'en viendront à bout.

Après tout, je ne nie pas que cette opération soit utile ; je veux bien même qu'elle soit nécessaire pour l'œuvre des Philosophes, mais seulement comme un moyen pour arriver à la fin qu'on se propose, puisque ce n'est pas là où se doit terminer l'industrie de l'Artiste. L'altération accidentelle des qualités sensibles ne doit pas aussi être prise pour cette augmentation de vertu dont je parle ici, parce que l'addition de choses hétérogènes change seulement la face et non intérieur de la forme substantielle, son activité ou son état : en quoi se trompent fort encore tous les faux Philosophes.

La seconde manière par laquelle l'Art ajoute à la Nature, c'est en changeant une espèce basse en une supérieure : ce qui se fait en deux façons.

Premièrement, par le moyen d'un Agent universel ; c'est-à-dire, de quelque Minéral multiplié, selon le premier terme de Multiplication ci-dessus expliqué. Car par là cet Agent a acquis tant de force, qu'il peut convertir en sa propre substance plusieurs espèces, et même toutes celles qui lui sont subalternes. Outre cette multiplication en qualité, il a encore la force de multiplier en quantité, puisqu'une très petite partie de lui-même va changer en un moment de temps une grosse masse d'un autre Corps de même espèce que lui. C'est effet n'appartient qu'à la seule Pierre des Philosophes ; et c'est jusqu'où peut aller la multiplication minérale.

Secondement, par le moyen d'un Agent particulier, dont l'activité ne s'étend que sur une ou deux espèces de celles qui lui sont subordonnées, en les changeant en quelque chose de meilleur qu'elles n'étaient. Mais nous parlerons plus au long dans la suite de cet effet de la simple transmutation.

De tout ce qui a été dit jusqu'ici, on peut tirer la division de la Chrysopée, ou de l'Art de faire de l'Or, qui a deux parties, à savoir la Chrysopée universelle, et la particulière.

L'universelle s'applique à préparer cet Agent Universel, ou à multiplier la semence de l'Or et de l'Argent ; et ensuite à s'en servir. La particulière ne tend qu'à préparer des Agents particuliers, et les faire tenir à ce à quoi ils sont propres. Nous suivrons dans la suite cette division. Adieu.

À Bruxelles, le dixième Juillet 1646

LETTRE XXVI : *Définition de la Chrysopée*

Monsieur, l'objet de la Chrysopée est cet Agent universel que nous avons dit ci-dessus, qu'il faut préparer. Mais avant que d'y penser, il faut s'appliquer à connaître son essence. Voici sa définition.

L'Agent universel est celui dont se sert le Philosophe pour la transmutation générale des Métaux en Or et en Argent. Il doit être multiplié, non pas selon sa qualité, mais selon la semence, et par la vertu intérieure et l'activité de sa forme substantielle, élevé à une grande force. La Nature en est la base; l'Art y vient au secours : Une très petite partie de cet Agent, à Cause de l'abondance de sa teinture, communique à une grande quantité de quelque métal que ce soit la forme substantielle d'Or ou d'Argent, et se la rend semblable par action, très prompte.

Cette définition est régulière : car elle contient premièrement le genre prochain à savoir la matière qui est l'Or ou l'Argent ; et en second lieu, les prochaines différences, qui sont 1° la multiplication de la semence et de la vertu, et non de la quantité, par laquelle cet Or et cet Argent sont distingués, soit de l'Or et de l'Argent naturel, ou tel qu'il est dans sa constitution minérale, soit de toutes autres sortes de choses animales, végétales ou minérales, multipliées en quantité 2° la force de changer une très grande quantité de métal en sa substance ; en quoi il est diffèrent des Agents particuliers, qui n'ont la force de changer que peu d'espèces, et peu de parties de chacune.

Que le Soleil et la Lune soient le genre de la Pierre ou de l'Agent universel, cela paraît, parce que cet Agent doit changer les Métaux imparfaits en Or ou en Argent. Car pour faire cela, il faut qu'il ait en lui la véritable forme de l'Or ou de l'Argent ; et qu'ainsi il soit véritablement Or et Argent, rien ne donnant ce qu'il n'a pas.

On n'a que faire de m'objecter, que selon la doctrine du premier Chapitre, la Pierre, est la semence de l'Or et de l'Argent et par conséquent qu'elle n'est pas la substance propre de l'Or ou de l'Argent. Car j'ai déjà répondu par avance à cette difficulté, en disant que toutes les parties des Corps homogènes, ont la même Nature que leur Tout : Par là la semence de l'Or est Or formellement ; comme le Vitriol que l'on tire de tous les autres Métaux, et qui en est le sperme, ne diffère qu'accidentellement des Minéraux mêmes ; c'est-à-dire, parce qu'il est dépouillé de quelques qualités qui ne leur sont pas essentielles, telles que seraient de se fondre et de s'étendre sous le marteau : et au contraire, parce qu'il a accrut dans l'intension des qualités essentielles, et particulièrement de son activité.

Remarquez que j'ai dit avec disjonction que la Pierre est Or ou Argent, parce qu'il y a de deux sortes de Pierre; l'une pour le rouge, qui est l'Or; l'autre pour le blanc, qui est l'Argent, quoi que (comme nous le montrerons ailleurs) on puisse faire de l'Argent par l'agent préparé pour faire de l'Or. Si donc l'Artiste, a en vue de faire de l'Or, le sujet de son opération doit être de l'Or, afin que sa Pierre ait la force de produire la forme de l'Or; et s'il n'a en vue que l'Argent, il doit choisir la Lune, afin que sa Pierre devienne capable de produire la forme d'Argent : selon l'axiome, rien ne donne ce qu'il n'a pas.

Vous me direz, qu'il est certaines causes qui produisent des effets qui ne leur sont pas semblables, et qu'ainsi l'Or n'est pas nécessaire pour faire l'Or, ni l'Argent pour faire l'Argent. Je réponds, que cela n'a lieu que dans les causes universelles et équivoques, qui sont destinées pour différents effets : tels sont le Ciel et les Astres. Mais il n'en va de même des causes univoques et singulières, qui agissent par la force d'une semence spécifiée, comme il se trouve dans notre œuvre.

Or que cette Pierre doive être l'Or et l'Argent, non simplement tels qu'ils se trouvent dans la Nature, mais multipliés selon la vertu intérieure de la forme de leur semence c'est ce qui s'infère de ce qu'elle ne pourrait se rendre semblable les autres Métaux imparfaits, quand leur quantité surpasserait la sienne si en vertu au moins elle ne surpassait toute leur résistance : Car toute assimilation et transmutation, au sentiment même d'Aristote, se fait selon la proportion de la plus grande inégalité. Or l'Argent et l'Or simples ne possèdent pas assez cette proportion à l'égard des autres Métaux imparfaits, parce que la résistance de quelques-uns et même la plupart, surpasse de beaucoup l'activité de l'Or ou de l'Argent.

Que si vous m'objectez que l'Or et l'Argent, et surtout l'Or, peut du moins changer quelques Métaux inférieurs, parce que son activité surpasse leur résistance, comme on ne le peut nier. Je réponds en distinguant, s'il s'agit d'une transmutation particulière, je l'accorde et il n'y a point d'inconvénient de l'admettre, puisque ce n'est rien autre chose que la conversion de l'aliment en la substance de la chose alimentée, dans les Familles des Végétaux ou Animaux.

En cela les Minéraux aussi ne sont pas de pire condition : il s'y fait une véritable transmutation, mais particulière ; et elle ne se fait point par génération et par la force de la semence, ni se fait point non plus sur une grande quantité de matière.

Que si donc il s'agit d'une transmutation générale, je nie absolument ce que l'on prétend : La raison est que cette sorte de transmutation exige absolument trois choses.

Premièrement d'avoir la force d'agir sur tous les Métaux, quoique si vous voulez, elle ne puisse changer une aussi grande quantité des uns que des autres.

Secondement, qu'une très petite quantité de l'agent agisse sur une masse immense d'un autre métal.

Troisièmement, de faire cette conversion en très peu d'heures et cela par sa simple application ou projection,

Or ces trois choses et surtout la disproportion en quantité, dépriment et abaissent la proportion de la supériorité ou la force que l'Or simple peut avoir en qualité par-dessus les autres Métaux ; et au contraire, augmentent la résistance de tout autre métal : Car l'excès en quantité a cet effet, quoique la quantité ne soit pas active, d'augmenter ou de diminuer l'activité ou la résistance des choses passives ou actives d'autant de degrés qu'elle en a de plus, ou d'autant qu'il lui manque ; et elle fait cela non pas intérieurement, par intension ou rémission de qualités, mais extérieurement, en s'opposant par un plus grand nombre de parties : quoique d'ailleurs, si les choses étaient égales en poids, nombre et mesure, l'activité ou la résistance de l'un, pût surpasser l'activité ou la résistance de l'autre.

En effet, personne ne dira jamais qu'une once de Fer, par exemple, échauffé jusqu'au huitième degré, puisse échauffer aussitôt et aussi fort cent onces d'eau, quoiqu'elle n'ait que six degrés de froid, qu'elle en échauffera dix ou qu'au contraire, ces dix aient autant de force pour résister à ces cent de Fer, qu'en auraient cent ou mille. Adieu.

À Bruxelles, le seizième Juillet 1646

LETTRE XVII : *Causes efficientes de la Pierre*

Monsieur, après avoir expliqué l'essence de la Pierre, il faut en peu de mots en expliquer les causes, parce que quoique les termes de la définition susdite semblent faciles à être expliqués il y reste pourtant quelque chose d'obscur qui a besoin d'éclaircissement : Et d'autant que tout ouvrage suppose un ouvrier, nous traiterons d'abord de la cause efficiente.

Il faut donc savoir qu'il y en a de deux sortes, l'une principale, et l'autre qui ne sert que d'aide, et s'appelle *ministrante*. La principale, c'est la Nature même, sans laquelle rien ne se produit qui ait des propriétés naturelles : car les machines artificielles ne sont pas des productions de la Nature. La cause servante c'est l'Art, qui ne produit pas tant qu'elle aide la Nature à produire, mais en sorte qu'elle la fait aller au delà des termes de son pouvoir ordinaire comme on a dit ci-dessus. La suivante Lettre vous apprendra de quelle manière cela se fait. Adieu.

LETTRE XXVIII : *Cause finale et exemplaire*

Monsieur, la cause finale tient le second rang. C'est par elle que tout agit pour une fin. Ainsi comme il en put agir pour cette fin qu'il ne la connaisse, laissant donc l'Art pour une autre Lettre, nous parlerons ici de la cause finale.

Il y a deux sortes de fins, l'une prochaine, et l'autre éloignée. La prochaine ; c'est le premier terme susdit de la multiplication minérale, savoir la préparation de l'agent universel transmutatif, ou la multiplication de la semence de l'Or et de l'Argent. La fin éloignée, c'est la transmutation même, où se rapporte le dite multiplication.

La cause exemplaire suit après, parce que l'Art n'ayant point de manière d'agir déterminée, il faut que dans ses opérations il suive la Nature ; et c'est ce qu'il fait en voulant venir à bout de la multiplication susdite.

Il faut donc bien prendre garde à ce que nous avons dit dans la première Partie, sur la manière dont travaille la Nature ; qui ne fait autre chose que de dissoudre ou de coaguler. Or cette dissolution se fait non point par l'entremise du feu actuel et violent, parce qu'il détruit plutôt qu'il ne dissout, mais par l'action du Sel de la Nature ; c'est-à-dire, par le moyen de notre Mercure vif, qui aidé du Sel qui est mêlé avec lui, pénètre les Sels des autres Corps ; et en rompant, leur union, écarte ainsi les parties de ces Corps.

Cela fait, ce Mercure à son tour reçoit l'action d'un autre agent ; c'est du Soufre ou de la semence qui se rencontre dans ce Corps qui a été dissout. Ce Soufre n'est pas le commun, ou de même nature avec lui ; mais c'est un Corps animé, non du feu commun et élémentaire, mais du feu central, qui réside dans l'intérieur même de ce Soufre. Ce Soufre est celui qui a la force de coaguler ledit Mercure, et il faut qu'il soit pour cela un peu excité par les feux extérieurs du Soleil et des Astres, ou même par le feu élémentaire.

Adieu ce 27e Juillet 1646

LETTRE XXIX : *De la matière de la Pierre*

onsieur, la cause matérielle se présente après l'exemplaire. En effet, quand une fois l'Artiste s'est formé l'idée de son ouvrage, et qu'il a la méthode qui le règle, il choisit la matière sur laquelle il veut travailler.

J'ai déjà assez prouvé que l'Or et l'Argent étaient la matière de la Pierre, et j'ai montré qu'ils étaient le genre de sa définition, et le sujet qui en devait recevoir la forme : mais je n'ai pas assez expliqué si ces Métaux sont matière totale, où partielle seulement de cet ouvrage.

Je soutiens donc ici qu'ils n'en sont pas la matière entière, mais seulement en partie : La raison, c'est que (comme j'ai dit ci-dessus) la composition de la Pierre est le premier terme de la multiplication minérale, qui a pour fin l'assimilation de quelque substance avec la semence de l'Or et de l'Argent : donc il faut assigner, outre l'Or et l'Argent, quelque matière particulière de la Pierre. Or cette chose n'est et ne peut être autre que notre Esprit universel, tiré de notre magnésie, parce que la matière de laquelle de peut engendrer et multiplier l'Or ou sa substance, doit nécessairement lui être homogène, une chose ne pouvant être produite par une autre chose de différente nature qu'elle est : par exemple, d'un Homme et d'un Chien, d'une plante et d'une pierre, il ne s'en fait ni l'un ni l'autre ; et ainsi des autres.

Que si l'on m'objecte que nous avons admis ailleurs quelque transmutation particulière, à savoir de l'aliment de quelque Animal que ce soit en la substance d'un autre Animal différent, ou végétal ; et si l'on veut conclure delà qu'il se peut faire la même chose dans les Minéraux : À cela on répond, que cette transmutation n'est pas une génération ou multiplication exacte, parce qu'elle ne se fait pas par la vertu et action de la semence, mais par le troisième terme, ou par le complément de la multiplication de la chose engendrée, comme je l'ai expliqué ci-dessus : En un mot, parce que cela se fait par l'odeur de la forme substantielle, tant dans les Minéraux, que dans les Végétaux et les Animaux.

Mais vous me direz en insistant de nouveau, qu'il se fait des productions d'Animaux de différentes espèces, comme quand d'un Cheval et d'un Âne il naît un Mulet : À quoi je répondrai, qu'il n'en va pas ici de même, parce que ces sortes de productions, loin de tendre à quelque chose de plus parfait, dégénèrent, et jamais ce qui est engendré n'est aussi parfait que ce qui engendre ; et ainsi l'espèce ne reçoit pas par là une multiplication, ni un nouveau degré de perfection.

Vous insisterez encore peut-être, et direz, que supposé que cette matière secondé doive être homogène avec l'Or ou l'Argent, il ne s'ensuit pas pour cela que notre Mercure doive être pris pour cette seconde matière, parce qu'il y a beaucoup d'autres choses qui ont égalité de nature, et sont plus homogènes que ledit Mercure : tels que sont, par exemple, l'Or et l'Argent même, rien ne leur ressemblant mieux que l'Or et l'Argent, ou leurs principes et parties.

Mais la solution est aisée et facile à trouver, par ce qui a été dit en examinant l'ouvrage du Pagesien. Car on en conclura qu'il y a deux sortes d'homogénéités ; l'une de principe, par laquelle une chose a la même nature que la matière, de laquelle elle a été prochainement faite, et même ayant aptitude pour recevoir quelque jour la même forme : Ainsi la semence du Chien est-elle homogène avec le Chien même, parce qu'elle a la même nature avec la semence de laquelle le Chien est fait, et même l'aptitude à recevoir un jour la forme d'un Chien. C'est là l'espèce d'homogénéité qui doit être dans notre seconde matière avec l'Or et l'Argent, et on ne la trouve nulle part que dans notre Mercure.

L'autre manière d'homogénéité est l'homogénéité d'un principié, par laquelle quelque chose convient avec une autre, selon la forme et toutes les conditions de sa nature : Ainsi l'Or est homogène à l'Or ; et cette homogénéité n'est pas requise à la seconde matière de la Pierre, au contraire elle est opposée à sa composition, parce que le levain ou ferment auraient la même forme, et au même degré, sans aucune distinction en ce point ; ce qui cependant ne peut pas être ; car la chose qui doit être fermentée, doit recevoir quelque chose qu'elle n'avait pas.

Vous me presserez, et me direz que cela est vrai de l'Or pris totalement et dans l'intégrité de sa substance, et non pas de ses principes, séparés.

Mais je réponds, que le tout et les parties ou les principes séparés, et la chose principiée un peu détruite, sont en ce point de même nature. La raison de cela, c'est que lesdits principes ne peuvent pas être tellement séparés, qu'ils reçoivent leur première simplicité, et perdent entièrement la forme, du principié, ou celles qu'ils avaient unies ensemble : Et partant le même inconvénient revient, toujours.

Et quand même ils pourraient recevoir cette première simplicité, cela ne ferait rien contre moi, parce qu'en ce cas ils acquerraient l'homogénéité de principes que nous demandons. De plus, ces principes séparés de quelque manière que ce soit, devraient être de nouveau réduits dans leurs premiers Corps, et dans le même individu, ou du moins de la même espèce : ce qui naturellement est impossible, puisque par là il se ferait un retour de la privation à l'habitude. Et personne ne dira jamais que les parties d'une substance, ayant été une fois séparées, se puissent tellement réunir, qu'elles fassent la même substance numérique ; excepté dans l'Homme, la forme duquel n'est pas du genre des formes matérielles. Adieu.

Ce trentième Juillet 1646

LETTRES XXX : *La cause instrumentale*

Monsieur, enfin la dernière des causes, c'est l'instrumentale ; car la cause formelle a été assez expliquée dans la définition, et dans son application. La cause instrumentale est double, aussi bien que l'efficiente ; car il y a les instruments de la Nature et ceux de l'Art.

Les instruments de la Nature sont encore de deux sortes. Le premier, c'est l'Eau qui sert à la solution ; et cette Eau n'est pas l'Eau élémentale, mais le même Mercure en espèce, qui a été assigné pour matière partielle de la Pierre. Il y a seulement cette différence, que lorsqu'il est dissolvant, il doit avoir été lavé de toute onctuosité, et dépouillé de la terrestréité, qui émoussent la pointe du Sel volatile, dans lequel réside la force de dissoudre ; et cela se fait par plusieurs rectifications : après lesquelles ce Sel entrant dans les pores de l'Or, va se mêler avec le Sel ou le Vitriol de l'Or ; et à l'aide de l'humidité qui est unie à ce dissolvant, (humidité homogène a l'Or et à l'Argent) il écarte et résout les parties de ces Métaux, à peu prés comme l'eau fond la glace. Mais quand ce Mercure est pris pour une des matières de la Pierre, il n'a pas besoin de tant de rectifications.

Le second instrument naturel, c'est le Feu. Il y en a de deux sortes :

1° Le central, qui n'est autre que la chaleur primitive, qui meut et excite la force des ferments, qui digère et coagule le Mercure ; et ce Feu central reçoit quatre degrés de chaleur, selon que son activité vient à surmonter les autres qualités. Ces quatre degrés sont marqués par les quatre couleurs principales, savoir le noir, le vert, le blanc et le rouge.

2° Le Feu actuel et élémentaire, qui excite le central, et qui dans la préparation demande d'être employé avec différents degrés ; mais qui dans le régime de la coagulation n'en veut qu'un seul. Car ce que quelques Auteurs disent des quatre degrés du Feu, doit s'entendre du Feu central.

Or ces instruments, sont appelés *les instruments naturels*, d'autant que l'Art ne s'en sert pas proprement ; mais il y met seulement les dispositions nécessaires, à ce que la Nature s'en serve. Parlons des instruments artificiels. Adieu.

À Bruxelles, le second d'Août 1646

LETTRE XXXI : Suite de la même matière

Monsieur, les instruments de l'Art sont les Vases, le Fourneau, et autres de cette nature, etc., qui se divisent en deux ordres. Entre lesquels ceux du premier ordre servent à la préparation ; et il y en a de deux sortes.

Ceux de la première classe sont utiles à la préparation du Dissolvant, et sont de trois manières. Les premiers sont les vaisseaux, à savoir la Cornue, dans laquelle on doit distiller notre magnésie pour en tirer l'Argent-vif, et son Récipient qui doit lui être adapté. Ces deux vaisseaux servent aux rectifications.

Les seconds c'est, le Fourneau à distiller, dans lequel on se sert du feu de cendres ou de sable.

Les troisièmes sont les matières qui aident à la distillation, comme le Cotton ou la Pierre de Ponce, pour empêcher que la magnésie qui flotte, ne s'élève.

Les instruments de la seconde classe sont ceux qui sont nécessaires pour calciner et préparer l'Or et l'Argent. Il y en a aussi de trois sortes. Les premiers sont les Vaisseaux et les Creusets ; des Fioles à long col, ou Matras, et des Coupelles pour purifier.

Les seconds sont le Fourneau à calciner, ou de feu ouvert.

Les troisièmes sont les matières, qui aident l'atténuation ou calcination de l'Or ou de l'Argent avec le feu actuel. Tels, sont les Eaux-fortes, le Mercure commun, l'Antimoine : car il n'importe point duquel se serve l'Artiste, pourvu qu'il fasse une parfaite atténuation, et que les chaux, soient dépouillées de toute l'impression des Corrosifs, par diverses lotions et réverbérations.

Ces calcinations et ces lotions sont tout-à-fait nécessaires : car autrement notre Mercure vif ne pourrait ouvrir les prisons dans lesquelles est enfermé le Sel où le Vitriol, ou la semence de l'Or et de l'Argent. Adieu.

À Bruxelles, ce huitième d'Août 1646

LETTRE XXXII : Suite de la même matière

onsieur, les instruments du second et principal ordre, sont ceux qui font la coction et la coagulation de la Pierre. Il y en a de trois sortes.

Le premier, c'est un certain Vase qui a la figure d'un œuf, dans lequel on doit renfermer l'une et l'autre matière de la Pierre, savoir le Mercure vif, et le Vitriol de l'Or ou de l'Argent, en proportion requise, que je décrirai ci-après.

Il faut observer que la concavité de cet œuf ne doit être remplie que jusqu'à une troisième partie, et qu'il faut sceller hermétiquement l'orifice.

Le second, c'est le Cendrier dans lequel l'œuf Philosophique est ensevelis et entouré de cendres fines, au moins de la largeur d'un travers de doigt, avec son trépied en l'air.

Le troisième, c'est le Fourneau ou Athanor, avec

toutes ses ustensiles : car il n'importe quel soit ce Fourneau, pourvu qu'on y puisse entretenir une chaleur continuelle, très lente, égale, et qui entoure de toutes parts également l'œuf. Adieu.

À Bruxelles, le 13e d'Août 1646

LETTRE XXXIII : Dénombrement des parties de la Pratique

Monsieur, après avoir expliqué les Causes, suit leur application, et la méthode de s'en servir. Ce qui comprend deux parties : L'une, consiste dans le dénombrement et l'explication des Opérations : L'autre, dans la pratique même.

Mais quoi qu'on puisse recueillit des deux précédentes Lettres toutes les Opérations, cependant parce qu'il y manque quelques circonstances, j'en vais parler plus à fond.

Il y en a deux principales, comme il paraît, par l'article sur la forme, exemplaire ; à savoir, la solution et la coagulation. Celles-ci en admettent d'autres moyennes ; c'est-à-dire, des préparations, qui leur sont subordonnées comme des moyens à leur fin : Et on les peut réduire à deux catégories.

Les premières, sont celles qu'on prescrit pour-faire la solution, qui sont trois. 1° La préparation du Dissolvant ; ou de notre Magnésie, qui consiste dans sa *distillation* et *rectification*. Je ne dis seulement que distillation, et rectification, parce que cette séparation des Principes principiés, Soufre, Sel et Mercure, qu'admettent certains Empiriques, et ensuite leur réunion, est inutile et pernicieuse. En effet, pour la solution de l'Or et de l'Argent, le seul Sel volatile (quant à sa partie Mercurielle) est nécessaire. Que si le Sel fixe y était, aussi bien que le Soufre de la Magnésie, il nuirait à la solution, à cause de l'onctuosité de l'un, et de la fixation de l'autre.

2° La purgation et calcination de l'Or et l'Argent, dont je vous ai parlé ci-dessus, comme des instruments propres à cela. Cette préparation est nécessaire, afin que le Corps de l'Or étant par ce moyen réduit en petites parties, soit plus aisément pénétré par l'eau; et aussi afin que son Vitriol laisse plus aisément aller hors de lui sa semence.

3° L'application du Dissolvant sur l'Or et l'Argent préparés, et leur union ensemble réitérée par dix fois, afin que par onze degrés on puisse avoir onze grains de semence d'Or ou d'Argent.

Les préparations de la seconde catégorie, sont celles qui disposent la coction et la coagulation. Il y en a deux.

La première desquelles demande beaucoup d'industrie, soit par la composition de l'œuf Philosophique, en proportion décuple, ou dix de la Liqueur Mercuriale qui tient leu du blanc de l'œuf, pour un de l'Or qui tient la place du jaune. Cela, dis-je, est requis, si votre œuvre est pour l'Or: mais si c'est pour l'Argent, il en faut quatre de Mercure, et une de semence d'Argent. Cette proportion est nécessaire; car en elle consiste le poids, le nombre et la mesure de la Nature, soit enfin pour placer l'œuf dans le fourneau, et pour bien disposer le feu actuel.

La seconde condition, sont les choses qui se font naturellement dans l'œuf, disposé comme nous l'avons marqué ci-dessus, sans la main de l'Artiste : savoir, la corruption physique, le mélange, la confusion, l'incération, l'imbibition, et plusieurs autres décrites par les Auteurs, qui sont d'ordinaire mal entendues par les Apprentifs, qui croient qu'elles signifient quelques Opérations de l'Artiste.

Enfin la dernière de toutes, c'est la fixation; et toutes ensemble achèvent la Pierre en dix mois ou environ. Il faut présentement parler de la multiplication. Adieu.

À Bruxelles, le 20ᵉ d'Août 1646

LETTRE XXXIV : Multiplication en qualité

Monsieur, la Pierre étant faite, il ne nous reste plus que sa multiplication. Elle se fait presque de la même manière et par les mêmes opérations que la Pierre, excepté qu'au lieu d'Or ou d'Argent dissout, vous mettrez autant de la Pierre parfaite que vous aviez mis dudit Or ou Argent pour la faire. Pour le Mercure, il ne doit pas être autre que le susdit : mais pour sa quantité, on la prend en deux manières dans la multiplication.

Premièrement, on peut en prendre dix parties, et une partie de la Pierre faite ; et alors la cuisson en est faite en dix fois moins de temps, quelle n'avait été la première fois, savoir en trente ou quarante jours. Et si après cette première multiplication on en veut une seconde, en gardant la même proportion de matière, elle s'achèvera cette seconde fois en dix fois moins de temps, savoir en trois ou quatre jours : Et c'est par là que s'entend ce mot, *que l'ouvrage n'est que de trois à quatre jours*.

Secondement, la quantité du Mercure est augmentée en proportion décuple : C'est-à-dire, que n'ayant mis d'abord dans la première composition de la Pierre, ou dans la première multiplication, que dix parties de Mercure ; selon cette seconde manière de multiplier, on en met d'abord cent : et si l'on recommence la multiplication, on en mettra mille ; et ainsi de suite. Mais en ce cas la perfection de l'ouvrage de la multiplication, demande autant de temps que la première composition.

Or de quelqu'une de ces deux manières qu'on veuille se servir pour la multiplication de la Pierre, on augmente non seulement la masse et le volume de la matière, mais encore sa vertu, et cela en proportion décuple.

Ainsi chaque partie de la Pierre ne surpassant après la première, multiplication, que de dix fois chaque partie de la semence de l'Or ou de l'Argent ; après la seconde multiplication, elle les surpassera en activité de cent fois, à la troisième de mille ; et ainsi de suite.

La raison de cela, c'est que lorsque la Nature agit dans le même sujet pour la production d'une même substance, elle ajoute dix degrés de perfection à chaque production, outre les degrés précédents, soit qu'elle produise une nouvelle espèce, soit qu'elle perfectionne celle qui est déjà produite. Ce que nous pourrions prouver par beaucoup d'exemples naturels. Mais vous-même en y faisant réflexion, vous les pourrez découvrir. Reste à parler de l'usage. Adieu.

À Bruxelles, le vingt cinquième d'Août 1646

LETTRE XXXV : *Multiplication en quantités*

Monsieur, voici à présent quel est l'usage de cette Pierre. Il faut la dégrader ou l'abaisser de vertu : ce qui se fait par plusieurs imbibitions qu'il en faut faire avec ledit Mercure, ou le commun, jusqu'à ce qu'elle ait atteint un juste tempérament, et une proportion de force requise, soit qu'on l'emploie pour la Médecine dans les Animaux, soit qu'on s'en serve dans la métallique. Ce qui est surtout nécessaire, si la Pierre a été déjà multipliée en qualité ; car alors elle se multipliera en quantité : autrement il arriverait que par sa trop grande chaleur et sécheresse, elle opprimerait la chaleur, naturelle des Animaux, et dessécherait, leur humide radical ; au lieu de leur être utile. De même elle convertirait les Métaux inférieurs en poudre, qui lui serait semblable, informe, et non fusibles, au lieu de les changer en or et argent.

Ainsi donc si vous voulez vous en servir dans les maladies des Animaux, délayez un grain de la Pierre simple dans cent grains du Mercure duquel elle a été faite, et dans quelque autre Liqueur spécifique pour le mal dont on est atteint; et donnez à boire de cette Liqueur, au Malade, réglant la quantité sur ses forces et sur son tempérament.

Que si la Pierre a été multipliée une, fois, il faut mêler le susdit grain avec mille grains de la Liqueur : si elle a été multipliée deux fois, avec dix mille, etc.

Pour la transmutation des Métaux : prenez une partie de la Pierre toute simple et sans multiplication, dix parties de notre Mercure vif, et qui n'est pas le vulgaire : ou bien si la Pierre à été multipliée, prenez-en une partie, et cent dudit Mercure : si elle a été multipliée deux fois, qu'il y ait sur un grain de la Pierre mille grains de Mercure : Faites dessécher le tout ensemble sur un feu doux au commencement, et ensuite plus fort, afin que toute la matière reçoive la consistance de la Pierre ; et répétez ces imbibitions et dessiccations : autant de fois, et jusqu'à ce qu'une partie de ce que vous aurez fait, convertisse en Or parfait mille parties de Mercure commun, vingt de Plomb, trente d'Étain, cinquante de Cuivre, et cent d'Argent. Ce qui arrive, si vous avez pris de la Pierre au rouge : mais si c'est de la Pierre au blanc, il faut qu'elle agisse sur la moitié desdits Métaux, ou environ.

Que si vous n'avez pas assez de nôtre Mercure, vous pourrez avec le Mercure commun dégrader la Pierre, comme il suit. Projetez une partie de votre Pierre simple ou multipliée sur dix parties de vif Argent commun un peu échauffé ; il s'en fera une poussière qui sera de même nature que la Pierre même, un peu cependant de moindre vertu : Ensuite mettez toute cette poussière sur cent parties de Mercure commun, il se fera encore une poudre de même nature qu'auparavant; et il la faut projeter toute entière sur mille parties, de ce même Mercure : Et si cette poudre vous paraît encore humide, faites là sécher au feu. Il vous restera enfin une poudre de projection, qui aura, lieu, sur les susdits Métaux, en gardant les proportions marquées.

Voilà ce qui appartient à la Théorie et à la Pratique de l'Art général; de transmuer tous les Métaux en Or et en Argent : il est temps présentement de parler de la Chrysopée particulière.

Adieu, ce vingtième Septembre 1646

SECOND TRAITÉ : Des Secrets particuliers
de changer les Métaux en Or

LETTRE XXXVI : Fondement des Particuliers

Monsieur, la Chrysopée particulière a pour fin, comme je l'ai déjà insinué, de changer un Métal particulier imparfait, dans un parfait, c'est-à-dire, dans l'Or ou l'Argent : de le changer, dis-je, ou tout entier, ou en partie Et c'est de là que je vais prendre occasion de diviser ce Traité en deux sections. La première, parlera de la transmutation du Métal tout entier. La seconde, de la transmutation d'une partie de ce Métal.

Or la transmutation d'un Métal tout entier se fait en deux manières. La première, en proportion d'une très grande inégalité de l'Agent transmutatif ; c'est-à-dire, en sorte qu'une seule partie de cet agent change en Or ou Argent, selon son levain, plusieurs parties du Métal imparfait. Car il y a dans cette œuvre un ferment spécifique, comme dans la composition de la Pierre, lequel il faut nécessairement mettre en usage, et qui agit de la même manière : ce ferment, c'est l'O ou l'Argent dissout dans notre Mercure : mais la chose dans laquelle on met ce levain, est différente. Car dans le grand œuvre on fait la fermentation dans notre Mercure même, parce que l'on n'à pas pour but de faire immédiatement du Métal, mais une semence de Métal. Mais ici la matière qu'on fermente c'est un Métal, parce qu'on se propose de faire un Métal en particulier.

Vous demanderez quel Métal on peut prendre pour cela. À quoi je réponds, qu'il n'importe, parce que celui dont on se servira sympathise en ses principales qualités avec le ferment : mais il faut remarquer, qu'on ne pourra pas prendre de tout le même poids, parce que leur cuisson et leur perfection n'est pas égale ; et que même la force et la vertu des ferments ne se ressemble pas toujours. Il faut donc, selon la nature du ferment et de la chose qu'on fermente, proportionner différemment les choses, et c'est sur quoi je ne puis donner de règles, parce que possédant la Pierre générale, et un trésor infiniment plus grand, je ne me suis guère appliqué à ces bagatelles.

La manière de préparer le Métal qu'on veut fermenter, c'est de le réduire dans son Vitriol, comme l'on a fait le ferment même, et par un pareil agent, à savoir notre Mercure : le tout afin, que comme l'agent après sa solution agit plus efficacement, ainsi le patient dissout reçoive mieux et plus facilement son action.

Le régime du feu n'est pas comme dans le grand œuvre, puisqu'il ne doit pas avoir toujours le même degré, mais se changer selon l'apparition des couleurs. La raison, c'est qu'il n'y a point ici à craindre, comme en faisant la Pierre, que tout vienne à se brûler par une trop subite dessiccation.

La seconde espèce de transmutation d'un Métal tout entier, est celle qui se fait en proportion d'une plus petite inégalité de l'agent transmutatif, par rapport à celui qui est transmué ; c'est-à-dire, qu'un poids, par exemple, de l'agent n'ait la force que de convertir un poids égal de Métal. Et cette sorte de transmutation tombe plutôt sur le Mercure commun, ou sur quelque autre, que sur les Métaux solides : aussi n'y est-il pas requis de travailler à dissoudre ce qu'on veut fermenter, comme dans l'espèce de transmutation différente. Mais je ne dis pas le même de la préparation du ferment, qu'il faut avoir toujours dissout, comme je l'ai dit, afin que l'activité de la forme substantielle qui était comme liée, étant dégagée par là de ses embarras, agisse plus efficacement. Si donc vous ne faites pas cela, vous ne viendrez presque jamais à bout d'une véritable transmutation. Voilà ce qui regarde la transmutation d'un Métal tout entier.

La transmutation d'un Métal en partie, n'est pas à proprement, parler une transmutation, parce qu'elle ne change rien substantiellement. Il y en a deux espèces.

L'une se fait en tirant un Métal parfait d'un imparfait : par exemple, l'Or de l'Argent, du Fer et du Cuivre : l'Argent, de l'Étain et du Plomb. Car dans les trois premiers Métaux, il y a beaucoup de véritable Or préparé par la Nature ; et dans les deux autres, beaucoup d'Argent. En effet, dans les Mines de chaque Métal, il s'y rencontre beaucoup de ferments des autres Métaux : comme dans celles d'Argent, de Fer et de Cuivre, il y a des ferments d'Or ; et dans celles d'Étain et de Plomb, il y a des ferments d'Argent. Et ces ferments venants à rencontrer le Mercure, le déterminent, selon leur nature, à devenir Or ou Argent. Mais parce que dans ces mêmes Mines, il y a une plus grande quantité de ferments du métal imparfait mêlé avec les ferments du parfait, et que la Nature n'a pu séparer ces ferments parfaits ; il est arrivé de là qu'il s'est fait plus de ce métal imparfait dans cette Mine ; et que le parfait se trouvant mêlé avec lui, le secours de l'Art est nécessaire pour l'en séparer.

Pour ce qui est de la méthode de faire cette extraction, je ne m'en souviens pas présentement, quoique je l'aie souvent éprouvée plusieurs fois. Il me suffira de dire là-dessus que la chose se fait par l'aide des Agents répercussifs, comme sont le Tartre, la Chaux vive, le Bol d'Arménie, et autres semblables, aussi bien qu'avec les Sels mordants, parce que ces Sels rongeant la partie volatile du métal, abaissent la partie fixe : de forte que ces parties fixes unies alors, ne cèdent plus aux eaux de départ, ou à la coupelle, comme elles étaient obligées de faire, lorsqu'elles étaient répandues dans une plus grande quantité du métal volatil. Il s'ensuit de là qu'il y a dans ces opérations de la réalité, mais très peu de profit, si on compare ce qui en revient avec la dépense qu'on a faite.

Mais il est à remarquer qu'un métal parfait tiré de cette sorte, porte avec lui sa teinture naturelle, ou son ferment qui est actif. L'Or, par exemple, produirait l'Or ; l'Argent produirait l'Argent, parce que la teinture fixe est une condition, ou une propriété inséparable du métal fixe.

L'autre transmutation d'un métal en partie, se fait par la condensation ou fixation (comme on dit) des Métaux, laquelle proprement n'est qu'une sophistication, quoiqu'il puisse arriver que ces Métaux durent à quelques épreuves. Il y a deux façons à la faire.

Premièrement, par voie d'obstruction, laquelle se fait par des sels, par des excréments métalliques, par des minéraux ; le tout en cémentant.

Et il ne faut pas s'arrêter à ce que l'on objecte communément, que les esprits des Métaux volatiles ne peuvent fixer, en donnant ce qu'ils n'ont pas, parce que ces matières métalliques jettent leurs esprits d'abord dans les pores du Métal qu'on veut fixer ou condenser par ces sels cémentés et aidés de quelques degrés de feu ; et enfin à l'aide de ces mêmes sels, dont le propre effet est de vitrifier ou de disposer à vitrification les Métaux calcinés : tels que sont les excréments métalliques, lesquels se trouvent vitrifiés après la cémentation ; et par là les Métaux eux-mêmes sont rendus friables : ce qui est une marque infaillible de leur vitrification. Après quoi il ne faut pas s'étonner s'ils soutiennent les Eaux-fortes.

Secondement, par exsiccation, qui est de deux sortes. La première, se fait par une espèce d'amalgame de l'Antimoine ou du Mercure commun, avec un métal. On brûle ensuite l'amalgame : puis l'humidité et la crudité du métal se mêlant avec celle du Mercure et de l'Antimoine, s'envole avec lui au premier feu. Et ainsi le métal peut ensuite souffrir un grand feu.

La seconde, se fait par corrosion ; et l'on y emploie des Sels corrosifs, ou des Métaux fixes, comme le Fer, et quelques Minéraux arides. Mais les Métaux condensés et rétrécis par cette voie, n'ont point d'ordinaire de teinture, par la raison que j'ai apportée ci-dessus, parce qu'une teinture fixe métallique étant une propriété d'un métal fixe, elle ne se trouve pas naturellement avec un métal qui n'est pas fixe : On ne peut donc la donner artificiellement, surtout pour le rouge, si l'on n'ajoute de véritable Or à ces Métaux condensés ; et si après les avoir mêlés, on n'y ajoute encore par fusion une grande quantité de Métaux rouges, qu'on fasse ensuite sortir par érosion. Si on le fait pourtant, peut-être trouvera-t-on quelque chose, parce que (comme je l'ai déjà dit) il y a dans ces Métaux des parties de véritable Or, qui et joignent avec celui qu'on a mis ; et la teinture par là se trouvera augmentée par l'addition des parties teintes, quoi que cependant elle, sera toujours très faible. Par le blanc, il n'y a point de bonne teinture. Adieu.

À Bruxelles, le 6e Octobre 1646

LETTRE XXXVII : Manières d'éprouver les Métaux

Monsieur, dans ma dernière Lettre j'ai expliqué avec autant de clarté que de brièveté, tout ce qui regarde les particuliers. Il ne manque plus à la Science métallique, qu'un petit abrégé sur la manière d'éprouver les Métaux, et ensuite une autre matière qui terminera toutes nos Lettres. Je commence par le premier.

Il faut donc savoir qu'il n'y a que deux Métaux fixes, qui sont l'Or et l'Argent : que leur fixité même est différente, et qu'elle a plusieurs degrés. Mais pour que ces Métaux soient au souverain degré de perfection, il leur faut trois qualités, le poids, la teinture et la fixation. Il y a deux manières d'examiner ces trois choses ; les unes communes, pour l'Or et l'Argent ; les autres particulières, pour l'un d'eux.

Les examens communs sont l'œil, l'ignition, ou de le faire rougir, l'extension, le burin, la fusion, le ciment.

L'œil connaît a quel titre est la teinture sur la Pierre-de-Touche. L'ignition n'est pas moins sûre : car si en mettant la matière au feu, il reste une tache noire sur la surface, c'est signe qu'il y a de l'alliage.

Le burin montre le même, si lorsqu'on le passe dessus le métal on le trouve trop dur, et que le fer n'y morde pas aisément : car alors il y a du mélange de quelque autre matière.

Si la fusion est trop facile, c'est signe qu'il y a beaucoup d'autre métal imparfait : car de là s'est fait une espèce de soudure. Si au contraire elle est plus difficile que ne le requiert la nature du métal qu'on examine, cela signifie un assemblage de Minéraux vitrifiés. Si la teinture et la substance se diminuent, c'est une marque d'une œuvre sophistiquée.

L'extension, sert encore à en juger. Si elle ne se peut faire, ou si en la faisant il se trouve quelque fente ou crevasse dans le métal, cela marque l'addition de quelque chose d'hétérogène, à savoir de Sels et de Minéraux friables, comme de l'Étain.

Enfin la coupelle, si elle affaiblit le poids ou la teinture, c'est encore signe d'altération, et d'alliage avec d'autres Métaux.

Les examens particuliers sur l'Or sont la Cémentation Royale, la séparation par les Eaux corrosives, l'épreuve par l'Antimoine, la solution par l'Eau régale, et la réduction en Corps après la solution.

Par la Cémentation Royale on connaît s'il y a du verre, si après la Cémentation plusieurs fois réitérée, il se trouve une notable diminution de la substance.

Par séparation et par inquart, le défaut s'aperçoit, si la partie qui doit être fixe, se dissout avec l'Argent ; ou quand même elle ne se dissoudrait pas, s'il s'en sépare quelque chose en maniéré d'Or, ou si une couleur grise reste sur la partie d'Or ; ou qu'enfin tout ce qui n'est point dissout, soit gris et non noir, et que par ignition il ne prenne point la couleur jaune, qui est celle d'Or ; ou si les chaux réduites en Corps, ne peuvent souffrir sur la Pierre-de-Touche les Eaux corrosives.

Par purgation d'Antimoine, si après que tout l'Antimoine s'est exhalé à force de feu, il s'est fait perte ou diminution de substance ou de teinture.

Par solution, si elle est trop difficile. Car c'est chose merveilleuse que l'Eau-forte, qui dissout l'Argent et non l'Or : quand on l'a faite Eau-régale, elle dissout alors l'Or et non l'Argent. Si donc l'Eau-régale a peine à venir à bout de dissoudre l'Or, c'est marque qu'il y a mixtion d'Argent qui n'a pas été converti en Or, ou du moins c'est signe de Corps vitrifiés. Enfin si les Eaux ne sont pas jaunes après la dissolution, c'est un méchant indice.

Par réduction de la chaux d'Or en Corps : car si elle ne s'y peut réduire, ou qu'une grande partie se vitrifie, c'est marque qu'il y a beaucoup de Sels et de

Minéraux hétérogènes qui se sont conservés : dites le même, si la teinture souffre quelque déchet en cette opération. Voilà par où l'on peut éprouver l'Or.

Pour l'Argent, voici quelles sont ses épreuves. Après la coupelle, il y a l'aspect de sa chaux, après qu'il a été dissout par l'Eau-forte : la séparation de cette chaux par des lames de Cuivre ; et enfin la réduction de cette chaux en Corps.

Par solution, on connaît qu'il y a des matières vitrifiées, si après la dissolution l'Eau ne prend pas la couleur céleste ; ou bien qu'il y a mélange d'autres Métaux, si la solution s'en fait trop aisément.

Par séparation de la chaux, et son extraction de l'Eau forte, en y mettant des lames de Cuivre. Car si ses parties dissoutes s'attachent à ces lames, il y à de la sophistication, parce que l'Argent véritable ne le fait pas.

Or toutes ces épreuves et tous ces examens, c'est-à-dire, la résolution en chaux, la séparation et la réduction, tant de l'Or, que de l'Argent, sont particulièrement nécessaires à savoir ; et cependant ignorés par la plupart des Examinateurs, et ne sont point en usage. Disons, un mot de l'ordre qu'on y doit garder.

L'ordre des examens est de trois sortes, à savoir le direct, le rétrograde, et l'oblique.

Le direct suit exactement l'arrangement des opérations que nous ayons gardé, en faisant ci-dessus le Catalogue des épreuves, tant dans les examens communs, que dans les particuliers. Et si le métal les endure toutes, sans doute il sera bon, fit rien n'y manquera. Que s'il n'en souffre pas quelques-unes, ce sera ou des premières épreuves, ou de celles du milieu, ou des dernières.

Si le métal refuse quelques-unes de ses premières épreuves, ou de celles du milieu, que j'ai nommé communes; c'est une marque infaillible de sophistication. S'il s'affaiblit dans les dernières, il ne laissera pas pour cela d'avoir quelque fixation, et autant qu'il en faut pour les ouvrages d'Orfèvrerie.

Je dis ces choses, supposé néanmoins, qu'on ne se soit pas contenté d'avoir fait une fois ces épreuves, mais qu'on les ait répétées trois ou quatre fois, et dans le même ordre : parce que (comme je lai déjà marqué) les Corps vitrifiés mêlés dans les Métaux, les peuvent défendre dans les premiers examens : mais si on les réitère, à la fin ils s'en vont, et laissent le métal pur tel qu'il est. Que s'ils ne s'exhalent pas, alors ce métal sera suffisamment fixé pour plusieurs ouvrages. Mais après tout, cette fixation ne sera ni naturelle, ni parfaite : d'où vient que ces Métaux ne vaudront rien pour la Médecine, n'ayant pas la véritable essence d'Or ou d'Argent.

L'ordre rétrograde va plus vite que celui-ci. Il commence par les dernières, épreuves, savoir par la dissolution, la séparation des chaux, et leur réduction en Corps : et si cela se fait bien, on, n'a que faire de passer outre. Quand ces examens réussissent, il faut assurément que le métal soit réel, parce qu'ils marquent qu'il en a ses propriétés essentielles : mais s'ils ne réussissent pas, il faut continuer les épreuves en remontant, selon le Catalogue allégué ci-dessus ; et si quelqu'une manque, c'est un méchant signe. Si toutes sont heureusement terminées, il y a assez de fixation, du moins, pour en fabriquer les choses ordinaires : surtout si après avoir épuisé cet ordre rétrograde, on reprend le direct, et qu'il réussisse.

L'ordre oblique commence par les épreuves mises dans mon Catalogue au milieu : et il procède, ou bien, en descendant jusqu'aux dernières, ou bien en remontant aux premières. Si après les avoir enduré toutes et plus d'une fois, rien ne se dément, tout va bien : mais si la chose ne réussit qu'à demi, surtout en rétrogradant, il ne faut pas trop s'assurer sur ces examens ; car plusieurs sophistications endurent toutes les épreuves, quand on ne les fait pas d'ordre : ce qui ne serait pas, si on y procédait directement. Adieu.

À Bruxelles, le 12e Octobre 1646

LETTRE XXXVIII : Précaution qu'il faut observer en purifiant l'Or

Monsieur, je viens de vous expliquer toutes les manières d'examiner les Métaux ; mais j'y vais cependant encore ajouter quelque chose, de peur que vous ne vous y trompiez, et que vous ne rejetiez de l'Or qui sera bon, lorsque vous verrez quelquefois qu'en passant par l'Antimoine, il perd un peu de son poids.

Vous saurez donc que le meilleur Or examiné par l'Antimoine, se diminue un peu : mais cela ne vient pas de ce qu'il se volatilise avec le Mercure d'Antimoine, mais plutôt parce qu'il s'en mêle toujours tant soit peu avec les fèces de ce Minéral, et qu'il n'est pas si facile de l'en séparer.

En effet, si l'on s'y prend par le feu, il faut sublimer à force de soufflets tout l'Antimoine, et le faire passer par divers creusets : ce qui n'est pas fort aisé. Mais si lorsque d'abord, vous broyez votre Antimoine à dessein d'en purger l'Or, vous y joignez la huitième partie de Tartre cru, et que vous le mêliez bien avec votre Antimoine, il n'y aura aucun déchet dans l'Or et l'opération même en deviendra beaucoup plus aisée : Car le Tartre précipite toute la substance de l'Or ; de sorte, qu'il n'en demeure pas la moindre petite partie dans l'Antimoine.

Or quant à ce qui regarde la manipulation, ou la méthode particulière de faire ces examens sur l'Or, vous la trouverez dans tous les Livres ; et si quelque chose y manque, les Orfèvres vous l'apprendront. En effet, la connaissance de ces choses dépend plus d'une longue habitude, que de beaucoup de préceptes : outre que la gravité Philosophique ne permet pas de descendre à ces fortes de détails, et que même la brièveté de mes Lettres ne me donne pas aussi le loisir de le faire.

Voilà donc un abrégé fidèle et exact que nous vous avons promis de toute la Science Hermétique, à l'aide duquel, quand il vous plaira, vous pourrez avec succès mettre la main à l'œuvre.

Mais si en travaillant, selon nos instructions, tout ne réussit pas d'abord ; ne vous désistez pas de votre entreprise, et ne dites pas que la Science est fausse : mais ayez recours à la Théorie ; relisez les Lettres qui expliquent toute la Genèse ; et tâchez par elles d'entendre tout ce que vous n'entendez pas dans la Pratique, ayant toujours dans l'esprit cette vérité que souvent je vous ai répétée, savoir que l'Art en perfectionnant la Nature, doit l'imiter ; et que la Nature elle-même a pour modèle la Création : Et qu'ainsi il y a autant d'actions dans l'un que dans l'autre, à la réserve de quelques-unes, dont j'ai fait mention au même endroit.

Que si vous n'entendez pas toute la suite de ces actions, lisez le Texte même de Moïse, et la manière dont il explique la Création du Monde ; relisez-la, et méditez dessus : enfin appliquez-vous tous les jours de la première semaine à notre œuvre. Car vous y trouverez notre Pratique entièrement décrite, le Saint Esprit ayant ainsi tout dicté en nombre, ordre et manière, conformes au nombre, ordre et manière de nos opérations, et comme par un miracle rien n'y ayant été omis, rien ne s'y trouvant de transposé ou de confondu. J'ai bien voulu vous confier ce secret, et vous donner conseil, qui est le meilleur qu'on vous puisse donner sur ce sujet. Adieu.

À Bruxelles, ce dix huitième Octobre 1646

LETTRE XXXIX : *Qu'il faut appliquer les Sentences des Philosophes à toute cette doctrine*

onsieur, j'avais dessein de m'arrêter un peu à vous expliquer les Philosophes, sur ce qui regarde la pratique de la Pierre, et d'appli-

quer tout ce qu'ils disent à notre procédé, afin qu'étant pénétré déjà de nos Principes par la lecture de nos Lettres, vous eussiez le plaisir d'en voir la conformité avec tous les bons Auteurs, en les lisant vous-même. Car je m'assure qu'ils ne diffèrent de nous que dans les mots, et dans la manière de s'exprimer.

Mais parce que vous me marquez être occupé par beaucoup d'affaires, tant publiques, que particulières, et que cette Étude demande un esprit dégagé de tout embarras ; je me contenterai de vous prescrire certaines règles courtes, et en petit nombre, qui vous serviront pour entendre tous les Livres, et même le nôtre de *la nouvelle Lumière Chimique*. Mais il faut auparavant vous donner un petit avis, sans lequel l'interprétation des Allégories ne vous paraîtrait pas véritable, quoi qu'elle le fût en effet.

Il faut donc remarquer en premier lieu, que tous les Auteurs fidèles, quoi qu'ils aient vécu dans des siècles soit éloignés les uns des autres, ont pourtant tous conspiré en ce point, qui a été d'insinuer à ceux qui liraient leurs ouvrages, que la parfaite connaissance de la Science Chimique donc ils apprenaient la méthode à la postérité, ne se pouvait obtenir sans le secours du Ciel, et qu'il la fallait demander à Dieu par d'ardentes prières. Car sans une grâce particulière on ne la peut posséder : Et quand on l'aurait même acquise, on ne l'exercera jamais avec succès, quelque adroit et habile que l'on soit, si Dieu ne nous aide.

Voilà ce que les Philosophes ont eu en but de faire connaître. Et ainsi pour ne faire point tomber en des mains avares, ou à des personnes capables d'en mal user la connaissance d'un si bel Art, ils ont pris la résolution de le cacher en mille manières, par des Énigmes et des Allégories; afin que ceux pour qui il n'était pas destiné, en fussent détournés par la difficulté d'y arriver.

Dans cette vue les premiers Auteurs, en laissant quelque chose à la postérité, en ont passé beaucoup d'autres sous silence. Ceux qui sont venus après, ont suppléé ce qui manquait : mais exprès, ils n'ont pas mis ce qui avait déjà été expliqué par les autres. Loin de donner cette clarté à la matière, ils ont imaginé des fables; ont fait des emblèmes : en un mot, ils ont tendu mille pièges. Mais comme ils n'avaient tous qu'un même but et une même fin en et cachant et déguisant de la sorte ; aussi les moyens généraux qu'ils ont employé, ont été informes, et se rapportent à, trois chefs, dont je parlerai dans la suite. Adieu.

À Bruxelles, le 24e Octobre 1646

LETTRE XL : *Avis généraux sur la manière avec laquelle les Philosophes ont déguisé leur Science*

Monsieur, la première manière par laquelle les Philosophes se sont déguisés, cela a été non seulement de diviser une même chose en plusieurs lieux de leurs Écrits, mais même de les remplir d'oppositions : apparentes, pour ne pas dire, de formelles contradictions : de sorte qu'un endroit nie ce que l'autre affirme. Ce n'est pas qu'ils n'aient laissé entrevoir le secret de les concilier, et avec eux-mêmes, et avec les autres : mais c'est chose néanmoins si difficile à apercevoir, qu'on dirait qu'une mer entière de confusion et d'obscurité nous la couvre.

La seconde, souvent dans un même lieu ils expriment une ou plusieurs choses : ou s'ils les distinguent en différents endroits, ils les confondent par des termes signifiants le même : principalement quand ils traitent de la préparation du Mercure ou du Magistère, ou de sa fermentation, ou de sa détermination spécifique pour la Nature métallique. Car quoique les choses diffèrent entièrement, ils les font pourtant si semblables que des propositions unies, et qui semblent dans cette union faire un bon sens, doivent néanmoins être entendues séparément, et ne signifient rien de vrai que lorsqu'ils les joignent ou par l'affinité des matières, ou par l'analogie, et autres rapports de nom et de signification.

La troisième, c'est en affectant de renverser et transposer l'ordre, sur tout quand ils parlent de leur sujet et de sa préparation. Car ce qu'on traiterait par un ordre suivi, quoi qu'avec obscurité, serait pourtant à la fin développé par des Esprits subtils, quand même les plus grossiers n'y comprendraient rien : Ce qui leur a fait juger à propos de commencer quelquefois par la fin, autrefois par le milieu, et d'autrefois renversant tout à dessein.

Ces trois choses ont été observées très exactement par les Auteurs, et par nous-mêmes dans notre nouvelle Lumière Chimique, et dans les Traités qui y sont joints ; à savoir, dans les Dialogues du Soufre et du Mercure. Mais je n'en ai pas usé de même dans ces

Lettres, dans lesquelles quoi que touchant la préparation du Mercure, j'aie mis en raccourci quelques opérations sous des termes génériques, de peur que ces Lettres ne vinssent à être interceptées, je les avais pourtant décrites assez amplement dans nos Lettres sur la Théorie : et d'ailleurs, je n'ai rien omis ni transposé.

C'est pourquoi si vous voulez comprendre entièrement ma pensée et celle des Auteurs, développer sans erreur les lieux obscurs, éviter les écueils, concilier, les passages qui semblent se contredire, et enfin distinguer les choses confuses ; il est nécessaire que vous vous mettiez fortement dans l'esprit les choses susdites. Concevez de plus cette vérité, qu'on n'a pas encore enseignée nettement et sans voile, qu'il y a deux parties générales de la Pierre : La première, c'est l'exaltation du Mercure des Philosophes ; et la seconde, sa fermentation minérale, ou sa spécification.

Cette distinction est la clef du temple de la Sagesse Chimique, et des mystères, de l'Art. Enfin il faut se souvenir de comparer un lieu avec un autre, les sujets avec les sujets, les sentences, avec les sentences ; et d'en conclure ce que l'on pourra ; Adieu.

À Bruxelles, le 30ᵉ Octobre 1646

LETTRE XLI : Diversité de sentiments des Auteurs, touchant la matière de la Pierre

Monsieur, après l'avertissement gênerai touchant la lecture et l'intelligence des Auteurs, il en faut venir au particulier : non que je prétende ici parcourir tous les lieux, et concilier toutes les oppositions qui se trouvent dans la seconde partie, sur tout de la Chrysopée particulière, sur laquelle vous me questionnez. Mais au moins j'en épuiserai quelques-uns, et ceux auxquels, tant dans nos Écrits, que dans ceux des autres, le reste se rapporte.

Toutes les contradictions apparentes de nos Écrits et des Auteurs, se rapportent ou bien aux choses signifiées, par les termes, ou aux termes signifiants les choses.

Ce qui concerne les choses, se réduit à deux chefs, à la nature, et à la manière d'agir. Le premier se peut subdiviser en deux articles, selon les deux difficultés qui s'y rencontrent : l'un, demande combien il entre de matière dans la Pierre : l'autre, quelle est la matière qui y entre.

Quant au premier article, les uns disent que cette matière n'est qu'une unique chose : ou bien s'il y en a plusieurs, qu'elles ne font que comme les patries d'un même suppôt, d'un même mixte, entant que mixte ; et que ces parties sont trois, le Sel, le Soufre et le Mercure, qui tous, trois ne font qu'un Tout physique, en quelque Corps qu'on les considère.

Le fondement de cette assertion, est ce que nous

avons dit quelque part dans nos Ouvrages, après plusieurs Maîtres, qu'une seule chose suffit pour accomplir le Magistère; et que cependant pour abréger, on en peut employer deux d'une même racine. Laquelle manière d'abréger les Modernes prétendent être une nouvelle invention, qui passe l'expérience des Anciens, et qui n'est pas nécessaire, pour la confection de la Pierre.

Les autres au contraire veulent des choses diverses, et des matières partielles, que les Philosophes Naturalistes désignent sous le nom et description de *Soufre vif*, et de *Mercure vif;* et autres noms encore, comme de *Soleil vif*, de *Lune vive*, de *mâle* et de *femelle*, de *Gabricius* et de *Beya*, qui signifient quelque diversité de nature et différence de propriétés, et à même temps distinction de suppôts : et par conséquent pluralité de choses, qui s'arrête cependant dans le nombre binaire, quoi que quelques-uns des plus nouveaux ajoutent un troisième, qui est le *Sel*.

Enfin d'autres ne se contentent pas de deux choses, mais ils admettent tous les sept Métaux: parce que, disent-ils, la Pierre est un genre universel. Or une nature universelle est telle, qu'elle doit renfermer en soi toutes les espèces qui lui sont soumises.

Nous avons paru être de ce sentiment dans notre *nouvelle Lumière Chimique*, en parlant de l'Harmonie des sept Planètes et des Métaux. Et à cette opinion s'en peut joindre une autre qui lui est assez semblable, qui demande trois substances, de diverse forme substantielle et de différente famille des Mixtes, pour la même raison que celle qu'on apporte pour les sept

Métaux. Ajoutez que la Pierre convient également aux trois familles des Mixtes inférieurs, tant en leurs espèces, qu'en leurs individus, et qu'elle s'y joint avec une espèce d'amitié, comme leur étant utile, pour leur production, conservation et réparation : ce qui ne semble se pouvoir faire, si la Pierre n'est faite de ces trois natures. Ce sont là les objections touchant la matière de la Pierre, qui faisait le premier Chapitre. La Lettre suivante en donnera l'éclaircissement. Adieu.

À Bruxelles, le sixième Novembre 1646

LETTRE XLII : *En quel sens les Philosophes ont dit que leur matière n'était composée que d'une chose, et qu'elle l'était aussi de plusieurs*

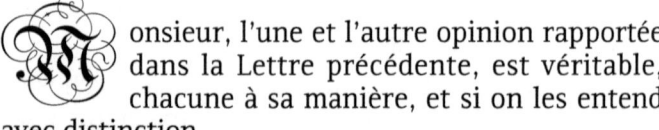onsieur, l'une et l'autre opinion rapportée dans la Lettre précédente, est véritable, chacune à sa manière, et si on les entend avec distinction.

La première est vraie, si nous la rapportons à la production primitive ; c'est-à-dire, à la fermentation de notre Mercure vif, et sa conversion en semence de nature primitive, par l'action de la semence primitive même, selon les manières que nous avons amplement déduites ailleurs : Laquelle production se peut faire non seulement dans les entrailles de la Terre, mais aussi dans un Vase artificiel ; et il n'y est pas besoin d'autre chose, que de l'Esprit Universel susdit, ou notre Mercure vif.

Car il n'est pas possible que ce Mercure par tant d'ascensions et de descensions, par lesquelles il est mu et agité par l'Archée, depuis les choses plus basses jusqu'aux supérieures, et depuis les supérieures jusqu'aux inférieures , comme par autant de distillations, rectifications et sublimations, ne se soit préparé, et ne soit devenu assez puissant pour tirer par la vertu magnétique du fonds des semences primitives, celles d'Or ou d'Argent, avec lesquelles ensuite il peut s'assimiler, et devenir métallique.

En effet, cette Pierre métallique n'est rien autre chose que la semence de l'Or ou de l'Argent, dans l'espèce desquels elle a été réduite par cette assimilation : mais cela n'arrive qu'en, un très-long temps, tant à cause de la faiblesse de l'action de l'Archée, qui est le premier moteur de tout, qu'à cause de celle de la faculté fermentative qu'ont les semences primitives. Voilà donc un premier sens dans lequel la première opinion se trouve vraie.

Que si on la rapporte à cette production qui est l'ouvrage de l'Art, et qui se fait par la vertu des semences particulières, (production au reste beaucoup plus prompte et efficace que la précédente) en ce cas elle sera fausse, parce que les semences de l'Or ou de l'Argent se doivent prendre de l'Or ou de l'Argent, et il les faut imprimer dans le susdit Mercure, comme je ne l'ai déjà que trop prouvé. Or cela supposé, il faut pour faire l'œuvre deux substances, savoir le sperme ou le Vitriol de l'Or, qui contient les semences particulières de ce métal ; et de plus, notre Esprit Universel, qui doit être assimilé et converti ensemence particulière d'Or ou d'Argent pour la composition de la

Pierre métallique, ou pour être spécifié dans l'ordre métallique, selon la fin et le terme premier de la multiplication expliqué ailleurs.

Ces deux substances n'ont qu'une même racine : ce qui ne se doit pas entendre, en disant que c'est quelles n'ont que le rapport de substances incomplètes à un Tout Physique, dont elles font parties, comme l'expliquent sottement ceux qui pour avoir une pluralité de choses, ont recours à la distinction et séparation du Mercure, du Sel, et du Soufre dans un seul Corps et une substance complète ; par exemple, dans l'Or ou l'Argent. Car ce rapport ne marquerait que l'état d'un Corps tronqué et divisé, et non pas l'identité de deux diverses choses. Mais on doit faire entendre comme cela est, en disant que nos deux substances sont bien à la vérité substances complètes, distinctes, et indépendantes l'une de l'autre, mais pourtant qu'elles conviennent en l'homogénéité de Principe expliqué ci-dessus : laquelle homogénéité compose avec elle unité d'origine et de racine, mais non pas unité ou identité de racine ou de tronc.

Et c'est ici une distinction à laquelle on doit bien prendre garde ; car ces deux imités ou identités sont entièrement différentes, comme on le voit dans l'Arbre et dans son fruit, et dans l'écorce du tronc de cet Arbre et la moelle de ce tronc. Dans ces deux exemples il y a identité d'origine, mais non pas ressemblance d'identité : Car les deux premiers ont un être complet, distingué et différent ; cependant le tronc de cet Arbre et son fruit n'ont qu'une même racine, ou qu'un même Principe, tant actif, que passif, qui est la semence capable de produire telle espèce. Au contraire les deux seconds, savoir l'écorce et la moelle de ce même tronc, quoi qu'ils aient un être distingué, il n'est pas cependant complet, mais incomplet, parce qu'ils sont les parties d'un être qui ne paraît qu'un Tout, et qui n'a qu'une subsistance, à savoir du tronc. Tout ceci est un peu obscur, donnons y quelque éclaircissement.

La première sentence donc se peut entendre de la première partie de la Pierre, ou du Magistère; ou bien de la seconde partie, ou de la spécification. Si elle s'entend du Magistère, elle est fausse, parce que dans cette, première partie de la Pierre, il n'est requis autre chose que notre Esprit Universel. Et effet, le Magistère n'est rien qu'une juste cuisson de la substance dudit Esprit Universel, selon trois différents degrés de tempérie, la mercuriale, la sulfurée, et la saline. Et dans ce sel, se termine l'exaltation du Mercure universel à son souverain degré: Elle est l'accomplissement du Magistère, à l'imitation de la cuisson du même Mercure, avant que dans le fonds de la Terre il eût été déterminé à l'espèce métallique, par exemple, par les semences primitives.

Mais si cette première sentence s'entend de la seconde partie de la Pierre, ou de la détermination spécifique dudit Magistère à la Nature, par exemple, du Soleil ou de la Lune; alors il faut subdistinguer. Car ou bien il sera question de celle qui demande un très long espace de temps, et qui n'arrive même que rarement, sans aucun secours ni union de matière extérieure, mais par la seule énergie des semences primitives, et en petite quantité, lesquelles ledit Esprit Universel renferme en soi: ce qui fait sa Nature hermaphrodite. Dans cette spécification ces semences font la fonction du mâle, et l'Esprit Universel fait celle de la femelle.

Ou bien il fera question de cette spécification qui se fait par l'union intrinsèque et l'adjonction des semences, soit primitives dans les entrailles de la Terre, soit particulières dans le Vase de l'Artiste. Dans l'un et l'autre sens l'opinion susdite est fausse : car la semence qui détermine à une espèce, et la matière qui est déterminée à cette espèce, sont deux choses distinguées réellement. Je dis plus même, elles sont deux substances complètes et homogènes, mais d'une homogénéité de Principe principiant, et par conséquent d'une seule racine. Ce qui est la même chose chez les véritables Philosophes.

Mais direz-vous en vous-même, tous les Mixtes, quelque diversité d'espèce et de nature qu'ils aient entre eux, ont cette homogénéité de Principe, parce que la matière qui sert de sujet à leur forme, est (selon la doctrine précédente) homogène avec ledit Esprit-Universel : donc ils sont d'une seule et même racine. Et par conséquent la matière du premier venu, peut être prise sans choix pour la matière de l'autre.

Que si cela a lieu dans les Mixtes différents en espèce et en nombre, à plus forte raison l'aura-t-il dans les parties naturelles d'un même Mixte, composé de Mercure, Soufre et Sel, parce que ces trois parties n'ont qu'un même Principe naturel en nombre et en espèce avec leur Tout. Et certes, cette objection est si pressante, qu'à peine en trouverez-vous la solution en aucun endroit : puisqu'elle est ici nettement exprimée, je vais y répondre.

Pour décider donc là-dessus, il faut remarquer que trois conditions sont requises, afin que dans la pensée des Philosophes, une chose soit dite homogène à une autre d'une homogénéité de Principe.

La première condition, c'est que l'une et l'autre de ces choses soit complète en son être : de sorte que l'une ne soit pas avec l'autre comme partie d'un même Tout.

La seconde, que de ces substances l'une soit en qualité de Mixte plus simple, et l'autre plus composée d'un degré au moins que sa compagne. Nous avons parlé de ces choses dans notre Théorie.

La troisième, que celle qui est la moins composée, soit indifférente à recevoir toutes les formes, et qu'elle puisse même outre la forme qu'elle a, prendre en elle la forme qu'a cette autre partie plus composée qu'elle.

Outre cela, il faut encore remarquer que le nom de Racine est équivoque, et qu'il se prend en trois manières. En premier lieu, proprement, pour le Principe matériel de toutes choses : non pas que j'entende par là cette matière chimérique et inconcevable que l'École a faussement imaginée, mais notre Esprit Universel, qui n'est point encore déterminé à une espèce particulière de Mixtes inférieurs, et qui a pour lors toute la nature de substance complète. Ou si vous l'agréez mieux, j'entendrai par là les Principes principiés, mais alors fort peu composés, en remontant jusqu'aux plus simples Éléments, et même jusqu'à l'Eau primitive tirée du Chaos.

En second lieu, improprement, et seulement par

analogie au sens précédent; et alors le mot de Racine se prend pour la partie principale d'un être vivant, laquelle reçoit d'abord la nourriture, et qui ensuite la communique et la distribue aux autres parties en gros ou en détail.

Enfin, plus improprement encore. Ce mot se prend pour le tronc, par rapport aux parties qu'on en aurait coupées et séparées; c'est-à-dire, pour quelque suppôt total que ce soit, et pour quelque substance complète, à l'égard de ses parties substantielles incomplètes.

Ces choses ainsi supposées, la réponse à l'objection est aisée. Car tous les Mixtes des trois Familles, de quelque espèce qu'ils soient composés entre eux, ont bien la première des susdites conditions, savoir d'être des substances complètes; mais les deux autres leur manquent: car ils sont dans le même degré de composition les uns que les autres dans la classe des Mixtes de l'ordre inférieur; c'est-à-dire, sous chaque espèce particulière de l'une ou l'autre des trois Familles. Et partant, quoique les uns se puisent changer dans les autres, comme il a été dit ailleurs, par l'odeur de la forme substantielle; cependant ils ne peuvent acquérir une forme nouvelle plus simple, et supérieure d'un degré. Que si le Sel, le Soufre et le Mercure d'un Mixte se pouvaient séparer, (ce que je nie) ils ne seraient pas alors substances complètes, parce que ce ne serait toujours au plus que des parties à l'égard de leur Tout.

Tous ces Mixtes donc de différente espèce, ne sont pas d'une même racine, parce qu'ils ne sont pas homogènes de l'homogénéité de Principe, les conditions essentielles leur manquant pour cela. Les trois Principes non plus d'un même Mixte, Sel, Soufre et Mercure, ne sont pas d'une même racine pour la même raison, quoi qu'ils soient d'un même tronc; et tout ceci cadre avec les axiomes Philosophiques.

Pour la seconde des trois opinions que nous avons rapportée, sur le nombre des matières de l'œuvre, on la peut entendre, et en voir le vrai et le faux par l'explication de la première. Il nous reste à parler de la troisième. Si on la rapporte à la prochaine capacité qu'a notre Esprit Universel de recevoir toutes les formes, et à la disposition qu'il a en soi pour chacune d'elles, elle est très vraie : mais si on l'entend de leurs effets, je la soutien fausse.

La preuve dont on l'appuie, est mal prise de l'état métaphysique et des compositions mentales, pour l'appliquer aux productions physiques. Car après tout, ce n'est pas une suite que parce qu'il y a sept Métaux qui répondent aux sept Planètes, et auxquels la Cabale en a donné les noms, que ces sept Métaux entrent en la composition réelle de la Pierre, et en fassent la matière : mais par là on veut exprimer, tantôt que les vertus et influences de ces sept Planètes ont été imprimées et exaltées même dans nôtre Esprit Universel, et tantôt qu'il y a divers degrés de cuisson, qui se succèdent dans l'œuf Physique, et qui répondent aux qualités et au tempérament des sept Planètes, ou des sept Métaux. Adieu.

À Bruxelles, le douzième Novembre 1646

LETTRE XLIII : *Différentes Opinions des Philosophes, touchant la partie active de la matière*

onsieur, le second article concerne la qualité de la matière, et se divise en deux sections, selon la méthode de l'article précédent, qui distribue les expressions des Philosophes sur la matière de la Pierre, en deux classes.

Dans la première section nous parlerons des doutes qui naissent sur la matière première, qui est l'active, ou celle qui a la force de s'assimiler le Mercure. Et dans la seconde, nous éclaircirons ce qui regarde la matière seconde, qui est la passive, ou celle qui doit être rendue semblable. L'un et l'autre article comprendront derechef plusieurs petites parties. Les premières, éclairciront ce qui regarde l'essence et la nature de la matière ; et les secondes, ce qui regarde leurs propriétés.

Touchant donc la matière première de la Pierre, sa nature et son essence, les uns assurent que c'est l'Or ou la Lune vulgaires, tels qu'ils sortent de la Mine, et non sous une autre forme : En effet plusieurs passages des Philosophes semblent prouver cette proposition. Les autres demeurent d'accord qu'il y a quelque autre chose que l'Or ou l'Argent. Ils veulent bien à la vérité que cette chose en ait la nature, mais virtuellement, et non pas réellement : ou du moins ce sera, disent-ils, quelque chose qui leur ressemblera, dont la Nature sera en partie la même avec l'Or et l'Argent, et en partie différente : comme par exemple, serait l'Antimoine, le Vitriol, le Soufre vulgaire, ou celui de quelque métal inférieur. Et cette opinion est fondée sur plusieurs autorités formelles des Philosophes.

Enfin les autres prenants un milieu, assurent que l'Or ou l'Argent, non pas virtuel et par analogie, mais minéral, vrai et propre, est la matière de la Pierre, mais sous certaine forme physique et préparation non ordinaire, en vertu de laquelle il est appelle *l'Or vif*, ou *Lune vive*. Si bien qu'alors il n'est plus Or commun ou vulgaire, mais il paraît sous la forme de Mercure, de Sel ou de Soufre, tiré de l'Or ou de l'Argent, ou de tous deux ensembles, ou même de quelque autre sujet.

Au reste, cette opinion ne manque pas d'autorité des Philosophes qui la confirment; et il y a même plusieurs Sentences prononcées par eux, et qui passent pour des Décrets des Sages, comme l'on verra dans la Lettre suivante. Adieu.

À Bruxelles, le treizième Novembre 1646

LETTRE XLIV : *Que ce n'est que l'Or et l'Argent du vulgaire, mais non dans l'état du vulgaire*

Monsieur, la première et la dernière opinion sont véritables. Car comme je l'ai prouvé ailleurs assez au long, le ferment ou la matière première de la Pierre ne peut, être autre chose que le Vitriol, ou le sperme du Soleil et de la Lune. En effet, la semence particulière de ces Métaux, se tire d'eux ; c'est une vérité incontestable partout ce que nous avons dit ci-dessus : mais pour la donner, ils doivent être réduits en sperme ; et ainsi ne plus paraître sous leur forme vulgaire, mais sous une artificielle, amie cependant de la Nature, et non violente. Or ils sont faits tels par le moyen d'un Dissolvant naturel, dans lequel l'Or et l'Argent se fondent comme la glace dans l'eau, qui lui est semblable en nature. Voilà ce que c'est que réduire le Soleil et la Lune à leur Principe et à leur matière première ; c'est-à-dire, les résoudre dans cette même Eau de laquelle ils ont été faits.

En, effet, l'Or a été fait de cette Eau, par le moyen de laquelle il se dissout, et par laquelle on tire son Vitriol : mais étant en cet état, il ne peut retourner en Corps métallique ; c'est-à-dire, redevenir vulgaire qu'après l'accomplissement de l'ouvrage.

L'une et l'autre Sentence est donc vraie dans le sens, qu'on la propose, sans distinction ni autre explication des passages des Auteurs ; car en ce point ils parlent tous clairement.

Pour l'autre opinion, elle est absolument fausse, si on l'entend de la première matière active, ou du ferment ; et il ne faut pas avoir égard au textes des Philosophes que l'on cite là-dessus : car ils se doivent tous entendre de la seconde matière, à savoir de l'Esprit Universel, ou de notre Mercure vif, qui à cause de l'homogénéité de premier Principe qu'il a avec l'Or de l'Argent, est dit avec raison Or et Argent virtuel, et analogue.

Que si les Philosophes dans ces endroits n'expriment pas bien juste ce qu'ils pensent touchant la seconde matière, il ne faut pas blâmer pour cela notre solution : parce que, comme je l'ai remarqué ci-devant, les Philosophes exprès et à dessein, ont divisé une seule vérité en plusieurs, et qui paraissent désunies, les ayant même répandues dans des propositions mises en différents lieux. Et vous verrez qu'il n'y en a presqu'aucun d'eux qui parlant de la matière analogue, n'infère à même temps des propositions obscures qui tombent sur l'Or minéral, ou qui n'en rappelle des descriptions faites, ailleurs. Adieu.

À Bruxelles, le 24e Novembre 1646

LETTRE XLV : Diversité de sentiments touchant la matière seconde, et les moyens, pour les concilier tous

Monsieur, il n'y a que peu ou point du tout de diversité de sentiments dans les Auteurs, touchant les propriétés de la matière première ; et s'il s'en trouve quelques-uns différents, la doctrine des Lettres précédentes les fait assez entendre. Parlons, donc de la matière seconde.

On ne trouve pas tant d'oppositions dans ce point que dans l'autre. Les uns sont pour le Mercure commun, ou vulgaire, et cette opinion suivie de presque tous les Philosophes de ce siècle, est appuyée sur des arguments assez, vraisemblables, et sur les aphorismes des Anciens. D'autres n'approuvent pas le Mercure vulgaire ; mais ils veulent un Mercure métallique, ou de la même substance de laquelle est sortie la matière première de l'Or ou de l'Argent : ou en un mot, celui de quelque substance métallique, comme du Plomb, et autres semblables.

Quelques-uns moins scrupuleux prétendent que tout Mercure est également bon, soit qu'il soit tiré des Minéraux, des Végétaux, ou des Animaux, et que l'on peut employer ces Mercures dans l'œuvre, ou conjointement, ou l'un d'eux en particulier : parce qu'ils se fondent sur ce qu'on dit, que le Mercure des Philosophes est en toutes choses et en tous lieux. Enfin il s'en trouve qui ayant lu que la matière est vile, connue à tout le Monde, qu'elle se trouve partout, qu'elle est commune à tous les Hommes, et que tout le Monde l'a devant les yeux, donnent un suffrage de mauvaise odeur, à des ordures et à des excréments.

Pour bien concilier toutes ces oppositions, il faut ici révéler un secret au sujet de la matière seconde, lequel a été par-dessus tous les autres caché et déguisé par les Philosophes. On saura donc que tous les bons Auteurs considèrent et décrivent trois choses dans cette matière.

Premièrement, ils décrivent la seconde matière même, ou la substance qui est la vraie matière seconde de la Pierre, à savoir notre Esprit Universel, ou notre Mercure vif.

Secondement, ils décrivent le sujet dans lequel se trouve cette seconde matière, ou le Corps d'où on la tire. Ce sujet est une certaine terre véritable et naturelle, qui ne diffère point essentiellement de la terre élémentaire, mais seulement accidentellement, à cause qu'elle a été un peu plus subtilisée et purifiée par l'Archée ; et cette terre s'appelle, la Magnésie.

Troisièmement, ils décrivent la manière selon laquelle (notre seconde matière est dans sa terre. Elle y est (disent-ils) non comme une partie d'un Tout substantiel, ou comme étant une portion d'un Corps physique; mais comme la chose contenue dans celle qui la contient, ou comme une patrie accidentelle d'un Tout par accident; c'est-à-dire, d'un Tout composé de parties complètes chacune en elles-mêmes, dans lequel elles sont amassées les unes avec les autres, et confuses seulement localement. Ainsi, par exemple, l'eau qui est dans une éponge mouillée, n'est pas une partie substantielle de l'éponge, mais elle est une autre substance qui pénètre l'éponge, et qui la remplit.

Or cette nature du sujet de la matière seconde, et la façon dont elle existé dans lui, se prouve par, cette expérience que vous pouvez faire. Après la séparation qu'on a faite de cette matière, la tête morte est noire, qui est la couleur naturelle de la terre : outre cela, elle est sèche et insipide, et il ne lui reste aucun sel. C'est-là une marque, évidente que ce n'est pas un Mixte d'aucune des trois Familles : En effet, il n'y en a aucun qui après qu'on l'a distillé, ne laisse dans, la tête morte un sel.

Parce que les faux Philosophes ont ignoré ce secret, ils ont donné dans cent chimères, ce qu'ils n'auraient pas fait s'ils, n'avaient confondu ces trois choses, et s'ils n'avaient appliqué à une même chose ces descriptions, qui tombent fut trois. Au contraire, si l'on s'efforce de pénétrer ce mystère, toutes les oppositions même les plus fortes, s'accorderont aisément entre elles, et la vérité paraîtra aussi claire que la lumière en plein midi, comme on le verra par la suivante. Adieu.

À Bruxelles, le trentième Novembre 1646

LETTRE XLVI : *Que ce n'est pas le Mercure vulgaire*

onsieur, le secret contenu dans la Lettre précédente étant supposé, les oppositions qui se trouvent touchant la seconde matière, peuvent être aisément développées.

Pour donner donc à la première opinion un bon sens, il y a deux distinctions à faire. La première tombera sur le mot de *commun* : parce que si on l'applique à la substance même de la seconde matière, à savoir notre Esprit Universel, et qu'on prétende alors le faire signifier ce qu'il signifie quand on le prend improprement, à savoir le Mercure vulgaire, et non pas quelque chose de rare ; en ce sens tout est faux. Mais au contraire, si ce même mot se prend dans son sens naturel, en tant qu'il signifie un rapport à diverses choses ; alors pourvu qu'on le fasse tomber sur le sujet même de la seconde matière, tout est vrai.

En effet, notre Mercure ou l'Esprit Universel, est le commun Principe de toutes choses, puisque l'on ne peut montrer aucun Mixte des trois Familles auquel il n'ait cette espèce de rapport : Et d'ailleurs, il n'y a point autre chose dans la Nature qui ait ce rapport aux Mixtes, comme étant un de leurs Principes, que celui-ci.

Que si le même mot pris ou proprement, ou improprement, s'entend du sujet dans lequel est la seconde matière, et de la manière dont elle y est ; il est constant que la proposition sera fausse : car le Mercure vulgaire n'a pas précisément l'essence que doit avoir ledit sujet ; et il n'y a rien dans ce Mercure qui ne soit une de ses parties substantielles. Car le Sel, Soufre et Mercure, qui sont dans lui, (s'il y en a encore) y ont perdu leur totalité, et l'être complet qu'ils avaient ; et ils ne peuvent remonter à cette simplicité, comme on l'a assez prouvé en traitant de la *Ressimplification des choses*, que nous avons montrée impossible, et de laquelle il faut raisonner de la même manière, que de la restitution des parties du Composé à leur première totalité, et à la formation d'un être complet.

On peut en second lieu distinguer la même opinion par la distinction expliquée ci-dessus, savoir de puissance passive et d'acte, dont nous avons parlé dans les articles précédents à l'occasion d'une autre matière. Car si alors on entend parler du Mercure Vulgaire en puissance ; c'est-à-dire, si l'on prétend que notre matière est le Mercure vulgaire en puissance, comme ayant des dispositions qui ne sont pas trop éloignées pour recevoir et la forme et la vertu du Mercure vulgaire ; alors on dit vrai, quand on assure que notre matière est le Mercure vulgaire : Et cette manière, de parler n'est pas extraordinaire. Car c'est ainsi qu'on dit tous les jours, que le froment est la nourriture de l'Homme, quoi que pourtant l'Homme n'en vive pas, mais bien du pain qui se fait de la semence de cette herbe ; et ainsi des autres choses. Mais si l'on prétend que ce sujet soit le, Mercure vulgaire même, on se trompe : Et si l'on prétend aussi désigner le sujet de ladite matière seconde, ou bien le Corps d'où il est tiré, ou la manière dont elle est dans ce sujet; cette opinion ne peut encore être vraie, par les mêmes raisons apportées ci-dessus. Adieu.

À Bruxelles, le sixième Décembre 1646

LETTRE XLVII : Suite du même Sujet

Monsieur, Pour la seconde opinion, soit qu'on l'entende de la matière seconde même, ou de son sujet, ou de la manière dont elle y est, elle est fausse. Les autorités qu'on cite se doivent expliquer de la matière première, savoir du Vitriol de l'Or et de l'Argent. Ce Vitriol est véritablement un Mercure métallique, mais cuit en métal : d'où il ne peut retourner à sa première simplicité, comme il a été dit tant de fois : Et cette manière de parler : n'est pas encore extraordinaire. Car le pain de froment s'appelle quelquefois du froment : et en effet c'est du froment, mais sous une forme nouvelle, et cuit ; de sorte qu'il ne peut redevenir ce qu'il était auparavant, et servir aux mêmes usages auxquels il servait. Le pain pour peu qu'il soit altéré, ne peut derechef reprendre les qualités du froment ou de la farine dont il a été fait, pour de nouveau en faire du pain ; c'est-à-dire, pour en refaire du pain. Cependant du froment qui n'est pas encore tout-à-fait devenu pain, mais qui est seulement pâte et levain, peut servir à fermenter du froment qui n'est pas encore levain, mais seulement pâte. Le même trouve à proportion dans les

Métaux, pour la même cause et raison que dessus, quoi qu'avec un peu de diversité quant à l'acte de la fermentation.

La troisième opinion qui soutient que la partie mercurielle de quelque Mixte que ce soit est notre Mercure, est évidemment fausse, si on l'entend ou de la substance de la matière seconde, ou de son sujet, ou de la manière dont elle se trouve dans ce sujet : Et la raison de cette opinion se doit distinguer. Car s'il s'agit du lieu où se trouve le Mercure ou Esprit Universel, il est certain qu'il est partout, mais principalement avec l'Air, lequel remplit toutes les parties du Monde ; et qui non seulement résiste partout au vide, mais qui pénètre même les autres Éléments, et les Corps qui y entre par leurs pores : Ainsi cette raison loin de faire contre nous, établit notre opinion par un argument invincible ; car cette qualité est une espèce d'immensité, qui ne peut convenir à aucune autre chose dans le Monde matériel, qu'à notre Mercure et à notre Esprit Universel. Mais s'il s'agit de son existence propre et substantielle dans tous les Mixtes, comme si l'on prétendait qu'il y fût en forme de partie substantielle, je subdistingue encore. Car si c'est-à-dire qu'il soit actué en chaque chose, et qu'il soit réduit à un nouveau degré de composition de sa forme substantielle, outre celui qu'il avait auparavant, cela est vrai ; mais en cet état il ne peut être d'aucun usage pour faire la Pierre, ni être mis pour la matière seconde, comme nous l'avons assez prouvé ci-dessus, puisqu'il faudrait pour cela qu'il fût ressimplifié. Ce qui est impossible et contre sa nature. D'ailleurs, il est absolument faux qu'il soit dans, les choses susdites assez simples pour être la matière seconde de la Pierre, autrement la partie serait plus grande et plus étendue que son Tout.

Si les Auteurs semblent insinuer, cela par des paroles expresses, il ne faut pas interpréter leur pensée à la lettre, mais selon la susdite exposition. Car, jamais ils n'ont voulu enseigner que la seconde matière de la Pierre fût tellement en toutes choses, qu'on l'en pût tirer : mais seulement ils ont prétendu que cette même chose qui est actuée et déterminée en toutes choses, devait être cherchée dans l'état de simplicité qu'elle avait, avant qu'elle reçût cette détermination en chaque Mixtes, et qu'elle a encore tous les jours avant, qu'elle ait été coagulée en un Mixte, par l'action des semences primitives ou particulières. Adieu.

À Bruxelles, le 12ᵉ Décembre 1646

LETTRE XLVIII : *Qualités de la matière seconde*

onsieur, il y a bien des oppositions touchant les propriétés de la matière seconde, et les qualités qui suivent de son essence. Car les uns veulent qu'elle soit d'une consistance tout-à-fait liquide et fluide ; les autres n'y demandent pas tant de liquidité, mais un peu de solidité. Il y en a qui disent qu'elle est diaphane : d'autre au contraire la disent opaque. Ceux-ci la font d'une couleur céleste ; et ceux-là d'une couleur blanche. Les uns recommandent qu'elle ait de la saveur et un goût aigu ; les autres qu'elle soit douce et agréable : D'autres lui attribuent l'humidité ; d'autre la sécheresse. Les uns assurent qu'elle a une teinture dorée et rouge intérieurement ; et d'autres le nient. Enfin il y en a qui choisissent la plus vieille ; et d'autres au contraire préfèrent la nouvelle.

Toutes ces diversités sont aisées à concilier par tout ce que nous avons dit ailleurs. Car s'il est question de la substance même de la matière seconde, elle est liquide et fluide, lorsqu'elle commence un peu à se condenser : Elle est diaphane et de couleur céleste, non pas bleue pourtant, mais fort claire. On y voit mille couleurs, comme celles de l'Arc-en-ciel. Elle est humide au souverain degré, parce qu'elle est pleine d'air congelé, et qu'elle est par tout, répandue dans la sphère de l'Air. D'où vient que tandis qu'elle demeure dans son état de raréfaction, elle ne mouille point les mains. Elle a une teinture abondante, laquelle peu de jours après qu'on l'a séparée de son sujet, prend la couleur jaune, comme d'un Or dissout : mais cette teinture là s'exalte, et devient très rouge en passant par les autres couleurs moyennes. On doit choisir la plus vieille, c'est-à-dire qui soit tirée de cette substance mercurielle ou Esprit Universel, lequel après plusieurs distillations et cohobations naturelles, a changé les qualités d'humidité et de froideur, en celles d'humidité et de chaleur : et on ne la trouve telle nulle part que dans notre sujet, duquel quand elle a été séparée, elle devient très amère : signe indubitable de sa chaleur.

Mais si présentement on parlé du sujet de la seconde matière, les qualités, qu'il a, sont contraires à celles que je viens de rapporter : Car il est épais, opaque, un peu dur, blanc, doux, d'odeur agréable, et très sec, parce qu'essentiellement c'est une terre. Le nouveau est préférable au vieux, parce, que la matière, à la longueur du temps, perd son Esprit Universel.

Il reste encore quelques qualités qui semblent contraires, et qui ont été attribuées par les Auteurs à notre seconde matière. Mais j'aurai lieu d'en parler, en traitant des Termes, où l'on expliquera les descriptions rapportées sur ce sujet. Adieu.

À Bruxelles, le dix huitième Décembre 1646

LETTRE XLIX : *Source des contrariétés qui se trouvent dans les Auteurs, touchant la Pratique*

Monsieur, en second lieu, nous traiterons de la manière d'opérer. En quoi j'aurai égard, premièrement, a concilier plusieurs contrariétés apparentes qui s'y trouvent, et lesquelles se peuvent rapporter aux parties utiles et inutiles de la matière. Secondement, à conduire l'ouvrage jusqu'à la fin désirée. Il est vrai que j'ai déjà fort parlé de cela dans les Lettres précédentes : mais à cause des difficultés qui s'y trouvent, je ne laisserai pas d'en répéter ici quelque chose en peu de mots, avec ordre et plus de netteté.

À l'égard donc des parties utiles, quelques-uns soutiennent qu'il ne faut que le Mercure seulement, ou que la partie mercurielle de notre matière est seule utile : D'autres veulent le Soufre seulement, d'autres le Sel, et d'autres veulent l'un et l'autre ensemble séparés de son corps ou substance totale, et enfin de nouveau remis sur son corps et substance, et réuni : ne séparant et ne rejetant que le flegme et la tête morte.

Pour concilier ces contradictions, il faut distinguer deux sortes de parties de la substance corporelle complète, ou de tout le sujet physique, comme doit être notre matière ; savoir, des naturelles, et de celles qui tiennent lieu d'excréments, et qui sont superflues.

De ces dernières parties superflues, et qui sont excréments, il y en a de trois sortes, savoir le flegme, ou la portion d'aquosité mercurielle, laquelle dans la production a excédé le poids de la Nature, ou la proportion répondante aux vertus des semences primitives ou particulières. Cette portion excédent, à cause de la faiblesse de nature, c'est-à-dire de la faculté expultrice des semences, ou de l'Archée qui meut ces mêmes semences, demeure confuse et mêlée localement avec la partie substantielle du Mixte : mais, elle n'est pas partie substantielle pour cela, ce n'est qu'un corps étranger, et un amas de parties hétérogènes qui s'y sont unies par hasard, et qui y demeurent jusqu'à ce que l'Archée les puisse enfin chasser dehors.

Secondement, la tête morte, c'est-à-dire cette portion superflue de la corporéité terrestre, que la Nature semblablement ne peut chasser, et quelle retient pour la conservation du Mixte, comme une écorce.

Troisièmement, il y a une certaine graisse composée de l'une et de l'autre de ces deux parties, laquelle ressemble à une huile fétide et vénéneuse, ou à un soufre malin.

Or toutes ces partie excrémentales ne se trouvent pas universellement dans tous les Mixte. Car les Mixtes de la première classe, dont nous avons parlé ailleurs, n'en n'ont point, savoir les Principes principiés, et principalement notre Esprit universel considéré selon soi. La raison de ceci est parce que leurs Principes matériels sont très simples, et qu'ils obéissent à l'Archée volontiers, qui les a fabriqué et qui les meut : de manière qu'ils n'excèdent ou ne défaillent jamais dans les premiers Mixtes, parce que l'Archée chasse facilement ce qui pourrait excéder ou surabonder à la matière ; et que si quelque chose manque, il l'attire facilement à soi. Mais-il n'en va pas de même dans les Mixtes de la seconde classe, c'est-à-dire dans ceux des trois Familles, desquelles les Principes matériels qui sont déjà trop composés, et par là (pour ainsi dire) ; comme trop appesantis, résistent à l'action et au mouvement du même Archée : d'où vient l'intempérie des Mixtes, par l'excès ou le défaut d'une qualité ou d'une autre.

Tout cc qui se rencontre donc d'aquosité dans lesdits Principes, est tout mercuriel, et partant utile, et même nécessaire à toute production : parce que dans cette aquosité réside la racine de la fermentabilité et de la puissance à être fait Corps.

Quant aux Mixtes inférieurs ils ont en eux telles parties superflues et inutiles ; mais ils ne les ont pas toutes, et tous les Mixtes n'en ont pas toujours, ni également. Car dans les uns il y a du flegme sans fèces, ou tête morte : dans les autres il y a des fèces sans flegme, comme dans l'Or très parfait ; et dans les Diamants. D'où il arrive quelquefois que notre Dissolvant dissout toute la substance de l'Or : ce qui est très rare : mais cela n'est point de conséquence ; c'est-à-dire, qu'il n'est pas absolument nécessaire de chercher un Or qui soit si pur, parce que ce qui est pur se dissout et rien de plus, la solution ne se faisant pas par la force des Sels corrosifs, mais par l'union des choses homogènes d'homogénéité de Principes : si bien que les hétérogènes ou différentes Natures ne pouvant être unies, ne peuvent être dissoutes.

Les parties naturelles sont de deux manières, à savoir nécessaires et contingentes. Les nécessaires sont celles qui constituent essentiellement un Tout nécessaire ou physique, la séparation desquelles parties détruit entièrement le Mixte, et étant une fois séparées, elles ne se peuvent jamais rejoindre dans le même corps ou individu particulier, ni même dans la même espèce, comme nous l'avons prouvé et justifié ailleurs par des exemples.

Or ces parties sont matière et formes, avec les choses qui lui sont naturelles et éminemment comprises avec les parties, qui sont quant à la forme, tous, les degrés que les Scolastiques appellent *conditions*, qui accompagnent nécessairement la forme substantielle : par exemple, dans chaque Animal l'animalité, la corporéité, la substantialité, jusqu'au souverain degré ou transcendant de l'entité.

Quant à la matière, ce sont les Principes principiés qui la déterminent à une certaine espèce de Mixte, comme sont le Sel, le Soufre et le Mercure, qui sont proprement les parties du Mixte, comme nous l'avons touché ailleurs.

Les parties contingentes sont celles dont la séparation diminue la substance du Mixte, mais qui ne détruit pas le Mixte ; et elles sont derechef de deux ordres, à savoir homogènes, ou hétérogènes. Il faut entendre ici l'homogénéité dans le sens vulgaire de l'École. Les parties homogènes, ou simplement *quantitatives*, sont celles desquelles l'essence est de semblable nature que le Tout, et la division desquelles diminue seulement la quantité de la substance : comme si par exemple, d'une livre d'Or ou d'Argent, on ôtait quelque once.

Les parties hétérogènes ou intégrantes de la substance, entant qu'elle est telle substance, sont celles qui sont différentes à l'égard les unes des autres, et à l'égard de leur Tout, et desquelles la totale séparation détruit toute la substance ; de manière qu'elle ne peut jamais être réparée : mais la destruction de quelques-unes ne détruit pas, mais estropie le sujet.

Toutes ces sortes de parties conviennent à tous les Mixtes, tant inférieurs des trois Familles, que supérieurs et moyens, qui sont les Principes principiés qui ne sont pas encore réduits à certaine espèce. Mais elles ne leur conviennent pas également : car dans les uns il y a plus grande quantité de Soufre, lesquels à cause de cela sont appelés *Soufre* par les Philosophes, prenants cette signification au large, parce qu'ils donnent le nom selon la plus grande partie : Et c'est ainsi que l'on appelle l'Or *Soufre*, et qu'il est entendu sous la signification du Soufre. Dans d'autres, le Mercure prédominant donne le nom aussi de *Mercure* : et de même dans ceux où il y a plus de Sel, on les connaît sous le nom de *Sel*. Cependant dans les Mixtes solides et très cuits, le Sel et le Soufre passent pour la même chose, ou du moins sont tellement joints ensemble, qu'à peine peuvent-ils être séparés. D'où vient que les Anciens ne parlent jamais, ou rarement du Sel. Mais lorsqu'ils sont réduits en Vitriol, c'est pour lors que la faculté du Sel leur convient aussi bien que le nom : Et pourtant il faut remarquer, que selon leurs différents effets, on les appelle tantôt Sels, et tantôt Soufres. Adieu.

À Bruxelles, le 24e Décembre 1646

LETTRE L : *Conciliation des contrariétés qui se trouvent dans les Auteurs, touchant la Pratiques*

Monsieur, pour concilier les oppositions susdites, il faut remarquer d'abord que l'on y donnera un sens, ou bien par rapport à la substance même de l'une ou l'autre de nos matières, qui sont le Vitriol du Soleil et notre Esprit Universel ; ou bien on l'y donnera par rapport au sujet d'où elle se tirent, qui est d'un côté le Soleil minéral, et de l'autre notre Magnésie.

Si les propositions s'entendent de la propre substance, ou nous en appliquons le sens aux parties superflues, ou naturelles. Si c'est aux parties superflues, il n'y a point à tirer, parce qu'il n'y a point d'excréments, à cause de la parfaite contempération de l'un, à savoir de notre Vitriol Solaire: et la simplicité de l'autre, à savoir de notre Esprit Universel.

Que si nous entendons parler des parties naturelles, il n'y a pas lieu d'en tenter la séparation, parce qu'il est impossible de la faire sans la destruction du Mixte; et quand bien même elle serait possible, elle serait inutile et superflue: parce que (comme nous l'avons déjà prouvé) elle serait contre nature, ne pouvant entrer ni dans l'individu, ni dans l'espèce du Corps dont elle est tirée.

Sue si l'on entend parler du sujet de l'un et de l'autre, et qu'il s'agisse des parties superflues, il en faut tirer la partie terrestre et la terre inutile, laquelle dans la production du Soleil se trouve confuse avec sa substance, et dans nôtre Magnésie conjointe à l'Esprit Universel, comme son vaisseau contenant et conservatif pour l'utilité Philosophique: Laquelle partie, (parce quelle n'est pas nécessaire) quoi que partie naturelle dudit Esprit Universel, est pourtant en quelque façon excrément. Mais si nous prétendons parler des parties naturelles, en vain, comme nous avons dit ci-devant, nous tenterions leurs séparations.

Après la recherche et l'élection des parties utiles, la conduite et le régime de l'Art et de l'ouvrage doivent suivre pour obtenir le fin dernière désirée, avec les signes et les changements qui arrivent, ou des couleurs différentes; en quoi, comme dans beaucoup d'autres choses, les Auteurs ne sont pas d'accord: les uns soutenant qu'il n'y a qu'un Régime, les autres trois, les autres quatre; à savoir, la solution, l'ablution, la réduction et la fixation. Les uns n'usent que d'une sorte de Feu, et continuel : les autres se servent d'un Feu de plusieurs degrés, et de différente manière de chaleur. Les uns n'ont qu'un Vase : les autre plusieurs. Les uns veulent plusieurs distillations et imbibitions ; et les autres une seule et unique coction. Les uns reconnaissent deux couleurs principales, la blanche et la rouge ; les autres y ajoutent la noire ; et d'autres encore admettent la verte, avec d'autres couleurs moyennes. Les uns prétendent que la première couleur est la rouge : d'autres la noire. Toutes lesquelles choses se pourraient vérifier par ce que nous avons dit ci-devant. Mais parce que nous serions trop longs, et que l'on trouve suffisamment l'explication de tout ceci dans les Auteurs ; il suffit à présent d'expliquer la Pratique qui est contenue dans le premier Chapitre de la Genèse, que nous avons pris ci-devant pour Directoire dans notre Lettre trente-huitième.

Contemple donc comme le texte dudit Chapitre premier de la Genèse par quelques lignes préliminaires, touchant légèrement les parties corporelles générales du Monde, à savoir le Ciel et la Terre, enseigne en même temps les parties et les opérations qui se trouvent dans notre Magistère. Car ne montre-t-il pas comment du Chaos est fait le Ciel et la Terre des Philosophes, laquelle en cet état, est vide et sans action ? Elle s'amasse et se coagule comme ferait du limon dans une Fontaine, ou le Sel dans la Mer, attendant que par l'action de l'Esprit Azotique mêlé artificiellement d'un Feu extérieur, il lui vienne des semences qui la rendent féconde. C'est du Chaos dis-je, que se fait ce Ciel et cette Terre, non pas du Chaos primitif qui n'est le sujet que du seul Créateur quand il a voulu produire, mais du second Chaos et naturel : c'est-à-dire, de notre Eau ou Esprit Universel, qui est en confusion, et comme enveloppé de ténèbres dans le corps de la Magnésie, sur laquelle l'Esprit Azotique, figure créée et corporelle de l'Esprit incréé, est porté.

Ensuite après que le précédent Texte a parlé en général, il descend au particulier ; et gardant le nombre, l'ordre et la quantité de toutes et chacune opérations de l'Art, il traite de même en nombre, ordre et quantité des ouvrages faits miraculeusement dans, la semaine de la Création.

Premièrement, que la Lumière soit faite, et quelle soit divisée des Ténèbres qui sont, sur la face de l'abîme Philosophique ; et que le Jour soit séparé de la Nuit, afin qu'ils se succèdent l'un après l'autre par toutes les autres opérations. Car dans tout l'ouvrage, la Lumière et les Ténèbres doivent nécessairement se suivre alternativement.

Secondement, que le Firmament soit fait au milieu des Eaux, et que les Eaux soient divisées des Eaux : À savoir, celles qui sont sous le Firmament de celles qui sont sur le Firmament ; c'est-à-dire, les épaisses et grossières séparées des subtiles ; et qu'elles soient ramassées en un lieu, afin que la Terre paraisse aride et sèche.

Troisièmement, que la Terre germe et produise de l'herbe verte, faisant sa semence selon son genre ; c'est-à-dire, des semences non des trois familles, car il ne s'agit pas de cela ici, mais des propres familles de son genre : Qu'elle soit semée, et qu'elle soit rendue féconde, par des fréquents arrosements d'une rosée de même nature et homogène.

Quatrièmement, que les deux grands Luminaires soient faits ; c'est-à-dire, le moindre Luminaire, ou l'Élixir au blanc, et le grand Luminaire, ou l'Élixir au rouge, et qu'ils luisent dans le Firmament du Ciel Philosophique, et qu'ils illuminent la Terre, soit métallique, soit végétale, soit animale ; et qu'ils servent de signe, de jour, de temps et d'années ; c'est-à-dire, qu'ils marquent telle perfection de température, que l'on voie des marques et signes extérieurs, selon la diversité des temps et des âges ; et enfin l'incorruptibilité selon la capacité de la masse corporelle.

Cinquièmement, que les susdits Élixirs soient multipliés en vertu et volume, par la même Eau dont ils ont été coagulés, par autant d'opérations en ordre, et par le même régime quelles ont été faites : Ensuite, qu'elles soient fermentées et spécifiées par des semences spécifiques de quelque famille de Mixtes inférieurs, selon la nature d'un chacun.

En sixième lieu, que lesdits Élixirs soient multipliés et changés au Animaux, par adroites et artificieuses exhibitions, pour la propagation des Végétaux par conjonction des Sels ; et enfin pour la transmutation des Métaux et des Minéraux par projection et conjonction des Soufres. Et ceci suffit pour ce qui regarde la Matière et la Pratique. Nous allons finir par l'explication des Termes. Adieu.

À Bruxelles, le 30ᵉ Décembre 1646

LETTRE LI : Contrariété de Termes dans les Auteurs

Monsieur, tout ce qui concerne les Termes se peut réduire à deux chefs, savoir aux Termes composés, et aux simples. Les composés sont des descriptions dont les Philosophes se servent pour indiquer la matière, lesquels se divisent en deux articles. Le premier est, de ces descriptions qui concernent la seconde matière, lesquels sont univoques ou analogues. Les analogues sont celles par lesquelles le Soleil est désigné par les Philosophes, avec les conditions requises, pour qu'il soit la première matière de la Pierre : car alors elle est dépeinte sous des noms de divers Corps, qui ont une nature en partie semblable, et en partie différente de celle de l'Or. Ainsi le Soufre vif est appelé *Vitriol*. Et c'est en ce sens que l'on doit entendre cet axiome célèbre, *que le Vitriol est notre Or dissout*, ou que la Terre Solaire est un Vitriol métallique, parce qu'elle convient par analogie et proportion avec tous les autres Vitriols. Au reste il y a mille sortes de ces descriptions, quelquefois par similitude de causes, quelquefois par identité de propriétés, quelquefois par conformité d'effets et d'actions ; d'autrefois par égalité d'accidents. Ainsi l'on trouve chez les Philosophes que le Soleil est appelé *présure, levain, le jaune de l'Œuf Philosophique, le mâle*, etc.

Les descriptions univoques sont celles qui désignent le Soleil nommément, ou par ses qualités et attributs qui lui sont ; entièrement propres, et qui expliquent précisément son essence. Ce que vous trouverez ordinairement dans nos Écrits, et dans les Livres des autres Philosophes : c'est pourquoi nous ne les rapporterons pas. Adieu.

À Bruxelles, le 16e Janvier 1647

LETTRE LII : Description du Sujet de la Pierre

Monsieur, le second article est, des descriptions de la seconde matière. Il se subdivise en trois parties, dont la première, est des descriptions qui appartiennent à la matière même : la seconde, des descriptions du sujet dans lequel elle se trouve : la troisième contient les descriptions qui appartiennent à l'une et à l'autre en commun, savoir à la propre substance de la matière seconde, et à son sujet.

Les descriptions de la première subdivision, comme premières sont univoques ou analogues, et sont de plusieurs manières, et se connaissent facilement, en considérant si elles décrivent la Nature de notre matière en gros ou en détail. Nous avons rapporté quelques-unes, de ces descriptions en parlant des Termes simples : j'omets les autres, de peur d'être trop long.

Les univoques sont diverses aussi, comme est celle, par exemple, par laquelle on affirme que notre matière se trouve en tous lieux, dans tous les Êtres, qu'elle est partout devant les yeux d'un chacun, et pourtant qu'on ne la voit point ; qu'elle se trouve dans les fumiers, et cependant qu'elle est la viande qui nous fait vivre : Toutes lesquelles choses s'entendent suffisamment par les Lettres précédentes, ne pouvait appartenir qu'à notre seul Esprit Universel.

Les descriptions de la seconde subdivision sont pareillement, ou analogues ou univoques. Les analogues sont celles dont on nomme le sujet de la matière seconde, comme Terre feuillée, Miel, Rosée, Mercure des Philosophes, leur Fontaine, et autres noms. Les univoques sont rares ; et entre six cent Volumes, nous n'en avons trouvé que trois ou quatre qui aient dit la chose clairement et nettement : de manière pourtant que de prime abord on ne s'en peut apercevoir.

La première est celle par laquelle il est dit, que le nom de notre Sujet dans toutes nos Régions et Langues, tant vivantes, que mortes, est d'un même son ou peu changé, pour ce que la première syllabe a par tout le même son ou le même effet des Êtres.

La seconde est, par laquelle il est dit que le nom de notre Sujet est composé de trois lettres, et de cinq caractères en Latin, et en Grec et en Hébreu, il n'en a que trois seulement de différente espèce, et deux de même espèce, avec deux des précédentes.

La troisième est, par laquelle il est dit que notre Sujet est écrit ou figuré par un seul caractère mystique, auquel les cinq lettres qui expriment son nom, sont rapportées, soit que la totalité soit divisée en parties semblables auxdits caractères, soit que ces lettres demeurent réunies, et que les cinq caractères susdits soient ramassés ensemble.

Tu pourras facilement vérifier les descriptions susdites, puisque le nom t'en est connu : mais le plus considérable est de t'attacher à connaître les qualités de ce Sujet, et de la liqueur qui en est tirée, afin que tu te mettes fortement dans l'esprit l'opinion que nous t'avons, décrite, et que tu te confirme dans cette vérité.

La quatrième est des descriptions mêlées, qui renferment et la substance de la matière et son sujet, desquelles on pourrait en remarquer plusieurs : d'où vient que beaucoup de Philosophes disent que le Sujet dont ils se servent, n'est ni végétable, ni minéral, ni animal, et qu'il n'est tiré ni produit d'aucune de ces choses. Mais ce discours passerait les bornes d'une Épître, si je m'étendais davantage : ajoutez que ce n'est pas ici notre intention de ramasser toutes les descriptions qui ont été faites sur ce Sujet, mais seulement de leur donner quelque lumière.

Nous ne disons rien ici de la Pratique, quoi qu'il semble que notre division exigeât cela de nous : mais nous y avons satisfait dans notre dernière Partie, au Chapitre de la manière d'opérer. Adieu, etc.

À Bruxelles, le vingt deuxième Janvier 1647

LETTRE LIII : *Explication des Termes*

Monsieur, il ne s'agit plus que d'expliquer les Termes simples. Toute leur ambiguïté ne consiste que dans la ressemblance du même nom de diverses choses et opérations ; c'est-à-dire, en différentes applications du même nom à diverses choses, ou de plusieurs noms, à une même chose prise ou considérée de différentes manières.

Selon la ressemblance du nom, notre Esprit Universel avant que d'être reçu dans notre Magnésie, que nous appelons *notre Sujet*, est appelé *Mercure des Philosophes*, mais non pas simplement, mais par proportion et par analogie avec Mercure Planète du Ciel, lequel prend facilement les qualités et la nature de tous et un chacune des Planètes auquel, il est joint: ce que fait notre Mercure avec les Planètes inférieures; c'est-à-dire, les Métaux, ou la semence des Métaux ou des autres Mixtes. Ce qui ne convient pas au Mercure vulgaire: car quoiqu'amalgamé et mêlé avec la semence des Métaux, il ne peut pourtant jamais recevoir la première qualité, ni être élevé par aucun artifice à la multiplication de leur semence.

On l'appelle de même nom lorsqu'il est dans notre Magnésie, ou aussitôt qu'il en est tiré, ou lorsque dans l'œuf des Philosophes par corruption, il est revivifié et intimement conjoint avec l'Or, et identifié avec lui. Toutes lesquelles choses qui se trouvent souvent chez les Auteurs sous ces Termes, se doivent entendre par rapport à la Partie de Théorie ou de Pratique dont il s'agit. De même en faut-il penser de l'Or, qui est appelé *Levain* dans l'œuf Philosophique, ou du même nom dans l'état de la Pierre parfaite, et dans l'action de la projection. Dans ce sens et différents noms, le susdit Mercure est appelé, selon différents états et opérations, *Antimoine*, lorsque dans ladite opération il purge l'Or, et le rend très propre, comme fait l'Antimoine vulgaire, mais beaucoup plus noblement et efficacement. Quelquefois dans l'œuf

Philosophique, selon les degrés de la forme métallique, ou plutôt selon son tempérament, par rapport à Saturne, il est appelé *Saturne*. D'autrefois il est nommé femelle lorsqu'il reçoit sa semence de l'Or : d'autrefois *Aimant*, parce que par une certaine vertu magnétique, il attire la semence spécifique de l'Or : tantôt *Acier*, parce que comme l'Aimant attire l'Acier, ainsi la semence de l'Or attire ledit Mercure : De même il prend le nom de *Soufre*, de *Sel*, de *Levain*, soit dans la composition, du Magistère, soit dans la multiplication à divers temps et différentes opérations : À savoir, il est appelé Soufre, lorsque le Feu central change sa température froide dans son centre même, et que la chaleur y prend son empire. On l'appelle Sel, quand la fixité du Feu et de la Terre étant en équilibre avec l'humidité, se soumet à la victoire, et devient en une telle consistance de substance, qu'elle peut également et sans dommage être dissoute dans le Feu et dans l'Eau : et au contraire dans l'Air serein et dans la Terre, s'endurcit comme le Sel. Enfin notre Mercure est dit Levain, lorsqu'il est congelé et épaissi, et qu'il coagule son semblable, autant dans la composition du Magistère, que dans sa multiplication.

La même chose se doit entendre de l'Or par proportion, lequel après la solution, est appelé *Vitriol*, et dans sa corruption, *la Tête du Corbeau*, etc.

Que toutes ces instruction nous suffisent, jusqu'à ce qu'il plaise à Dieu de nous faire naître l'occasion, et qu'il veuille nous conduire comme par la main a la confection de l'ouvrage que je vous souhaite.

Fin des Lettres du Cosmopolite

SOMMAIRE ABRÉGÉ
De tout ce qui est contenu dans ces Lettres, renfermé dans un Sceau ou Hiéroglyphe de la Société des Philosophes inconnus

Ce caractère n'a pas été inventé et choisi au hasard et sans dessein : Car le Trident est le Neptune de notre parabole, lequel contient en abrégé toute la Théorie et la pratique de la Science Hermétique.

Or afin que ces mystères, particuliers soient entendus, nous les expliquerons par deux ordres Géométriques ; à savoir, par analyse ou décomposition, et par synthèse ou composition.

Par analyse, on considère premièrement, l'unité de toute la figure. Secondement, le binaire, ou dualité des Cônes, ou pyramide droite. Troisièmement, la triplicité des vides ou angles. Quatrièmement, le quartenaire des Lignes; et enfin, les points des extrémités, la dimension ou étendre de toute la figure, et la latitude des Lignes: car chacune de ces choses à sa signification Cabalistique.

Par synthèse, on considère le retour du quarternaire des Lignes dans la triplicité des vides ou sinuosités. Secondement, de la triplicité au binaire des Cônes. Troisièmement, du binaire en l'unité.

Faisons L'application de cette double considération. Il faut donc savoir que l'une et l'autre représentent en énigme, 1° la première génération ou création des choses corporelles: 2° les productions et multiplications des mêmes choses par la Nature; et en troisième lieu, les productions qui se font par l'Art qui imite l'un et l'autre.

Pour ce qui regarde la première génération, l'unité du caractère de toute la figure difforme, et comme sans forme à cause de son vide qui n'est point terminé, qui ne tend point ni à un Triangle, ni à un Quadrangle, ni à un Cercle, ni à aucune autre figure parfaite: cela, dis-je, dénote ou signifie l'*Eau Catholique*, ou premier Être des Corps, revêtue d'une forme informe, et indifférente à toutes les formes parfaites.

La dualité ou binaire des Pyramides droites, ou de la concurrence des Cônes ou pointes de Pyramides, montre l'une et l'autre puissance éloignée, soit active ou passive dudit premier Être. La triplicité des vides ou sinuosités, lesquels se trouvent tournés en trois sens, et semblent regarder vers trois côtés opposés, savoir celui du bas intérieur du Trident regarde le haut, le vide du bas extérieur regarde en bas, et celui des points des extrémités des Signes regarde comme la diagonale, ou le milieu entre le haut et le bas : cette triple sinuosité, dis-je, disposée de manière, que chaque partie latérale fasse une partie du vide voisin auquel elle est jointe, signifie *l'Hyle*, *l'Archée* et *l'Azoth*, lesquels ont même rapport entre eux. Le quartenaire des Lignes, droites de diverse largeur ou latitude, position et termination, jointes pourtant d'un lien commun ensemble, désigne la distinction des quatre Éléments, et la distribution des quatre premières qualités, tant symboliques, que dissymboliques. Puis en rétrogradant par synthèse, la triple conjonction des Lignes dans les angles contre posés ou mis proche l'un de l'autre, montre la composition des trois Principes principiés du premier ordre, *Sel*, *Soufre* et *Mercure*, par le mélange et la combinaison des Éléments, et par les communications des qualités dissymboliques.

Par les symboliques, le binaire des Cônes ou Pyramides de divers cotés s'unissant à la base, démontre les Principes principiés du second ordre, à savoir *le Mercure et le Soufre, le mâle et la femelle, l'humidité radicale et la chaleur primitive*. Enfin l'unité de tout le caractère résultant des Cônes conjoints, montre *le Mercure des Philosophes, l'Eau Catholique seconde, ou notre Esprit Universel*. Pour les points des extrémités des Cônes, ils signifient la semence masculine et féminine du même genre ou espèce : et pour ses points dans lesquels les Lignes se touchent mutuellement, et sont angle, ils représentent les trois Familles du Mixte inférieur, avec les différentes espèces formées des susdites semences. Voilà de quelle manière, ce Hiéroglyphe explique mystérieusement ce qui s'est fait dans la première Création. Il n'explique pas moins bien ce qui s'est fait dans la seconde par la Nature. Car l'unité de tout le caractère signifie la première matière, (non feinte et imaginée à plaisir, comme la fausse doctrine des Écoles le prétend,) mais corporelle et sensible, et déjà revêtue de quelque forme primitive, à savoir de celle des Éléments simples ou Principes principiants, ou de celle des Principes principiés. Le binaire, des Cônes représente le mouvement réel et actuel de l'action et passion de tous les Êtres corporels, comme cause prochaine de la perpétuelle corruption et génération.

La triplicité des trois espèces de sinuosités où vides, nous figure les influences des Corps supérieurs, à savoir des Astres et Étoiles, et la réflexion des inférieurs avec la confluence et concours de ce qui est entre les deux. Ce qui se fait sans discontinuer du Centre du Monde à la circonférence de toute la Machine corporelle. Le quarternaire des Lignes marque l'écoulement des Éléments, et l'émission de leur quintessence.

Par synthèse en rétrogradant, la triplicité des vides ou sinuosités, démontre la multiplication des Principes principiés du premier ordre, *Sel*, *Soufre* et *Mercure*. Le binaire des Cônes représente la multiplication des Principes Principiés du second ordre, par le mélange des précédents, en mâle et femelle.

Enfin, l'unité sinueuse du Hiéroglyphe est l'image de la multiplication de l'Esprit Universel. Pour les points des Lignes disjointes, aussi bien que les angles, ils signifient la multiplication, tant des semences primitives, que des espèces de l'une et l'autre Famille des Mixtes inférieurs, par la triple digestion et coction du Magistère, et par la spécification de l'Esprit Universel.

Ce même symbole appliqué à ce que fait l'Art en imitant la Nature et la Création, exprime fort bien toutes ces opérations. Car par l'analyse et synthèse, l'unité du caractère est le modèle de *l'Eau Catholique seconde*, qui doit sortir de l'assemblage confus des choses de différente nature, par le bénéfice de l'Art. Le binaire des Cônes signifie des substances de deux consistances différentes, tirées du propre Corps de l'Esprit Universel, par la solution de la coagulation, non par la division de la mixtion. La triplicité des sinuosités est la figure de la contempération, ou mélange égal que doit acquérir l'Esprit Universel; à savoir, mercuriel, sulfuré et salin. Enfin, le quartenaire des Lignes dénote l'harmonie des quatre Éléments.

De plus, par l'ordre renversé, ou par la synthèse, la triplicité des sinuosités décrit les trois parties principales du Magistère; savoir, la solution du corps, la coagulation de l'esprit, l'union du corps, de l'âme et de l'esprit, par digestion, ablution et fixation.

Le binaire des Pyramides conjointes dépeint la purification du Magistère, par solution et coagulation, tant au rouge, qu'au blanc.

L'unité enfin, déclare la vertu de l'Élixir. La situation et la position des points des extrémités, signifient la projection de l'Élixir sur une plus grande quantité de quelque Corps que ce soit, et une transmutation actuelle des formes imparfaite en une très parfaite d'une espèce plus noble ou enfin d'une substance séminale.

FIN

Table des matières

PRÉFACE 4

TRAITÉ DE LA NATURE EN GÉNÉRAL

CHAPITRE I : Ce que c'est que la Nature, et quels doivent être ceux qui la cherchent 9
CHAPITRE II : De l'opération de la Nature en notre proposition et semence 14
CHAPITRE III : De la vraie et première matière des Métaux 18
CHAPITRE IV : De quelle manière les Métaux sont engendrés aux entrailles de la Terre 21
CHAPITRE V : De la génération de toutes sortes de Pierres 25
CHAPITRE VI : De la seconde matière et de la perfection de toutes choses 28
CHAPITRE VII : De la vertu de la seconde matière 34
CHAPITRE VIII : De l'Art, et comme la Nature opère par l'Art en la semence 37
CHAPITRE IX : De la commixtion des Métaux ou de la façon de tirer la semence métallique 39
CHAPITRE X : De la génération surnaturelle du fils du Soleil .. 42
CHAPITRE XI : De la pratique et composition de la Pierre ou Teinture physique, selon l'art 45
CHAPITRE XII : De la Pierre, et de sa vertu 52
Épilogue, sommaire et conclusion des douze traités ou chapitres ci-dessus 55
ÉNIGME PHILOSOPHIQUE 63
    Du même Auteur aux Fils de Vérité 63
    S'ensuit la Parabole ou Énigme Philosophique, ajoutée pour mettre fin à l'œuvre 66
    Dialogue du Mercure, de l'Alchimiste et de la Nature 73

LE TRAITÉ DU SOUFRE SECOND PRINCIPE DE LA NATURE REVU ET CORRIGÉ DE NOUVEAU

PRÉFACE AU LECTEUR 97
CHAPITRE I : De l'origine des trois Principes 103
CHAPITRE II : De l'Élément de la Terre 105
CHAPITRE III : De l'Élément de l'Eau 107
CHAPITRE IV : De l'Élément de l'Air 117
CHAPITRE V : De l'Élément du Feu 121
CHAPITRE VI : Des trois Principes de toutes choses 135
CHAPITRE VII : Du Soufre 152
CONCLUSION 174

TRAITÉ DU SEL TROISIÈME PRINCIPE DES CHOSES MINÉRALES DE NOUVEAU MIS EN LUMIÈRE

AU LECTEUR 181
CHAPITRE I : De la qualité et condition du Sel de la Nature ... 183
CHAPITRE II : Où est-ce qu'il faut chercher notre Sel 186
CHAPITRE III : De la dissolution 194
CHAPITRE IV : Comment notre Sel est divisé en quatre Éléments selon l'intention des Philosophes 199
CHAPITRE V : De la préparation de Diane plus blanche que la neige 203
CHAPITRE VI : Du mariage du serviteur rouge avec la femme blanche 212
CHAPITRE VII : Des degrés du feu 216
CHAPITRE VIII : De la vertu admirable de notre Pierre salée et aqueuse 218
RÉCAPITULATION 223
DIALOGUE Qui découvre plus amplement la préparation de la Pierre Philosophale 229

IDÉE D'UNE NOUVELLE SOCIÉTÉ DE PHILOSOPHES

PRÉFACE 245

STATUT DES PHILOSOPHES INCONNUS 249
   Chapitre I : Division de toute la Compagnie 249
   Chapitre II : Des qualités, de ceux qu'on doit recevoir 251
   Chapitre III : De la manière de recevoir ceux que
   l'on associera 256
   Chapitre IV : Statuts et Règlements communs pour
   tous les Confrères 263
   Chapitre V : Du Commerce que les Associés doivent
   avoir entre eux 266
   Chapitre VI : De l'usage de la Pierre 269

LETTRES DE MICHEL SENDIVOGIUS

PREMIER TRAITÉ :
De l'Art général de changer les Métaux les uns dans les autres . 274

   PREMIÈRE LETTRE 274
   LETTRE II : Il enseigne quels sont les bons Livres 276
   LETTRE III : Il lui promet de le satisfaire sur ses doutes 279
   LETTRE IV : Le Soufre et le Mercure sont les Principes
   de la Pierre, mais non pas les communs 280
   LETTRE V : Ce Mercure se tire d'une substance chaude
   et humide 281
   LETTRE VI : Il se tire par la distillation 282
   LETTRE VII : Il explique en quoi consise l'homogénéité
   que doit avoir le Dissolvant avec l'Or 284
   LETTRE VIII : Il réfute un certain procédé d'un Philosophe . 286
   LETTRE IX : Que Feu extérieur doit être toujours égal 287
   LETTRE X : Que la fin de l'Art, c'est de perfectionner
   la Nature 288
   LETTRE XI : Que la Création s'est faite par solution
   et coagulation et que la Nature et l'Art doivent imiter 289
   LETTRE XII : À proprement parler, il n'y a qu'un seul
   premier Élément 291
   LETTRE XIII : La distribution des quatre premières
   qualités 291
   LETTRE XIV : La formation des Cieux de la Quintessence
   des Éléments 293
   LETTRE XV : L'origine des trois Principes Chimiques 295
   LETTRE XVI : Leurs propriétés particulières 297
   LETTRE XVII : Ce que c'est que le sperme de la Nature,

et le menstrue du Monde ... 298
LETTRE XVIII : Ce que c'est que l'Esprit Universel ... 300
LETTRE XIX. Origine des semences primitives, pour
la production des espèces ... 304
LETTRE XX : Multiplication des individus de chaque
espèce par des secondes semences ... 305
LETTRE XXI : Différence de la génération, selon les trois
ordres d'Êtres ... 307
LETTRE XXII : Suite du sujet de la précédente ... 309
LETTRE XXIII : Suite du sujet de la précédente encore ... 311
LETTRE XXIV : Dans quel ordre les Principes dont on
a montré jusqu'ici l'origine, sont mis en action pour
faire les secondes générations ... 313
LETTRE XXV : Comment l'Art peut perfectionner la Nature ... 315
LETTRE XXVI : Définition de la Chrysopée ... 319
LETTRE XVII : Causes efficientes de la Pierre ... 323
LETTRE XXVIII : Cause finale et exemplaire ... 324
LETTRE XXIX : De la matière de la Pierre ... 325
LETTRES XXX : La cause instrumentale ... 329
LETTRE XXXI : Suite de la même matière ... 331
LETTRE XXXII : Suite de la même matière ... 332
LETTRE XXXIII : Dénombrement des parties de la Pratique ... 333
LETTRE XXXIV : Multiplication en qualité ... 335
LETTRE XXXV : Multiplication en quantités ... 337

SECOND TRAITÉ :
Des Secrets particuliers de changer les Métaux en Or ... 340

LETTRE XXXVI : Fondement des Particuliers ... 340
LETTRE XXXVII : Manières d'éprouver les Métaux ... 345
LETTRE XXXVIII : Précaution qu'il faut observer
en purifiant l'Or ... 350
LETTRE XXXIX : Qu'il faut appliquer les Sentences des
Philosophes à toute cette doctrine ... 352
LETTRE XL : Avis généraux sur la manière avec laquelle
les Philosophes ont déguisé leur Science ... 354
LETTRE XLI : Diversité de sentiments des Auteurs,
touchant la matière de la Pierre ... 357
LETTRE XLII : En quel sens les Philosophes ont dit que
leur matière n'était composée que d'une chose, et qu'elle
l'était aussi de plusieurs ... 359
LETTRE XLIII : Différentes Opinions des Philosophes,

LES ŒUVRES DU COSMOPOLITE

    touchant la partie active de la matière 367
    LETTRE XLIV : Que ce n'est que l'Or et l'Argent
    du vulgaire, mais non dans l'état du vulgaire 368
    LETTRE XLV : Diversité de sentiments touchant la matière
    seconde, et les moyens, pour les concilier tous 370
    LETTRE XLVI : Que ce n'est pas le Mercure vulgaire 373
    LETTRE XLVII : Suite du même Sujet 375
    LETTRE XLVIII : Qualités de la matière seconde 377
    LETTRE XLIX : Source des contrariétés qui se trouvent
    dans les Auteurs, touchant la Pratique 379
    LETTRE L : Conciliation des contrariétés qui se trouvent
    dans les Auteurs, touchant la Pratiques 384
    LETTRE LI : Contrariété de Termes dans les Auteurs 389
    LETTRE LII : Description du Sujet de la Pierre 390
    LETTRE LIII : Explication des Termes 392

SOMMAIRE ABRÉGÉ
De tout ce qui est contenu dans ces Lettres, renfermé
dans un Sceau ou Hiéroglyphe de la Société des
Philosophes inconnus 395